学术文库

美国营利性高等学校：生存与质量保障

杨红霞 著

博雅 华大 学术文库

华中师范大学出版社

新出图证（鄂）字 10 号

图书在版编目（CIP）数据

美国营利性高等学校：生存与质量保障/杨红霞著．—武汉：华中师范大学出版社，2012.12

ISBN 978-7-5622-5755-4

Ⅰ．①美…　Ⅱ．①杨…　Ⅲ．①高等学校—研究—美国　Ⅳ．①G649.712

中国版本图书馆 CIP 数据核字（2012）第 232175 号

美国营利性高等学校：生存与质量保障

©杨红霞　著

责任编辑：苏　睿　　**封面设计**：罗明波

责任校对：刘　峥

编 辑 室：文字编辑室　　**电话**：027－67863220

出版发行：华中师范大学出版社

社址：湖北省武汉市珞喻路 152 号　　**邮编**：430079

电话：027－67863280/3426（发行部）　027－67861321（邮购）

传真：027－67863291

网址：http://www.ccnupress.com　　**电子信箱**：hscbs@public.wh.hb.cn

印刷：华中科技大学印刷厂　　**督印**：章光琼

字数：230 千字

开本：710mm×1000mm　1/16　　**印张**：12.75

版次：2012 年 12 月第 1 版　　**印次**：2012 年 12 月第 1 次印刷

印数：1－1200　　**定价**：33.00 元

欢迎上网查询、购书

前　言

20 世纪 70 年代以来，营利性高等学校迎来了发展机遇期，不少国家出现了（有些国家像美国一样历史上就已经存在）以营利为目的的高等教育机构，甚至一些国家法律明确允许高等教育机构营利。营利性高等教育已成为一个重要的全球现象，而且它还会继续扩张。其中，由于美国营利性高等学校的发展成绩显著，尤其引人注目。营利性高等学校的发展成为不得不深入研究的现象，这一现象已经引起了国内学者的高度关注，但鉴于关注的时间还不够长，所以研究还不能被称为系统和深入，尤其对其产生和发展的深层原因的探讨更是迫切而重要。同时，当质量成为高等教育时代主题的今天，营利性高等学校提供的教育服务如何才能满足顾客对质量的需求，是其生存和发展的核心要务，“质量”也是营利性高等学校在生存和发展中饱受质疑的地方。对成功的营利性高等学校的质量保障体系进行研究，其重要性不言而喻。本研究在对美国营利性高等学校发展历史、繁荣动因、基本特点、类型、办学模式等基本情况进行梳理的基础上，对其存在的哲学基础和质量保障体系重点进行了考察和探讨。主要内容包括：

一、美国营利性高等学校的发展历史、繁荣动因、基本特点、类型、办学模式及对非营利性高等学校的影响等。通过探讨营利性高等学校的历史发展，尤其在当代繁荣的背景和动因我们发现，历史上营利性学校生存的动因在当代依然存在，在此基础上分析了推动美国营利性高等学校发展的诸多现实动因。

通过对营利性高校的特点、类型和办学模式的素描，突出、明晰它们与非营利性高等学校的差异。在营利性高等学校的影响下，非营利性高等学校原本就有的市场因素活跃起来。非营利性高等学校对营利性高校办学经验的借鉴可分为两个层次，即市场手段和市场目的。

二、营利性高等学校存在和发展的哲学基础。在考察美国营利性高等学校发展的过程中，本研究认为，由于利润是营利性高等学校追求的主要目标，资本成为该类学校运营中的基本概念。资本和利润是营利性高等学校与非营利性高等学校区别开来的关键因素。传统的认识论和政治论哲学都是将高等学校默认为非营利组织，所以，“两论”并不能充分诠释营利性高等学校的存在理由。本研究借用“资本论”概念勾勒出营利性高等学校存在和发展的理由，认为资本论是营利性高等学校存在的合法依据。资本论同认识论和政治论哲学一道构成了当今高等教育发展的哲学基础。

三、美国营利性高等学校的质量保障体系。营利性高等学校在当今对高等教育质量的呼声空前高涨的背景下繁荣起来，其中有其教育质量切合求学者的需求的一面。本研究从外部和内部两个角度展开对美国营利性高等学校质量保障体系的研究。

外部质量保障体系主要指民间鉴定机构、美国联邦政府及州政府对营利性高等学校的质量保障政策和措施。民间鉴定机构在近三十年来遇到了巨大的挑战，一方面来自非营利性高校的变革，另一方面来自新型的营利性高校的鉴定需求。而传统高校的变革方向与营利性高校的经营模式具有一定程度的相似性。因此，对营利性高校的鉴定评审不能再套用传统的鉴定标准和方法。区域鉴定机构面对新形势在积极反思传统评价标准，探索新的鉴定模式。由于科研活动不是营利性高校的主要工作，美国联邦政府对营利性高校的质量管理具体表现在政策的扶持及对学生的资助上。美国联邦政府对营利性高校的学生资助经过了一个曲折发展的过程。州政府对营利性高校的质量保障模式呈现出多样性，对营利性高校的态度从怀疑、冷淡、观望到扶持不等，但总体趋势是从消极转为积极，对营利性高校的发展是有利的。

对于营利性高等学校的内部质量保障，本研究选择美国规模最大的营利性高等学校凤凰城大学为例，从教学和管理质量保障体系两个方面进行剖析。

我国民办高等教育的迅速发展和民办高等学校营利行为的日益增多，民办高校分类管理迫在眉睫。2003 年颁布实施的《中华人民共和国民办教育促进法》(以下简称《促进法》) 规定，“民办学校在扣除办学成本、预留发展基金以及按照国家有关规定提取其他的必需的费用后，出资人可以从办学结余中取得合理回报”。虽然取得投资的合理回报不等于允许以营利为目的办学，但与以往明确禁止高校营利的法律规定相比，《促进法》的出台给了营利性高等学校发展的可能空间。2010 年颁布的《国家中长期教育改革和发展规划纲要》(以下简称《规划纲要》) 明确了“积极探索营利性和非营利性民办学校分类管理”的要求，并且已经开始了对两类民办学校分类管理的试点工作。美国是我国高等教育发展的重要参考对象之一，其营利性高等学校的生存和发展方式对我国民办高等学校发展有一定的借鉴意义。

目　录

第一章　绪　论

第一节　问题的提出

1995 年颁布的《中华人民共和国教育法》规定，“任何组织和个人不得以营利为目的举办学校及其他教育机构”。2003 年颁布实施的《中华人民共和国民办教育促进法》(以下简称《促进法》) 则规定，“民办学校在扣除办学成本、预留发展基金以及按照国家有关规定提取其他的必需的费用后，出资人可以从办学结余中取得合理回报”。虽然取得投资的合理回报不等于允许以营利为目的，但在法律上从禁止民办高校营利到允许取得合理回报，发生了实质性的变化，给了营利性高等学校发展的可能空间。长期以来，尽管高等教育作为政府的一种“公共品”向有限的“精英”们提供，但高等教育的营利行为一直存在。面对我国营利性高等学校的发展现实和民办高等教育的发展机遇和强劲的发展势头，《促进法》的出台对营利性高等学校从“堵”到“疏”有了开端。2010 年颁布的《规划纲要》已经明确了“积极探索营利性和非营利性民办学校分类管理”的要求，并且已经开始了对两类民办学校分类管理的试点工作。这是我国民办高等教育发展的重要机遇期，如何规范、扶持营利性高等学校的健康发展，除了在实践中积极探索，研究、探讨国外该领域的经验是必不可少的工作。

高等教育在近千年的历史发展过程中，逐步从“象牙塔”走入世俗社会，从社会的边缘逐步走入社会关注的中心。高等教育与社会的联系越来越紧密，高等教育在政治、经济、文化各个方面对社会发挥着越来越重要的作用。但是，营利性高等学校从来没有引起过人们的重视，一直处于被压制状态。随着新自由主义思潮及高等教育市场取向改革运动的兴起，营利性高等学校的发展时机成熟，不少国家出现了以营利为目的的高等教育机构，甚至一些国家的法律明确允许营利性高等教育机构的存在。“营利性高等教育已成为一个重要的全球现象，而且它还会继续扩张。”① 其中，由于美国营利性高等学校的发展成绩斐然，尤其引人注目。研究美国营利性高等学校，以期对我国营利性民办高校的发展具有参考价值。

营利性高等学校在美国的存在由来已久，但是一直不被重视。营利性学校主要从事职业教育。政府机构很少授权这些营利性学校颁发学历，只允许它们颁发特殊技能证书。美国营利性高等学校在当代的兴起是美国高等教育市场发生根本性变化的产物。营利性高校将在职成人教育作为目标市场，并将学生定位为消费者和服务的对象，有效利用在职成人的有限时间，并按其特定需求设计教育服务。

1976 年成立的美国凤凰城大学（University of Phoenix）于 1978 年通过了中北部院校协会高等教育委员会（Higher Learning Commission of the North Central Association）的鉴定。1989 年，首个在线校园建立。凤凰城大学有三个学院：工商管理本科学院、工商管理研究生学院、信息技术学院。目前亦通过高级研究学院开设博士学位授予课程。近年来，学校不满足于仅仅提供岗位培训和进行职业教育，其学科设置开始转向传统教学领域，开设了诸如教育、哲学等学科，由于该校颁发准学士、学士、硕士和博士学位，开创了营利性高校授予学位的先例。1998 年，该校已经在 32 个州获得了办学许可，开办了 87 个分校，拥有在校生 5 万多人。而到了 2001 年，注册学生数达到了近 13 万（2002 年向美国教育部的报送数字），已有近 20 万学生从这所大学获得学位。根据阿波罗集团 2009 年第三季度财务报告，这所北美地区最大的教育机构，在全球已开设 200 多个分校，拥有 42.07 万名本科生和 7.8 万名研究生。凤凰城大学的股票公开上市，而且其股票近些年来一路飙升，势头强劲。该大学的母公司——阿波罗集团（包括凤凰城大学“University of Phoenix”、专业发展学院“Institute for Professional Devepoment”、财经规划学院“College for Financial Planning”、西部国际大学“Western International University”）的收入从 1998 年的 5 亿美元增长到 2003 年的 13 亿美元，同期的利润从 6 000 万美元增长到 2.5 亿美元，五年中股票价格也从每股 8 美元上涨到 60 美元。1998 年 10 000 美元的投资相当于 2003 年的 75 000 美元②。从 2003 年 8 月至 2004 年 8 月的一年时间内，阿波罗集团的利润就达到了 2.47 亿美元，同比飙升 53%，营业额为 13 亿美元，增幅

① ［美］阿尔特巴赫．民办高等教育：从比较的角度看主题和差异［J］．新华文摘，2001（3）：171.

② ［美］亨利·M·列文．美国营利性高等学校的特征［J］．北京大学教育评论，2005（2）：5-7.

达33%。近些年来，阿波罗集团的纯收入进一步稳步增长，以最近三年为例，2008年为31.3亿美元，2009年为39.5亿美元，2010年为49.3亿美元。其中，凤凰城大学的贡献很突出，在这三年的收入中，来自凤凰城大学的分别是：2008年为29.9亿美元，2009年为37.7亿美元，2010年为45亿美元。

新一代营利性高等学校的崛起不仅带动了一批以同样模式创建的营利性高等学校的出现，也推动了整个营利性高校向新型的营利性高等学校转型的步伐。一些老牌的营利性高等学校在漫长的发展历程中，也已经或开始对原有的组织模式进行改造，由原来的家族式或合伙制的学院改造成按现代公司制经营的营利性高等学校，以此吸纳了更多的外部投资，拓宽了资金来源。阿波罗集团的创立，使美国营利性和非营利性高等学校之间的界限越来越清晰，私立高等学校分化为营利性和非营利性两种类型。同时，也为营利性高等学校进入资本市场奠定了组织和制度基础。这种营利性高等学校以新的体制和机制突破了原有的大学理念——公益性，赋予高等教育以产业属性，尤其是进入资本市场后，营利性私立高等教育实际上就已经成为一种产业①。

营利性高等学校的发展是教育史上的革命。在美国，教育界人士如果被问到"哪所高校最具创新能力"，他们多数人会提到凤凰城大学。在20年前的美国，公众对营利性高等学校与教育的"公共产品"的兼容性是持高度怀疑态度的。如今争论仍然存在，但营利性高等学校已经被广泛地接受了。目前，中国教育正处于深刻变革之中，《促进法》、《规划纲要》的出台及民办高等教育的发展现状让我们看到，区分并规范营利性与非营利性教育已经成了大势所趋。可以这样认为，中美在不同程度上正在经历相同的对营利性高等学校的社会公益性的认同过程。

实际上，营利性高等学校争取自己合法存在权利的过程，也是人们对高等教育哲学基础的争论过程。被人们长期接受的"两论"（认识论和政治论哲学观点）将被"三论"（认识论、政治论和资本论）所取代，资本论的哲学立场给了营利性高等学校存在和发展的依据和理由。

质量保障是近三十年来高等教育领域的重要议题和热点。研究界对传统非营利性高等学校的质量保障问题已经有了相当丰富的研究成果，但对营利性高等学校的质量保障问题还很少涉猎，但这又是一个急需深入研究的重要课题。在解决了营利性高等学校存在的哲学基础之后，就必须关注其生存和发展的潜力问题。

---

① 邬大光. 民办高等教育与资本市场的联姻 [J]. 中国高等教育，2003 (24)：35-37.

潜力如何得到培养和发掘需要多种因素的支持和保护，而质量保障体系的建设和完善不仅是营利性高等学校得到发展的原因，更是它们继续得到发展的依托。当今美国营利性高等学校之所以受到人们认可，是因为它们提供的教育服务找到了需要的人群，但要想得到这类人群的持续需要和关注，没有质量的保障一定是不可能实现的。

营利性高等学校的迅速发展期正值高等教育质量保障运动兴起，传统非营利性高等学校的教育质量受到质疑，而学校为求自保和发展则积极投身质量保障运动，各国政府对此大力倡导并参与其中。曾经几乎是“低质量”同义词的营利性高等学校为什么在质量保障运动如火如荼的今天，非但没有被淘汰，而且又得到了前所未有的发展，这是一个值得我们研究，值得非营利性高等学校反思的课题。根据实施高等教育质量保障的不同主体，质量保障体系可以分为外部质量保障体系和内部质量保障体系。由于各国政治、经济制度不同以及高等教育传统相异，外部质量保障体系也有所不同。美国高等教育外部质量保障的民间特色比较显著，这是营利性高等学校在历史上得以长期存在的一个重要原因。虽然在历史上很长一段时间，“营利性”总是与“低质量”联系在一起，这一状况一直困扰着营利性高等学校的发展，但随着质量认证制度的形成和发展，以认证为基础的高等教育质量保障体系逐渐形成，营利性高等学校，尤其是新一代的营利性高等学校如凤凰城大学逐步通过了认证机构的质量认证，并得到了政府的经费支持。从广义来讲，外部质量保障体系既包括认证、大学排名等，也包括政府基于质量状况的管理。美国联邦及州政府对营利性高等学校都有规范性管理，对于州政府来讲，不同的州有不同的管理模式，但总体来看，政府对营利性高等学校的发展持扶持态度。营利性高等学校内部质量保障体系与非营利性高等学校相比更接近企业模式。

我们可以说，在高等教育领域，20 世纪是美国的世纪。在 21 世纪第一个十年中，世界各国都在反思过去、规划未来。美国作为一个危机意识极强的国家，绝不会满足于过去的成绩。营利性高等学校在美国的崛起和快速发展不是空穴来风，它在美国高等教育系统和经济领域中起到的积极作用，是值得我们认真研究的。

中国作为一个后发型的发展中国家，虽然改革开放以来，经济确实有了突飞猛进的发展，高等教育逐步摆脱单一、走向多样，民办高等教育也有了长足的发展，营利性高等学校作为高等教育的一种形式在中国如何发展，现在已经在试点当中，但可以肯定的是，民办高等学校分类管理是大势所趋。这是我国高等教育管理制度的一项重要改革探索，不论分类管理的政策和具体措施如何，可以肯定的是，分类管理的目的依然是为确保两类民办学校同样能够提供高质量的教育，尤其是长期不被看好的营利性高等学校，如何确保它们与非营利性高等学校一样为受教育者提供高质量的教育服务，是改革的重要目的，如果没有这一点，再“完美”的管理改革设计都是纸上谈兵。通过对美国营利性高等学校的研究，以期找到可资借鉴的思路和做法，这正是本研究的目的之所在。

第二节　文献综述

一、国外研究

美国营利性高等学校近年来发展迅速，尽管引起人们广泛重视，但对这一现象的研究还十分有限，还处于初级阶段。究其原因，一方面，由于营利性高等学校长期处于教育领域被忽视的边缘状态，虽然它的崛起如此猛烈，但在人们看来它依然是“新的”现象，地位不明确，所以研究者也常常将它忽略；另一方面，由于传统高等教育的公益性在人们头脑中已经根深蒂固，营利性高等学校的“营利性”很难找到自己的位置。即使提到教育的营利性也多是从批判和否定的角度出发。近十多年来营利性高等学校在教育和经济领域的出色表现，不仅吸引了研究者的注意，也转变了研究者对营利性高等学校的态度。

面对当代营利性高等学校出现的诸多新形式和前所未有的新规模，研究者从多种角度开始着手考察。如营利性高等学校的类型和规模、办学模式、经费状况、质量鉴定现状、管理权限和形式等，对世界营利性高等学校的发展也有所涉及。对于营利性高等学校的教育教学质量保障问题还未见专门的研究专论，有的只是对质量鉴定现状的粗略描述。

1. 早期研究

如果追溯对美国营利性教育的研究历史，我们可以发现，该研究实际上是沿着两条途径展开的。一是从私立教育的路径开展研究；二是从职业教育的路径开展研究。营利性教育从诞生之日起就兼具私立性和职业性两大特点，而且，这个特点一直保持到现在。由于营利性教育的私立性和职业性的两大特点，营利性学校的开办也并没有区分办学的层次，直到高等职业教育的逐步发展，营利性高校才逐渐具备高等学校的特点。对营利性教育的研究很多时候都是融入在私立教育和职业教育研究当中的，或者散见于对美国文化、教育发展的整体研究之中，缺乏对此的独立考察。直到当今新一代营利性高等学校的崛起，营利性高等学校才作为一个独立的研究领域开始出现。

由于生计和职业的需要，以及美国灵活的教育准入制度，营利性教育从殖民地时期就已经出现，之后绵延不断，尽管不被重视，却不曾泯灭。对它们的研究在当今新一代营利性高校出现之前主要交织在各类教育研究之中，而且，很多文献对此也往往一笔带过，未曾给予深入探讨，这与当时营利性教育的不成气候有直接关系。对营利性学校的称谓在历史上主要冠之以“私营”(propriety)，随着近代，尤其是当代营利性高等学校的发展，“营利性”(for-profit) 这个直奔主题的称谓逐渐被越来越广泛地使用起来。关于营利性学校质量问题，同营利性学校的其他问题一样并未给予特别的关注，这与美国特殊的社会经济文化和教育传统相关联，教育在美国被认为是私人的事，而非政府的事。“营利性”虽然不被认为是影响教育质量的关键因素，但也被认为是影响质量的因素之一。尤其随着私立非营利性高校和公立高校的繁荣和发展，营利性学校更是被挤到教育舞台的边缘地带，甚至“营利性”成了“低质量”的近义词。

早期美国营利性教育有所涉猎或研究的著作不少，比较有代表性的包括：C·M·伍德沃德 (C. M. Woodward) 的《手工训练学校》(The Manual Training School, 1887)，罗伯特·F·西保特 (Robert F. Seybolt) 的《美国殖民地时期夜校》(The Evening School in Colonial America, 1925)，劳伦斯·A·克利民 (Lawrence A. Cremin) 的《美国教育：殖民地时期的经历，1607—1783》(American Education: The Colonial Experience, 1607—1783) 及《美国教育：殖民地时期的经历，1783—1876》(American Education: The Colonial Experience, 1783—1876, 1980)。上述研究者在其著作中对营利性教育的早期形态和作为进行了比较详细的描述。A·C·伯利诺 (A. C. Bolino) 的《职业教育：对经济增长的贡献》(Career Education: Contributions to Economic Growth, 1973)，对 20 世纪 70 年代之前的美国私立职业教育的历史和发展进行了考察。

2. 当代研究

营利性高等学校作为一个专门的研究领域刚刚兴起，该领域的研究成果还在积累当中。我们从国外教育类期刊上发表的有关此类的研究论文以及出版的著作中可以看出，对营利性高等学校的研究主要从最基本的概貌开始。在公开上市的营利性高校出现之后，人们对营利性高等学校的研究逐渐走向深入，开始出现一些专题性探讨。

大卫·布雷尼曼（David Breneman）的研究涉及美国营利性高等学校历史背景、其提供的教育形式、政策环境等①。他认为，由于营利性高等学校提供者的参与，21 世纪之初的高等教育领域出现竞争异常激烈的局面。竞争不仅将影响到教学计划和项目，针对不同学生调整教学计划和项目，而且直接影响到不同专业课程的成本价格。

理查德·S·拉什（Richard S. Ruch）的研究同样从营利性高校的整体出发，根据自身曾经在传统非营利性高校及营利性高校工作的经验，对营利性高校的历史、类别、教学和经营方式、学术文化进行了研究，并尝试总结出营利性高校的成功经验②。他的研究始终贯穿着对传统非营利性高校与营利性高校的比较，在比较研究中凸显营利性高校的特点。他认为，营利性高校与传统非营利性高校的最基本区别在于是否纳税，其次还有其他几个方面的不同（如它的资金来源主要是私人资本；私人资本的拥有者是投资人及股东而非捐赠人或利益关系人；它以获取利润为主要动机；它的教育活动主要不是创造知识而是让学生学以致用；发展动力来自市场而非学科专业；重视产出质量而非投入质量；消费者权力大于教师权力）。营利性高校的主要成功做法包括：为在职成人提供快捷的职业技术培训，快速反应市场需求；建立利于信息通达的扁平的组织结构；以学生消费者为中心的办学模式及企业管理模式等。

格雷·A·伯格（Gary A. Berg）主要对营利性高等学校的历史、使命、文化、组织结构和决策程序、教师特点等方面进行了考察③。他认为，营利性高等学校在历史上一直处于边缘地带，从来没有引起人们的注意，但历史的发展在 20 世纪 70 年代之后却给了这类高校前所未有的发展机遇。它们在很小的基数上快速地成长起来，为在职成人以及家庭里的第一代大学生或少数民族、女性等弱势人群提供了极大的就学机会，它们提供的是公立和私立非营利性高校不能或不屑提供的教育和培训。市场的需求给了它们发展的广阔市场。它们依照企业方式进行运作，注重成本和效率，产出评价是它们判断一所高校是否成功的关键。营利性高校在经济效益和社会效益方面的出色表现使得它们逐渐从被排挤的边缘地带向中心逐步靠近。

---

① David W. Breneman. Higher Education：On a Collision Course with New Realities. Washington D. C.：Association of Governing Boards of Universities and Colleges，1993.

② Richard S. Ruch. Higher Ed，Inc.：The Rise of the For-Profit University [M]. Baltimore：The Johns Hopkins University Press，2001.

③ Gary A. Berg. Lessons from the Edge [M]. New York：Praeger Publishers，U. S.，2005.

以上研究营利性高等学校的著作虽然有所侧重，但考察的基本上仍是营利性高等学校的总体概貌，而非营利性高等学校中的一个专项。这也是一个新领域研究的必经阶段。对营利性高等学校的研究，除了像以上著作那样专门对其进行考察外，还散见于高等教育的其他研究成果中，其中主要集中于探讨近几十年来高等教育市场取向变革的研究论述中。

席拉·斯劳特及拉瑞·L·莱斯利（Sheila Slaughter，Larry L. Leslie）①从政治、政策和创业型大学的角度对高等教育领域的市场取向行为进行了描述，进而又从市场、国家和高等教育的关系角度对高等教育的市场化行为进行了剖析。席拉·斯劳特及哥利·罗兹（Gary Rhoades）对学术资本主义（Academic Capitalism）与新经济之间的关系进行了详细的阐述②。他们认为，高等教育与新经济的关系日益密切，高等教育走入市场是在所难免的，传统高等教育与市场的结合有多种形式。在学术资本主义理念影响下，不仅传统高等学校出现了营利行为，营利性高校也纷纷复苏，在高等教育领域开始发挥重要作用。在他们的论述中，营利性高等学校是作为高等教育体系中的一个当然的组成部分。

弗兰克·纽曼、拉拉·科特瑞尔及拉米·斯科瑞（Frank Newman，Lara Couturier，Lamie Scurry）在他们的著作《高等教育的未来》（The Future of Higher Education）中认为③，在一系列强大力量的作用下，高等教育走入市场是在所难免，市场取向的高等教育改革已经开始，并探讨了高等教育面向市场的各种实践。营利性高等学校作为一种新型高等教育提供者，被认为是一种推动高等教育市场取向改革的重要力量之一。

德瑞克·伯克（Derek Bok，一译德里克·博克）在其《大学何价：高等教育商业化》一书中④，探讨了传统高等教育商业化的原因、表现及其利弊得失。他认为，将大学的教学质量与近代任何一个商业产品如汽车、电脑和电视机等相比，可以发现，大多数商业产品的质量至今都有明显的提高，但大学的教学质量，除了多一些科技的点缀，似乎永远在原地踏步，依然停留在 25 年前，甚至

---

① Sheila Slaughter，Larry L. Leslie. Academic Capitalism：Politics，Policies，and the Entrepreneurial University [M]. Baltimore：The Johns Hopkins University Press，1997.

② Sheila Slaughter，Gary Rhoades. Academic Capitalism and the New Economy [M]. Baltimore：The Johns Hopkins University Press，2004.

③ Frank Newman，Lara Couturier，Lamie Scurry. The Future of Higher Educaiton：Rhetoric，Reality，and the Risks of the Market [M]. San Francisco：Jossey-Bass，2004.

④ [美] 德瑞克·伯克. 大学何价：高等教育商业化 [M]. 台北：天下远见出版股份有限公司，2004.

50 年前的水平。因此，应当借鉴企业管理模式开发出针对高等教育产出质量的评价模式。

虽然在已经公开发表的研究成果中鲜有对营利性高校深入的专项研究，但这项工作已经有了开端，并逐步走向深入。

拉瑟福、乔治亚·富兰克林（Rutherford，Gregory Franklin）在其博士论文《学术与经济：营利性高等教育的阴阳》（Academics and Economics：The Yin and Yang of For-Profit Higer Education）中①，以凤凰城大学为案例，运用中国太极阴阳论阐述了在营利性高等教育中，教育价值与经济价值的矛盾及其平衡。

珍妮·迈克利兰（Jeanne McClellan）在其博士论文《高等教育领导：公开上市的营利性院校的校长与首席执行官》（Higher Education Leadership：Presidents and CEOs in For-Profit，Publicly Traded Colleges and Universities）中②，则以美国五所上市高教公司为例，对营利性高校校长（或称为 CEO）的管理行为进行了专门研究。

吉尔伯特·C·亨奇克、维森特·M·莱库格、威廉·G·提亚尼（Guilbert C. Hentschke，Vicente M. Lechuga，William G. Tierney）编辑的《营利性院校》（For-Profit Colleges and Universities）一书对营利性高校的市场、管理、作为及其在高等教育系统中的位置做了比较深入的梳理③。

高等教育质量保障自 20 世纪 80 年代以来逐步成为高校的一项重点工作，也已成为一个研究重点。由于对营利性高校的研究还处于初级阶段，在为数有限的专题研究当中，还未见探讨营利性高等教育质量保障方面的专著。但在凤凰城大学以及美国教育部、高等教育认证委员会等机构网站上出现了不少对营利性高等教育质量方面的探讨。

在研究当代高等教育市场取向改革的论著中，多数对市场取向改革持肯定态度，同时，对已有或可能出现的负面作用也多有涉及。这与现代高等教育研究对市场行为的态度有很大的不同。现代高等教育研究基本是排斥高等学校的市场行

---

① Rutherford，Gregory Franklin. Academics and Economics：The Yin and Yang of For-Profit Higher Education [D]. A Case Study of Phoenix. http://www.lib.global.umi.com.libecnu.lib.ecnu.edu.cn/dissertations/fullcit/3082898.，2002.

② Jeanne McClellan. Higher Education Leadership：Presidents and CEOs in For-Profit，Publicly Traded Colleges and Universities [D]. http://www.lib.global.umi.com.libecnu.lib.ecnu.edu.cn/dissertations/fullcit/3082898.，2005.

③ Guilbert C. Hentschke，Vicente M. Lechuga，William G. Tierney. For-Profit Colleges and Universities [M]. Virginia：Stylus Publishing，LLC.，2010.

为的，认为大学与市场的结合违反高等教育逻辑。

近些年来，研究界虽然仍然在争论高等教育引入商业运作方式的利弊得失，但对是否需要引入市场手段管理非营利性高校已经很少有异议了。研究者们更多关注的是市场规范与学术规范融合的问题，如市场规则与商业文化是怎样对学术实践产生微妙的、系统的影响；大学在引入市场机制的时候，应怎样做才能最大限度地保证学术自由与自治的传统等。

在这样的背景下，营利性高等学校逐步被人们接纳和支持。研究界对营利性高等学校的研究将随着营利性高等学校实践的发展而深入，包括营利性高等学校质量保障在内的专题将逐步形成和深入。

二、国内研究

1. 对美国营利性高等学校的介绍和研究

当前，国内已经有学者开始不断关注和研究以美国为代表的营利性高等教育。

在学术期刊上公开发表的该类文章较早出现在 1994 年①，是张文从管理的角度对美国营利性职业学校的考察。之后是近十年的沉寂，直到 2003 年之后，有数位学者的关于美国营利性高等教育的文章才开始出现在学术期刊上，研究还处于对美国营利性高等教育的介绍阶段，还极少有学者对美国营利性高等教育模式在中国的适用性进行研究，其中，李明华在这方面进行了探索。他从教育市场的大趋势和中国高等教育现状出发，认为美国阿波罗模式与中国实际情况相结合，能够开发出“低价、优质、实用、便利、友好”的中国成人高等教育模式②。

乔玉全在《21 世纪的美国高等教育》一书中对美国营利性高等教育进行了简要介绍③。这是比较早关注到美国营利性高等教育机构的著作。王伟的《美国营利性教育机构制度环境分析》一书则立足于对制度的分析，其中只有一章讨论营利性高等教育机构及其制度环境问题④。

高晓杰在《美国营利性高等教育机构与资本市场》一书中对美国营利性高等

① 张文. 美国营利性私立职业技术培训学校的管理［J］. 中国职业技术教育，1994（8）：40.

② 李明华. 从教育市场大趋势看阿波罗模式在中国的适用性［J］. 高等教育研究，2006（3）.

③ 乔玉全. 21 世纪的美国高等教育［M］. 北京：高等教育出版社，2000.

④ 王伟. 美国营利性教育机构制度环境分析［M］. 太原：山西人民教育出版社，2005.

教育机构为什么进入资本市场、如何进入资本市场及进入资本市场后的风险等进行了研究，这是一本对美国营利性高等学校某一专题的专著①。

美国营利性高等学校之所以能够在当代崛起并得到认可，其独特的运营模式、相对完善的制度环境以及当今经济社会发展进程等原因不容忽视，但相对于教育质量这一“核心”要素，这些原因都成为推动其发展的“外围”因素。那么，营利性高等学校的教育质量观有什么独特之处，其质量如何从内、外部两条途径得到保障，这些关乎营利性高等学校发展的关键问题正是本研究的重点。

2. 对中国营利性民办高等学校的研究

因为中国目前还没有法律意义上的“营利性”民办高等学校，所以，严格的中国营利性高等学校研究还不存在。但是，对高等学校营利问题的研究却已经有了一定的成果积累。对民办高等学校营利问题的研究是与以下问题的研究相伴随的：高等教育的产业性与事业性；高等教育产品的公共属性与私人属性；高等教育营利性与公益性等。

对营利问题的研究可分为反对派和赞成派。

虽然现在仍然存在着两类观点，但高等教育内外部环境的演变，已经让人们认识到，高等教育的产业性、私人物品属性等特点使得一部分民办高校可以进行市场运作，让它们在实现基本社会效益的前提下，追求其经济效益，允许它们营利。营利性与公益性并非一定是矛盾的②。

在解决了营利性在理论上的障碍后，针对营利性高等学校或高等学校的营利行为的现实存在，研究者开始对营利行为的制度规范等问题进行研究，同时，中国民办学校分类管理试点工作的组织开展是对民办高等教育的健康发展的重要实践探索，还有许多问题需要研究。

随着营利性高等教育实践的深入发展，2004 年至 2007 年是国内营利性教育研究比较集中的时期。随着国务院办公厅《关于加强民办高校规范管理引导民办高等教育健康发展的通知》的发出，以及“稳定规模、规范管理、提高质量”作为“十一五”期间对民办高校发展的新要求的提出，同时对民办教育公益性原则的强调，此研究随即转入不活跃期。但是，这一时期却是国家层面研制教育中长期规划纲要的重要调研和起草阶段，众多专家学者投入其中，就包括民办高等教

---

① 高晓杰. 美国营利性高等教育机构与资本市场 [M]. 广州：广东高等教育出版社，2008.

② 文东茅. 论民办教育公益性与可营利性的非矛盾性 [J]. 北京大学教育评论，2004 (1).

育在内的教育问题进行了深入研究和梳理。《规划纲要》的出台让民办高等教育未来十年的发展有了一个清晰的管理框架，即“积极探索营利性和非营利性民办学校管理”、“建立民办学校办学风险防范机制和信息公开制度。扩大社会参与民办学校的管理与监督。加强对民办教育的评估”。探索分类管理中的民办高校发展面临许多问题和挑战等待研究和破解。除了如何建立分类标准、如何进行分类操作外，以评估为基础的质量监督和保障也是绕不开的重要课题。只是对民办高等教育的质量保障问题目前仍然停留于对其质量的描述和批判，还没有深入开展对质量保障问题的系统研究。

三、有待深入研究的问题

由于国内外对营利性高等教育研究本身的历史并不长，该领域的整体研究还需要深化，所以所谓有待深入研究的问题，这里指已有研究基本未曾涉及、极少涉及或不深入但很重要的问题。

首先，从目前对营利性高等学校的研究文献来看，对营利性高校的教育活动和管理活动的介绍性、描述性的文章和著作比较多，对其存在和发展的理论依据探讨得不够深入，研究界依然从约翰·S·布鲁贝克提出的高等教育“两论”中寻找依据。

第二，虽然对营利性高等学校的质量观以及质量保障措施的研究没有见到专论，但在论及营利性高等学校其他问题时有所涉及。

第三，营利性高等学校被作为一个经济体进行的研究还比较少，其原因在于营利性学校长期不被主流教育所接受。及至一些像凤凰城大学一样的上市教育公司出现，对营利性高校的经济活动的研究才开始出现。一些证券分析人士如罗伯特·L·克瑞格（Robert L. Craig）对彰显高等教育产业属性的营利性高教公司在资本市场的表现进行了分析，并对其发展前景持乐观态度①。教育经济学家如安陲斯·奥特曼（Andreas Ortmann）认为，与其他产业相比，高等教育这一特殊产业没有可衰期（recession-proof），与经济周期没有同步性②。

如果说非营利性高等学校对国家经济的增长作出了贡献，那这一贡献主要也

---

① Herman，Jerry R.，Robert L. Craig，Leigh D. Pollak，Kristin A. Basel. Educational Services Industry. Chicargo：EVEREN Securities，1999.

② Andreas Ortmann. Why Wall Street Fell in Love with Higher Education. http://curry.edschool.virginia.edu/forprofit/,2002.

是通过对未来劳动者（学生）的培养间接作出的。营利性高等学校对经济的贡献，除了与非营利性高校一样通过培养劳动者间接实现，它们与非营利性高校最大的不同便是作为企业创造利润，直接为经济的增长作着贡献。由于对营利性高校的经济运作及其环境的研究成果还不多，已有的研究也主要集中在上市的高等教育集团在资本市场上的作为，对于更多的没有上市的营利性高教集团的经济行为的研究还很少见。

第四，至于营利性高等教育在中国发展的现实性、可能性与前景等问题，已有研究虽然有所涉及，但还不够深入。可操作性的政策建议还很少，是一个很值得挖掘的领域。随着民办学校分类管理试点工作的深入开展，相信对营利性高等学校的研究会有一个突破性进展。

通过以上有代表性的著作来看，近年来，随着高等教育不断地走近，乃至走进市场，高等教育研究也由浅入深对市场行为展开了讨论。他们对高等教育与市场的关系的研究虽然不乏深入的思考，但毕竟市场大潮的涌动时间还不长，高等教育在市场中的实践还处于初级阶段。研究中尚存在一些有待商榷或讨论的地方。但是，研究的一项重要使命是引领实践，为实践的发展铺路搭桥。研究者的成果不仅有其实践的价值，对后来研究者的工作也是一个铺垫。

前面已经提到，我们研究美国营利性高等学校，“言”在美国，而“意”在中国。要说透美国营利性高等学校不容易，因为它包含有太多的内容，面面俱到不是一项研究所能承担得了的。鉴于此，本研究也并不打算把研究范围铺得很大，而是根据中国民办高等教育的现状，有所选择地进行研究。已有的对美国营利性高等学校的研究以及对中国民办高等教育的研究为本研究提供了基础，使本研究的开展成为可能。

四、本研究的角度

营利性高校作为一个经济组织创造利润，并向政府纳税，它们在创造社会效益的同时也创造着经济效益。它们与非营利性高校存在着巨大的差异，它们存在的合法依据——哲学基础在哪里？我们知道，高等教育存在的哲学基础被约翰·S·布鲁贝克概括为“认识论”和“政治论”的两论。认识论哲学建立在对未知世界的无功利的追求上，意在增进人类的知识。政治论哲学建立在为国家的政治目标服务上。而营利性高校的主要目标则是经济利益，认识论哲学和政治论哲学都无法作为它们的存在依据。而已有的研究对营利性高校存在的合法依据的研究和讨论仍然停留于政治论哲学基础上，并未触及“营利”与“非营利”这个关键问题。本研究认为，由于能够带来利润的“资本”是营利性高校各项活动的核心，因此，可以借用“资本论”这一概念将营利性高校存在的哲学基础概括为“资本论”哲学。

本研究认为，营利性高等学校的发展从实践层面拓展了传统高等教育的哲学基础，而新自由主义经济思潮、人力资本理论、服务贸易理论等则从理论层面上为资本论哲学基础的出现作出了贡献。

当营利性高校的存在依据解决之后，随之而来的便是质量保障问题。本研究提出，高等教育质量是一个涉及面很广的问题，但对于求学者来讲，不论学校的性质怎样，接受物有所值的教育服务才是他们的目的。所以，营利性高等学校的质量观及其质量保障是利益相关者所特别关心的问题。

第三节　相关概念辨析

一、盈利与营利

“盈利”和“营利”是两个既有区别又有联系的概念。“盈利”反映的是一种收支之间的状态，收入大于支出就出现盈利；“营利”则是对经济行为的一种描述，“谋求利润”被称为营利。营利是谋求利益或利润，属于主观行为。而盈利是得到利润，属于客观结果。营利的行为产生盈利、亏损和持平三种可能的结果。

根据对盈利的处理方式不同，可以区分出营利性机构和非营利性机构。在营利性机构，其经济活动产生的盈利归该机构的所有者，而非营利性机构的盈利则不归某个或某些个人所有，只能用于机构的发展。非营利性机构并非不能有盈利，大多数基金会、医院、福利院等非营利性机构都在积极获取盈利，以扩大自己的事业；而许多经营不善的营利性企业则不仅没有盈利，还可能出现亏损①。

非营利性机构与营利性机构的区别在于是否纳税及是否受不分配原则的约束，而不是是否盈利。非营利性机构是免税的，其运作所得的盈余不得在其利益关系人中进行分配。相反地，营利性机构必须向政府纳税，其净利润则在其投资人中进行分配。

---

① 文东茅．论民办教育公益性与可营利性的非矛盾性［J］．北京大学教育评论，2004（1）．

二、营利性学校、私营学校、私立学校、民办学校

研究营利性学校（for-profit school）离不开对“私营学校（proprietary school）”与“私立学校（private school）”的研究。营利性学校都是私立学校，但私立学校并不一定是营利性的。

营利性学校与私营学校在本质上是一致的。历史上的营利性学校多习惯被称为私营学校。私营学校正如字面上的意思一样，学校属于经营者个人所有的私有财产，而且，经营者本人往往就是学校的教师和管理者。历史上的私营学校基本上规模都比较小。到了当代，当学生规模较大的营利性高等学校尤其是经过鉴定的、有学位授予权的营利性高校出现之后，“营利性学校”一词开始被越来越频繁地使用。同时，“私营学校”的概念也同时被使用着，主要指那些规模比较小的、没有学位授予权的营利性学校，但有时也统指营利性学校。

民办学校（minban school）是中国对私立学校的称谓，与公办学校相对应。

三、质量与质量保障

质量源于工商界，被引入高等教育之后引起了一场研究热潮。但迄今为止，对高等教育质量仍没有一个统一的看法和说法。现代高等教育是一个多元而又复杂的系统，其质量标准也是一个动态、开放的系统，是相对的。高等教育质量是一个多维的概念，并在不同社会背景下因时间和空间不同而不断发生变化，不存在绝对和统一的质量标准。社会不同群体对高等教育的需求不同，学校和各学科专业的社会服务面向与定位不同，学生的个体差异不同等因素造成了教育质量标准的不同。随着社会经济的不断发展，质量标准也需要与时俱进，不断更新发展。

与高等教育质量概念一样，高等教育质量保障至今也没有一个统一的界定。高等教育质量保障这一概念是在 20 世纪 70 年代后期开始应用到高等教育领域的，而且，直到 20 世纪 80 年代后期才逐渐成为人们关注的焦点。在过去数十年，国内外有关质量保障的争论不断以各种形式出现。2009 年，欧洲大学联合会在一份有关研究欧洲高等教育质量变化的最终报告中指出，从广义上而言，质量保障包括与明确、把握和提高高等教育机构质量有关的所有活动，涵盖了从制定战略到教师发展和课程开发的一切活动。

四、教育产业与教育产业化

从整体来说，教育是一种具有正外部效应的准公共产品。不同级别与类别的教育，其产品属性不尽相同，如义务教育和非义务教育、学历教育和非学历教育、民办教育和公立教育等。它们有的更接近于公共产品，有的则更接近于私人产品。

教育的产品服务性质界定之后，教育服务应由谁提供，采取什么机制提供，或通过什么方式配置教育资源，这些问题基本上就可以得到解决。既然教育服务属于准公共产品，就应由政府与市场共同提供，计划与市场机制共同发挥作用。完全由政府提供，政府垄断教育，或完全由市场提供，教育完全由市场调节都不能达到教育资源的优化配置，都是不可取的。由于教育的不同部分，其产品属性不同，因此提供方式与资源配置方式也不相同。义务教育在一定意义上是一种公共产品，它用法律规定了受教育者、家长和政府的权利和义务，从理论上说，它是一种强制的免费教育，基本上应由政府提供。非义务教育中的高等教育，相对义务教育而言，更接近私人产品，市场机制具有较大的作用。

何谓“产业”？产业是一个经济范畴的概念，它是介于宏观经济与微观经济之间，生产具有同一属性的物质或劳务产品的企业、行业、部门的集合。在许多国际组织的统计分类中，教育均被列为“服务产业”、“第三产业”。在 1992 年中共中央和国务院颁发的《关于加快发展第三产业的决定》中，教育被明确列为第三产业，而且是“对国民经济发展具有全局性、先导性影响的基础产业”。教育具有产业属性已经成为不争的事实。同时，教育产业又是一个特殊的产业。

我国教育主管部门的基本态度，是承认教育具有产业属性，尤其是非义务教育阶段的高等教育、职业教育、留学教育等。但从维护教育公益性的角度出发，反对提“教育产业化”。国际标准汉字大词典上对“化”的解释是：“性质或形态改变。”那么，教育产业化可理解为是对过去完全由政府包办起来的教育事业的修正和更改。教育从公共事业转变为一种特殊的产业。其中，有性质的改变，也有形态的改变，更多的则是形态的改变。由于产业的健康发展离不开市场，教育产业化也常常被称为教育市场化。在认可了教育是一个产业的前提下，为什么对教育是否可以产业化或市场化至今仍然争论不休，主要源于两个方面的原因：

首先，教育产业具有特殊性。教育活动不是直接生产物品，学生不是它的产品。教育提供的是教育服务，而这一服务必须与学生的学习活动有效地结合在一起后才能产生教育成果。教育是教与学的双边活动，且因为情感、道德等心灵因素参与其中使得教育活动更加复杂，对教育服务质量的测量成为十分困难的事情。

其次，教育产业化具有层次性。第一个层次是利用市场手段运作教育产业，即通过引入市场机制改变政府干预过多的治理模式，增强学校，尤其是高校适应市场需求的能力，提高教育的效率和效益。不论教育的哪个层次，哪类学校，在这一层次的产业化已经得到了认同；第二个层次是以市场目标运作教育产业。市场目标是对利润最大化的追求。这一层次的产业化，更准确地说，应该是教育商业化或商品化。正是在这一层次上，引起了长时间的尖锐争论。实际上，这一争论与其说是在这一层次上的争论，倒不如说是第一个层次与第二个层次之间的争论。因为，将整个国家的教育产业交给市场，政府退出对教育的管理，让所有学校办成教育公司，这不仅在理论上站不住脚，在实践上也是行不通的，这样做受伤害的不仅是广大受教育者，也是教育本身，更是国家的前途。没有哪个国家敢于冒如此的风险。这一层意义上的“产业化”遭到了人们的质疑，也正是在这一层意义上，我国教育行政管理部门态度坚决地反对“教育产业化”。

引入市场竞争机制已经成为当今世界高等教育的改革趋势，在这一进程中，营利性高等学校成为无法回避的现象。尤其在美国，营利性高等学校已经成为一个正式类别被列入高等教育系统。在我国，虽然目前还没有营利性高等学校的正式地位，但是，是否允许营利已经成为民办高等教育发展中一个必须明确的问题。营利性高等学校的出现或者崛起，有着深刻的理论和实践动因，本书对此有比较详细的说明。这里需要明确的是，营利性高等学校的存在并不能说明高等教育已经产业化或市场化。原因有三：一是营利性高校只在有限的学科领域发展，且数量有限；二是它们的服务对象是那些被传统高校忽视或无力顾及的群体；三是政府无力从经费上给予这类高校大力扶持，只好交给市场，让其自负盈亏。

第四节　研究方法

一、文献法

对美国营利性高等学校的研究离不开对其历史发展进行考察，收集尽量多的相关文献资料是研究的基础。在此基础上，进行归纳总结，概括出美国营利性高校的历史发展脉络。与此同时，对当代美国营利性高校发展状态的研究也同样离不开文献考察。文献法是本研究的主要方法。

二、个案分析法

本研究选取美国最大的私立营利性高校凤凰城大学作为个案，是因为凤凰城大学在它不长的发展历史中，做出了骄人的成绩，已经成为美国营利性高等学校发展的一个范本。通过个案研究，可以从微观层面对营利性高校进行深层观察和剖析，有利于我们对该类型学校的全面了解。

三、比较法

研究美国营利性高等学校，目的是通过比较进行借鉴，择其利者而从，遇其弊者而弃。本研究虽然是一个国别研究，但“比较”却是贯穿始终的思想。从选题到研究板块的确立，其比照对象一直都是我国民办高等教育实践，目的在于针对我国民办高等教育中需要解决的与营利相关的问题提出一些政策性建议。

第五节　基本结构和主要内容

本书共分八章。内容主要包括两大模块：一是对美国营利性高等学校的系统介绍，包括其历史、发展动因、特点、类型和办学模式、对非营利性高等学校的影响，以及对美国营利性高等学校存在的合法性依据的探讨；二是对营利性高等学校质量保障的探讨。这一模块包括营利性高等学校的质量观，以及内外部质量保障举措。此外，第八章对营利性高等学校的发展和中国营利性高等学校的发展前景进行了展望分析。

绪论部分揭示了本研究的目的、对国内外在该领域的研究进行了梳理，并对与本研究相关的概念进行了辨析。

第二章，通过对美国营利性高等学校的发展历史的梳理，研究发现，它的历史甚至可以追溯到殖民地时期。营利性高等学校在其发展的三个阶段（萌芽、曲折发展及大发展）中，虽然历经曲折，但表现出顽强的生命力，终于迎来了历史机遇。同时对营利性高等学校在当代崛起的深刻动因进行了分析：知识经济的需要；政府战略重点的转移及随即而来的政府经费投入的减少；对质量和绩效的时代要求；成人学生（或非传统学生）的大量增加；公众对传统高等教育尤其是公立高等教育的不满；国际组织的推动等。

第三章，通过对营利性高校的特点、类型和办学方式做一素描，突出、明晰了它们与传统高等学校的差异。从结构形态上，美国营利性高校可以分为三种类型：公司学院、超级系统及网络大学。以凤凰城大学为例对营利性高校的运作进行了考察。我们可以看出营利性高校运作的基本特点：以学生消费者为中心；教材的统一化；以兼职的行业从业者为教师主体；基础设施简约化；企业管理模式。

在营利性高等学校的影响下，传统非营利性高等学校原本就有的市场因素活跃起来。从对市场手段到市场目的的借鉴利用，传统高等学校对营利性高校经验的借鉴可分为两个层次。从市场手段的运用层面来看，虽然程度不同，但在传统非营利性高校中已经被普遍采纳。至于对市场目的的利用，在传统非营利性高校中虽然目前还占有很小部分，但其发展趋势还无法估计。

第四章，在考察美国营利性高等学校发展的过程中，本研究借用了“资本论”观点，认为资本论是营利性高等学校存在和发展的哲学依据。资本论将同认识论和政治论哲学一道构成当今高等教育发展的哲学基础。

第五章，营利性高等学校与非营利性高等学校所持的质量观是有差别的。通过对高等教育质量观演进历史以及营利性高等学校教育服务特点的分析，揭示出营利性高等学校的质量观。

第六章，通过考察美国联邦政府、州政府、民间鉴定机构以及大众媒体对营利性高等学校的管理和监督，揭示了营利性高等学校的外部质量保障体系的运作机制。本研究发现，美国两级政府对营利性高等学校的发展持积极态度，鉴定机构也在不断反思和调整传统的鉴定标准和程序以促进和规范新型高校的高质量发展，大众媒体也转变了对营利性高等学校的不关注态度。

第七章，通过对教学环节和管理环节的质量保障进行考察，探讨了营利性高等学校内部质量保障活动的机制和流程。

第八章，通过对营利性高等学校发展中的问题考察，本研究认为，营利性高等学校不可能取代传统高等学校，而是与传统高校一样成为高等教育系统中的一个子系统长期存在。对促进我国营利性民办高等学校的发展提出了政策性建议。包括：明确营利性高校的法律地位；明确营利性高校的法人地位；制定营利性高校的纳税办法；建立质量监督机制；允许营利性教育公司上市。

第二章　发展动因

第一节　历史发展

美国私立营利性高等教育机构非并真正的新生事物，其历史可以追溯到英国殖民地时期。美国营利性高等教育机构是与传统非营利性高等学校一起成长、发展的。在一个私立教育有着三百多年历史的地方，营利性高等学校的产生既非来自宗教根源（传统私立高等教育），又非来自为社会服务的根源（公立高等教育）。美国营利性高等学校的发展主要经历了以下几个发展阶段。

一、殖民地时期——南北战争：萌芽阶段

美国的高等教育始于殖民地时代，且发展迅速。这一时期的高等教育发展继承了欧洲大陆尤其是英国学院的传统，强调为宗教利益服务。从 1636 年到 1769 年，在 134 年的时间里，创建了哈佛等九所学院。这九所学院仿效英国的牛津大学和剑桥大学，其办学方针和课程设置也沿袭了英国的教育传统，崇尚博雅教育，崇尚经院学术，以培养通才为目标，以拉丁语为教学用语。这一时期学院的首要宗旨就是培养有良好文化素养的教士，以使宗教在新大陆得以传承，如哈佛学院在建校时就宣称："为社会造就适合的人力，主要是培养教会人士"①，因而这些学院通常被称为教士养成所。同时，学院也培养学术领域的"公民领袖"②，

---

① 滕大春．美国教育史［M］．北京：人民教育出版社，2002.

② J. Partrick Raines，Charles G. Leathers. Economic Institutions of Higher Education：Economic Theories of University Behavior［M］. Northampton，MA：Edward Elgar Publishing Inc.，2003.

以及为将来社会上地位崇高的人提供“普通教育”①。

我们知道，早在殖民地时期美国就已经建立起了比当时的宗主国——英国——规模大且数量多的授予学位的教育系统。实际上，这一系统与今天一样极具多样性，有各种规模、种类和结构的学校，经济来源也很多，有学费、捐助、税收、捐赠基金及私人投资。但是一直没有得到人们广泛认可的一点是，这一教育系统的发展主要是私人企业的产物②。

在殖民地时期，与哈佛等传授宗教及古典知识的学院并行的，是以传授各类职业技能为主的私营学校。因为殖民地生活不仅需要牧师和具有高尚精神的绅士，还需要大量的商人、职员、航海家、土地测量员、理发师等各行各业的技术人员及工匠。

虽然在当时的美国，来自欧洲的移民中不乏能工巧匠，但远远满足不了当时社会的需求。而早期的学院意在传承精神和道德的修养，课程内容并不触及社会现实，因而可以说，在殖民地时期的学院提供的教育和当时市场的需要之间存在着明显的差异。也就是说，有些知识是不在古典学院和英文文法学校中传授的。这是高等教育的营利性部分得以发展的一个重要原因。

这些学校是用私人经费开办，没有公共经费支持。有历史学家称之为“高贵的生意”（genteel business）③。不少学者设立私营学校（proprietary schools），通过教书这种“高贵的生意”来维持全家的生活④。

与教会开办的学院相比，这类为谋利而提供的职业训练、自称为“为穷人开办的学校”的教育内容丰富得多。除了开设当时一般学校里都有的拉丁语、希腊语和数学以外，还补充了英语作文与文学、现代语言、自然科学和实用商业以及美容、理发等各种实用技术课程。如 1837 年，纽约州的私营学校开设有 60 多种课程，有建筑、圣经故事、刺绣、即席演讲、航海天文学、希伯来语、意大利语、生理学等。无论其开设的课程在当时的人们看来有多么奇特，其指导思想却非常明

---

① ［美］弗雷德·赫钦格，格雷斯·赫钦格．美国教育的演进［M］．香港：美国驻华大使馆文化处，1984：7.

② A. C. Bolino. Career Education：Contributions to Economic Growth ［M］. New York：Praeger，1973.

③ C. A. Anderson，M. J. Bowman. Education and Economic Development. Aldine，1965.

④ Edmund J. James. “Commercial Education” in Monographs on Education in the United States，ed. N. M. Butler. Arno Press and New York Times，1965.

确，那就是：只要社会有需求，它们就相应地开设某种课程，以实践的方式传授工作技能，以授课时间计费并提供资格证书或文凭，但不授予学位①，目的是帮助青年和成年人获得专门技能，获得好的工作，提升他们的社会和经济地位。

从 18 世纪开始，工商业城市为发展生产事业，急需中等水平的工程技术人员、商业贸易人员、企业管理人员。如测量绘图、建筑厂房、开辟交通、兴修水利、航海远洋等，都需要数学、科学和专业训练。费城、纽约、波士顿都是如此。尤其在费城，到了 1740 年，居民达四万人，已经成了十三个殖民区中的大城市。纽约仅三万人，南方的查里斯登仅一万人，都远不如它。从英、德等国家移民而来的技术人员越来越多。费城人士因大办私立学校，纷纷聘请他们担任教师和创办校董事会，广招学生，教育生意十分兴隆。政府从不对此进行法律约束。

就纽约和费城而言，17 世纪传授实用学科的教师逐渐增多。他们设立和经营学校，以征收学费为生。到 18 世纪，纽约和费城的传授实用知识的私人学校较以前明显增加。发展到美国建国初期的 1783 年，费城至少有 283 名教师设立此类营利性学校；纽约仅次于费城，至少有 260 名教师设立此类学校。原因之一是一般学校偏重拉丁文和希伯来文而轻视英文教学，但最根本的原因则是两城市的商业比较发达、商店较多，技工、商贩集中。这些行业中的市民约占两城市人口的三分之一到三分之二。办校的教师就针对他们的需要而艺术地刊登广告广为宣传，因而教育成为十分兴旺的生意。

这种营利性学校虽然在人力、物力、设备和社会威望方面显得不足，但它们是时代的产物，极富适应环境的敏锐性和生命力。它们摆脱了古典语言而用英文授课。根据波士顿等不少城市的报纸广告所登载，它们都传授各种各样的科目，有着各种各样的校牌。其注重商业的学校开设商业数学、会计、书法、公文、速记等学科；注重数理的学校开设数学、几何、三角、天文学，并以应用数学为基础而教授测量、航海、建筑、武器制造等学科；注重语言的学校开设外贸需要的西班牙语、葡萄牙语、意大利语等，外交需要的法语，同时教授历史、地理，拉丁语和希腊语不是很少开设，就是干脆不开。而且，营利性学校还打破常规，不但白天上课，还常常清晨和夜晚上课，便利在职学生的学习。社会保守派指责它

① Kathleen F. Kelly. Meeting Needs and Making Profits: The Rise of For-Profit Degree-Granting Institutions. ECS Issue Paper. Denver: Economic Commission of the States. 2001. http://www.es.or//维普资讯 http://www.cqvip.com.

们不正规、水平低，追求技术而不尚理论。但它们却在时势需要下成了扑不灭的火焰。甚至有的技术学校竟由教会设立。

虽然这类学校规模较小，但数量很多，其发展最快的阶段是 19 世纪初期。1800 年，马萨诸塞州有 17 所这类私营学校，1830 年有 68 所，到 1860 年增加到 154 所①。其他地方的私营职业训练学校发展情况也与此类似。这些学校的主要经费来源是学费，也有来自各方的捐赠，有时州和地方政府也拨款资助。学校由董事会控制。从独立战争到 19 世纪初将近半个世纪期间，美国的出口贸易得到一定的发展。世界市场对烟草、棉花、玉米等农产品需求量越来越多，美国急切需要有大批的技术人员来发展农业经济。

在农业发展过程中，农民需要科学种田，并渴望能从高等学校中学到农业科学技术，但传统高校却令他们失望。1838 年，纽约立法机构收到了由 6 000 人签名的请愿书，请愿书要求州资助建立一所农业学校。其他城市和州也出现了类似的请愿。1855 年，第一所农业学院在密西根州成立。在此期间，成功的营利性农业学校得以生存和发展。其中，纽约的 Oneida Institute 是最早建立的农业学校之一。这样的农业学校是在手工劳动学校的基础上建立和发展起来的。它们有附属农场，学生既可以靠农场赚钱，又可以作为试验田实践他们的所学，还可以为学校和所在社区提供粮食等物。这类学校在《莫雷尔赠地法》颁布前就已经大量涌现。

与农业教育的发展相类似，传统高校在工业发展所急需的应用科学、技术、工程学等领域的人员也远远赶不上实际需求。因此，营利性学校也纷纷出现②。

私营学校（proprietary schools）在其漫长的发展进程中，虽然存在于高等教育的主流之外，但它们一直以自己独特的方式提供教育和训练，以满足社会需求和个人改变生活状况的需要，同时也在使妇女、有色人种、美洲土著和残障人士，特别是盲人和聋人等社会边缘群体接受教育方面起了重要作用。教育史学家 Robert Seybolt 在 1925 年提及营利性学校时写道："这类十七世纪创建的学校，一直延续到今天也没有受到打扰，在解决向社会各阶层提供教育的问题上发挥了

① ［美］纳尔逊·曼弗雷德布莱克．美国社会生活与思想史（上册）［M］．北京：商务印书馆，1994．

② Richard S. Ruch. Higher Ed，Inc.：The Rise of the For-Profit University［M］．Baltimore：The Johns Hopkins University Press，2001．

重大作用。”① 所以，即便是一直被忽略或者说被高等教育主流所掩盖着，营利性学校也有着自己的生存空间，其发展的脚步也一直没有停顿。

二、南北战争——20 世纪 90 年代：曲折发展阶段

19 世纪中叶，美国开始大规模版图扩张及大幅度经济发展。到南北战争前的 1860 年，美国的工业总产值已经达到 1 885 亿美元，经济实力仅次于英、法、德，居世界第四位。1861 年—1865 年的南北战争，摧毁了南部的种植园奴隶制，为资本主义发展创造了更为有利的条件。西部土地的开发，国内市场的扩大，科学技术的应用，也起到了重要作用。制造业成为工业中的骨干。许多新的工业部门，如电气、化学、汽车等都发展起来了，工业发展孕育着职业技术教育的发展。主要以职业技术教育形式出现的私营学校有了更加肥沃的生长土壤。

1862 年，美国职业教育由于《莫雷尔赠地法》的通过得到了发展。该法案对美国教育起到了方向性的指导作用：将教育理论和实际工作结合起来，把职业教育提高到应有的社会地位，不再受到歧视；州立大学中把培养文理人才与科技人才纳入统一轨道；把农业、机械等职业教育提高到大学程度，促进了职业教育质量的提高；把农业人才的培训看做是国家繁荣的关键，使职业教育成为发展经济的重要手段之一，正式把职业教育作为国民教育的重要组成部分。

但是，该法案在州政府层面上并没有立即发挥作用。大约在法案生效后的最初十年里，许多州都没有增设这类学校的意向。直到 1870 年威斯康星大学才第一个设立了工学院，下设土木、机械、采矿、金属等学科。许多老牌州立大学和私立大学仍然沿着旧的轨迹发展。这种现象受到了工商界的抨击。1889 年，一位著名的银行家甚至公开宣布不再聘用大学毕业生到银行担任任何职务。还有的工商业界巨头认为，现行的大学教育是商业工作的绊脚石。实业界的抨击不仅迫使州立及私立非营利性高校向着实用教育发展，而且为营利性教育的发展开辟了广阔的空间。

第一次世界大战中，美国工业生产由于战争的刺激，进一步得到发展。特别是与军火有关的钢铁、汽车、化学、航空、造船等工业更是加速扩展。工业的发展急需技术人才。于是，联邦政府 1914 年通过了《史密斯-莱维尔法》，规定由联邦政府协助各州加强农业职业教育。1917 年国会又通过了《史密斯-休士法》

① Robert F. Seybolt. The Evening School in Colonial America [J]. University of Illinois Urbana. Bureau of Educational Research，1925.

(Smith-Hughes Act)，规定从1917年—1925年联邦政府每年拨款700万美元资助各州用于发展职业教育。《史密斯-休士法》规定，职业教育范围根据课程的科目，将职业教育分成三部分，包括农业教育（agricultural education）、家政教育（home economic education）和工商教育（trade and industry education）。该法案确定了联邦政府直接补助职业教育，包括教师和行政人员的工资、训练经费等，补助的对象以高中阶段为主。之后，联邦政府又通过了一系列职业教育法案：《史密斯-本赫法》、《乔治-埃尔法》及《乔治-丁法》等。这些法案对职业教育给予了更大的支持。

这些扶持职业教育的法律的出台，一方面表明职业教育需求量在增加，从这个角度来讲，私营教育有了进一步发展的市场；另一方面随着公立职业教育的扩张，势必在一定程度上抑制了私营职业教育的进一步发展。

同时，以弗莱克斯纳报告为契机，美国各方逐渐对私营学校的办学条件和质量提出了要求，加强了监控。私营学校在外力的促使下逐渐改善办学条件和教学质量，以期吸引越来越多的学生。

第二次世界大战以后，产业和就业结构发生了巨大的变化，年轻人口的增加和高中毕业率的上升迅速增加了对高等教育的需求。1945年至1975年是美国高等教育扩展的黄金时代，其主要表现是非营利性大学的迅速增长（包括学生注册数和教育开支）。美国的州政府在高等教育扩展中起了主要的作用。20世纪初以来研究型大学兴起，并且都是非营利性的。20世纪50年代苏联卫星上天引起美国朝野震惊，从此，联邦政府成了研究型大学研究经费的主要来源。因此，高等教育一直被认为是“公共产品”，甚至是维系国家安全的重要因素。维系公共利益的高等教育获得巨大的公共补助和私人捐助，使以营利为目的的私人资本难以参与平等竞争。

1963年制定的《职业教育法》(Vocational Education Act) 将资助的范围从《史密斯-休士法》规定的高中生扩大到高中毕业生、在职训练人士、残障人士、经济困难者、有学习障碍者、提供职业教育师资培训或在职进修者，取消科目的限制，职业教育不再以史密斯法案中的三科为限，这种重大调整，使职业教育原本以提供市场所需劳动力为导向，转变成为以满足个人就业需要为主导。

1965年，美国的《高等教育法》增加了学生贷款的种类及学生的直接资助数量。营利性高等学校的发展，使得它们积极谋求与传统高校的平等地位，于是积极改善办学条件，提高教育质量，寻求得到区域鉴定机构的认可。这项工作取得了不小进展。

三、20世纪90年代——至今：大发展时期

尽管营利性教育发展已经有了漫长的历史，但是由上市公司掌控的公司所拥有和经营的大学的出现开创了20世纪90年代以来的大发展时期。在这一阶段，出现了一大批在提供学位教育和股票市场上业绩良好的营利性高等学校。1991年，第一家营利性高等学校学位授予机构DeVry有限公司在证券交易所上市，到了1999年，这样的上市公司有40多家①，如1892年在巴尔的摩城开办、前身为Strayer商业学院的Strayer大学1996年上市，1999年跻身于由福布斯评选出的小企业200强之列，1998年，《商业周刊》将其评为美国最佳200个小企业之一；1931年创办于芝加哥的DeVry有限公司，自1991年上市后每年的注册学生数增长近两倍，2000年DeVry在《商业道德》杂志上的“百名最佳公司”排行榜上名列第11位，而1996年，它排在第77位；1975年在芝加哥创建的Argosy伊利诺斯州专业心理学学校是本地区最大的心理学研究生教育培养机构，也是最早的营利性博士学位授予机构（1998年有360名博士毕业），它于1999年上市，《商业周刊》2000年5月称其为百家“迅速成长中的公司”之一②。在这些表现非凡的营利性高等学校中，最为引人注目的，应属阿波罗集团麾下的凤凰城大学（University of Phoenix），如今，凤凰城大学已经是美国最大的私立大学。

1996年对于营利性高等学校来说具有标志性意义。在这一年，凤凰城大学公开上市。从此，私人资本开始大量流入教育产业，引起了华尔街和媒体的广泛关注。包括Lehman Brothers和Salomon Smith Barney在内的顶级投资机构还举办了各种会议向未来的投资者宣传30家营利性教育公司。也正是在这一年，私营产业领域的观察机构——教育产业集团（Education Industry Group）开发并公布了教育产业指数（HI Index），这一指数是通过对36家公开上市的教育公司的跟踪调查，为投资者提供每月一次的股票表现信息。同一年，国家教育统计中心（National Center for Education Statistics，简称NCES）下属的中学后教育综合数据系统（Integrated Postsecondary Education Data System，简称IPEDS）

① Richard S. Ruch. Higher Ed, Inc.: The Rise of the For-Profit University [M]. Baltimore: The Johns Hopkins University Press, 2001.

② Richard S. Ruch. Higher Ed, Inc.: The Rise of the For-Profit University [M]. Baltimore: The Johns Hopkins University Press, 2001.

重新界定了高等教育机构，将私立营利性学校也划归可接受联邦资助项目的高等教育机构类型中。

1996 年之前，美国联邦教育部对高等教育机构界定为：经过由教育部认可的鉴定机构鉴定的学院。如此界定将绝大多数营利性高校排除在外，因为它们即使得到了区域鉴定机构的鉴定，但多数并没有同时得到教育部认可的鉴定机构的鉴定。新标准将高等教育机构划分为是否有获得第四款（Ⅳ Title）经费资助的资格两种类型。要取得这一资格，高校必须提供副学士学位或者有 300 小时的教学项目，通过了由教育部认可的鉴定机构的鉴定，有至少两年的办学经验，与教育部签订有合作协议等。高等学校界定标准的变化，明确了教育部的认可标准。根据新标准，1996 年被认可的高校就增加了 7%，高校类型被分为三大类，即公立非营利高校、私立非营利高校和私立营利性高校。营利性高校进入大发展阶段。

从表 1 中我们可以看到，除了德拉威尔州（Delaware）、蒙大拿州（Montana）之外，营利性高校几乎已落户美国每一个州，其中在该类高校注册学生人数比较多的州主要包括：亚拉巴马州、亚里桑那州、加里弗尼亚州、哥伦比亚特区、佛罗里达州、佐治亚州、伊利诺斯州、爱荷华州、明尼苏达州、纽约州、俄亥俄州、宾夕法尼亚州、得克萨斯州等。

1998 年—1999 年，“私立营利性”教育类别开始定期出现在国家教育统计中心发布的报告以及像《高等教育年鉴》这样的每年一期的产业调查报告中。将“私立营利性”归入高等教育，增加了高校的总数量，1996 年，通过教育部认可的鉴定机构鉴定的高校已达 4 096 所。实际上，还有数以千计的营利性学校被排除在了这个数字之外，因为它们没有得到区域鉴定机构的鉴定。如果将这些数字加上去，那么，美国中学后教育机构共有大约 9 600 所。根据教育部报告《美国中学后教育机构：1997—98》的记载，通过对这九千多所学校的统计，三类高校所占的比例如下：营利性高校 47%；公立高校 23%；私立非营利性高校 29%①。之所以营利性高校占如此高的比例，主要包括了一大批不授予学位的私营学校。

从表 2 中我们可以看到，自 1997 年至 2009 年间，获得第四款经费资助的高校总数从 6 594 所增加到 6 632 所，增加了 39 所。其中在三类高校中，公立和私

① U. S. Department of Education. National Center for Education Statistics. Postsecondary Institutions in the United States：1997—98. NCES 1999—174. Washington D. C.：GPO，July 1999，1.

表 1　2007 年和 2008 年秋季美国有学位授予权的营利性高校学生注册总人数(包括学习方式和学生性别)

	2007 年秋季					2008 年秋季				
	总数	全日制		非全日制		总数	全日制		非全日制	
		男性	女性	男性	女性		男性	女性	男性	女性
美国 / 州	1 186 198	344 489	573 920	98 332	169 457	1 469 142	400 013	699 030	133 387	236 712
亚拉巴马	8 024	1 430	3 980	645	1 969	38 544	12 272	10 713	6 937	8 622
阿拉斯加	516	54	106	120	236	747	72	138	142	395
亚里桑那	284 204	90 826	179 957	4 049	9 372	364 889	109 988	232 747	6 116	16 038
阿肯色	1 877	690	1 092	62	33	2 487	893	1 509	53	32
加里弗尼亚	115 881	40 746	57 588	7 821	9 726	144 553	47 337	71 076	12 698	13 442
克罗拉多	50 705	18 040	25 885	3 309	3 471	57 841	19 466	30 432	3 722	4 221
康涅狄格	3 287	806	1 217	377	887	3 214	792	1 374	350	698
特拉华	0	0	0	0	0	0	0	0	0	0
哥伦比亚特区	36 085	2 958	4 867	9 171	19 089	45 984	3 117	5 262	11 905	25 700
佛罗里达	79 658	25 773	38 532	5 662	9 691	108 798	28 655	47 537	8 878	23 728
佐治亚	28 108	7 089	11 624	3 164	6 231	33 415	8 041	13 490	3 685	8 199
夏威夷	3 028	841	1 788	105	294	3 109	775	1 934	117	283
爱达荷	1 648	622	926	83	17	1 937	689	1 152	79	17
伊利诺斯	65 587	18 962	28 033	7 870	10 722	77 395	20 910	31 850	9 934	14 701

（续表）

	2007 年秋季					2008 年秋季				
	总数	全日制		非全日制		总数	全日制		非全日制	
		男性	女性	男性	女性		男性	女性	男性	女性
印第安纳	18 416	5 129	8 848	1 649	2 790	20 182	5 397	9 621	1 823	3 341
爱荷华	45 445	4 361	13 059	6 849	21 176	73 405	8 199	23 298	9 985	31 923
堪萨斯	1 596	400	895	61	240	2 164	478	1 261	85	340
肯塔基	15 066	2 794	6 850	1 786	3 636	15 528	2 938	7 793	1 441	3 356
路易斯安那	7 234	1 899	4 723	208	404	8 481	2 111	5 700	228	442
缅因	1 508	153	755	95	505	1 657	189	749	123	596
马里兰	5 205	1 980	2 502	396	327	5 819	2 155	2 347	599	718
马萨诸塞	4 266	2 064	1 325	490	387	5 423	2 187	1 980	552	704
密西根	7 830	3 299	3 663	582	286	8 327	3 585	3 503	833	406
明尼苏达	70 145	9 180	23 325	11 033	26 607	82 291	11 626	29 614	11 604	29 447
密西西比	1 840	304	1 338	38	160	2 125	315	1 577	42	191
密苏里	17 730	5 809	8 919	1 226	1 776	20 800	5 692	10 334	1 548	3 226
蒙大拿	0	0	0	0	0	0	0	0	0	0
内布拉斯加	2 521	789	1 421	115	196	2 159	671	1 093	124	271
内华达	9 975	3 389	5 700	347	539	10 212	3 409	5 682	465	656
新罕布什尔	4 113	944	1 792	348	1 029	4 024	628	1 422	589	1 385

（续表）

	2007 年秋季					2008 年秋季				
	总数	全日制		非全日制		总数	全日制		非全日制	
		男性	女性	男性	女性		男性	女性	男性	女性
新泽西	6 018	2 149	2 862	464	543	6 265	1 882	3 043	448	892
新墨西哥	6 670	2 175	3 947	179	369	6 865	2 197	4 019	229	420
纽约	45 972	14 479	23 917	2 652	4 924	44 737	14 028	23 334	2 517	4 858
北卡罗来纳	5 775	1 662	2 933	373	807	6 866	2 123	3 320	435	988
北达科他	1 206	123	458	142	483	1 459	162	452	210	635
俄亥俄	31 545	7 778	17 209	2 230	4 328	38 894	8 795	20 522	4 335	5 242
俄克拉荷马	7 249	3 359	3 789	73	28	7 014	3 463	3 399	108	44
俄勒冈	8 066	2 786	3 859	576	845	8 736	2 615	4 141	752	1 228
宾夕法尼亚	47 910	16 422	17 664	5 119	8 705	49 089	16 360	18 424	5 520	8 785
罗得岛	639	133	419	29	58	234	31	178	5	20
南卡罗来纳	3 401	1 169	1 466	183	583	5 077	1 561	2 374	350	792
南达科他	3 128	447	849	707	1 125	3 256	431	780	769	1 276
田纳西	19 689	6 935	10 506	879	1 369	22 072	7 398	11 732	1 133	1 809
得克萨斯	33 429	11 391	16 222	2 666	3 150	36 658	12 226	17 617	3 237	3 578
犹他	8 524	3 576	3 655	440	853	9 001	3 834	4 043	419	705
佛蒙特	637	405	232	0	0	668	408	260	0	0

（续表）

	2007年秋季					2008年秋季				
	总数	全日制		非全日制		总数	全日制		非全日制	
		男性	女性	男性	女性		男性	女性	男性	女性
弗吉尼亚	30 029	9 139	15 160	2 108	3 622	32 927	10 168	16 414	2 410	3 935
华盛顿	8 556	3 633	2 958	972	993	8 892	3 543	3 314	993	1 042
西弗吉尼亚	17 045	1 468	1 969	10 194	3 414	24 515	2 351	2 999	13 863	5 302
威斯康星	7 671	2 460	3 064	685	1 462	8 897	2 507	3 310	997	2 083
怀俄明	1 541	1 469	72	0	0	1 510	1 343	167	0	0

资料来源：http://nces.ed.gov/programs/digest/d10/tables/dt10_222.asp.

表2　各类高校数量的变化（1997年—2009年）

年度 / 高校类型	1997—1998	1998—1999	1999—2000	2000—2001	2001—2002	2002—2003	2003—2004	2004—2005	2005—2006	2006—2007	2007—2008	2008—2009
接受第四款经费资助的高校总数	6 594	6 431	6 407	6 479	6 458	6 354	6 412	6 383	6 463	6 536	6 551	6 632
公立	2 163	2 090	2 078	2 084	2 099	2 051	2 047	2 027	2 013	2 0、09	2 004	1 997
私立	4 431	4 341	4 329	4 395	4 359	4 303	4 365	4 356	4 450	4 527	4 547	4 635
非营利性	2 007	1 986	1 936	1 950	1 941	1 921	1 913	1 875	1 866	1 848	1 815	1 809
营利性	2 424	2 355	2 393	2 445	2 418	2 382	2 452	2 481	2 584	2 679	2 732	2 826

资料来源：http://nces.edu.gov/programs/digest/d10/tables/dt10_006.

立非营利性高校数量均出现了不同程度的减少，公立高校减少了166所，私立非营利性高校减少了198所，营利性高校成为唯一数量增加的一个类型，而且幅度不小，增加了402所，尤其从2003年以来，其数量一直处于增加状态。

私营学校发展到今日，队伍已经壮大。大约有将近一万所该类学校在商业、机械、艺术、食品服务和烹饪艺术、内部设计、医药服务、摄影以及交通等领域提供中学后教育服务。从数量上看，营利性高校一直与非营利性高校并驾齐驱。如今，营利性高校从幕后走到了台前，而且成为高等教育产业中唯一保持持续增长势头的一个部分。

第二节　营利性高等学校在当代繁荣的动因

自20世纪70年代，尤其是80年代以来，世界高等教育遇到了剧烈变化的外部环境，在外力的作用下，高等教育自身也经历着革命性的变革。

当今社会正经历着一次观念和结构上的根本变革。如同一个世纪之前，美国由农业社会进入工业社会一样，今天的美国正由工业社会进入知识社会。工业生产正在从由以物质生产和劳动力为主的产品，迅速向以知识为主的产品与服务转移，新知识的创造与应用成为创造物质财富的最新形式。智力资本和人力资本正在取代金融资本和物质资本成为美国力量、繁荣与富裕的源泉。信息科技迅猛发展，冲破了时空的限制，重新塑造着人们的交流、思考和学习方式。越来越成熟的劳动力市场需要更高层次、不断的教育和培训，终身学习已经成为知识社会人们必备的观念。知识社会对高等教育而言有着更深层次的意义，社会的进步、经济的增长越来越离不开教育，教育已经走入社会关注的中心。不论是国家还是个人，都将教育视为希望之所在。对高等教育的需求逐年递增。但是，在高等教育的重要性不断增长的同时，却遇到了很大的困难和挑战：经费短缺；高等教育本身成了人们关注和批评的焦点。

对于美国高等教育来说，它们是在承认了教育具有产业属性之后，才由国家高税收、高付出且作为一种高福利而包养起来的。即美国公立教育体系本质上还是与其市场经济相通的，只是传统上一直为了努力避免教育事业的市场化，以为这样教育才得以有公平、理想的发展环境，于是，由政府拨款基本上将它养了起来。如今，经过几十年的论争，教育改革之市场化运动正在变成一道越来越显眼的新景观。早在1988年，美国总统私有化委员会在一份报告中称，包括教育市场化在内的社会服务部门之私有化运动，“必将被未来的历史学家称之为20世纪末美国政治生活中最重大事件之一”①。

一、高等教育的内部因素

1. 非传统学生人数大量增加

高校的传统学生主要指18岁～22岁、寄宿的全日制学生。在美国高等教育普及化过程中，学生人口结构也在发生着变化，非传统学生日益增多。一方面，政府提供的教育机会相对不足，即存在着过量需求（excess demand）；另一方面，学生类型的变化导致差异需求（differentiated demand）的产生，即学生对教育存在着不同的需求。

历史上，美国的高等教育一直在满足不断变化的人口需要。当美国大开发继而进入工业化社会之时，美国大学也扩大了招生人数，发展了职业学院，把大学教育转向应用领域，如工程、农业和医学。在20世纪五六十年代，上大学的美国年轻人翻了一番，这意味着更多的学生是家庭的第一代大学生，他们中的很多人愿意选择职业性很强的专业，这一点都不奇怪②。同时，为吸纳退伍军人和婴儿潮一代，高等教育再次从规模到职能都有了很大的发展。1965年的《高等教育法》使美国高校逐渐增加了不同种族、民族和文化群体的参与度。

如今，美国高校的学龄人口再一次增长，到2015年，传统意义上的大学生数量预计增长30%。一些地区将面临人口增加与人种结构变化的特殊挑战，如加里弗尼亚州第二人口出生高峰期出生人口，将有100万在未来十年达到大学学龄，得克萨斯州的学龄人口将主要由少数民族构成。

美国人口结构的变化使得人们必须对“大学生”和“高校”等概念重新界定。当前的大学只有17%属于18岁～22岁的传统意义上的在校生，而大多数是已经成家有工作的成年人，他们往返于校园和工作单位之间，或者借助网络空间为他们的事业寻求必要的教育和技能培训。当我们意识到这种学院层次的成人教育需求比传统学生的需求更大时，当社会对高素质职工需求量增大时，传统的、寄宿制的高校就面临挑战。这些新的成年学生有新的期盼，他们热切需求更高的教育质量，以及更贴近现实的训练。因此，传统高校面临着压力，它们必须从以教师为中心向着以学生为中心转移。也就是说，以前实行的是“以防万一式”

---

① 蒋国华. 西方教育市场化：理论、政策与实践［J］. 全球教育展望，2001（9）：58-59.

② Andrew Hacker, Claudia Dreifus. Higher Education. Times Books Henry Holt and Company, 2010.

(just in case) 的教育，也就是在学生真正需要这些知识之前，学生完成本科或研究生阶段的学习来获取学位；而现代社会需要的是“及时式”(just in time)的教育，也就是不以获取学位为目的，当工作有需要时就去学习，而且课程也是依据学生的需要来制定的①。

非传统学生以及少数民族学生人数的持续大量增加，给非传统高校发展提供了广阔的空间。回顾高等教育发展史，非传统学生在传统高校中一直处于边缘地位，这正是私营学校得以发展的重要原因，时至当代，这一状态依然是当代营利性高等学校崛起并得以大发展的重要因素。与以往不同的是，非传统学生的增加速度是历史上任何时期都无法与之相提并论的。

少数民族学生人口的增长速度也是十分可观的。在 1995 年至 2015 年的预计 260 万的学生增长数量中，有 80%将是少数民族学生。少数民族学生占整个高校学生人口的比例预计将从 1995 年的 29%上升到 2015 年的 37%。当然，虽然少数民族学生的增长速度很快，但其增长比例仍然落后于白人学生。1996 年—1997 年，45%的 18 岁～24 岁的白人高中毕业生在高校中注册，而同期同一年龄组的非洲裔高中毕业生有 39.8%进入大学、西班牙裔高中毕业生有 36%进入大学继续深造②。在快速增长的非传统学生和少数民族学生中，有相当大的比例是被营利性高校吸收了。

从表 1 中我们发现，在营利性高校中，女性学生的比例要远远高于男性学生，无论是全日制学习还是非全日制学习的情况，统计结果都是如此，而且几乎有营利性高校存在的州都存在这样的现象。

以凤凰城大学为例，2009 年和 2010 年，女性学生人数大大超过了男性学生人数（见表 3)。若分析学生的种族构成，在表 4 中我们看到，2009 年和 2010 年的统计数据显示，凤凰城大学有超过一半的学生为高加索人，其次是非洲裔学生，占到了将近三分之一的学生数，排在第三位的是西班牙裔学生，占学生人数的 11.6%（见表 4)。在年龄结构上，2009 年，22 岁及以下年龄的学生占 14.9%，23 岁～39 岁年龄段的学生占 65.3%，40 岁以上年龄的学生占 19.3%；2010 年情况与 2009 年大体相当（见表 5)。23 岁～39 岁年龄段的学生是凤凰城大学的学生主体。

---

① ［美］詹姆斯·杜德斯达．21 世纪的大学［M］．刘彤，等，译．北京：北京大学出版社，2005：15.

② Deborah D. Wilds. American Council on Education. Minorities in Higher Education 1999—2000. Washington D. C.：ACE，2000，12.

表 3 凤凰城大学在校生的男女比例

性别＼年份	2010 年	2009 年
女性	67.7%	66.0%
男性	32.3%	34.0%
合计	100.0%	100.0%

资料来源：http://www.apollogrp.edu/Annual-Reports/Apollo2010AR.pdf.

表 4 凤凰城大学在校生的人口学统计

种族/族裔＼年份	2010 年	2009 年
非洲裔美国人	28.1%	27.7%
亚洲太平洋岛民	3.3%	3.6%
高加索人	51.9%	52.2%
西班牙裔美国人	11.6%	11.6%
美国原著民/阿拉斯加州人	1.2%	1.3%
其他/未知	3.9%	3.6%
合计	100.0%	100.0%

资料来源：http://www.apollogrp.edu/Annual-Reports/Apollo2010AR.pdf.

表 5 凤凰城大学在校生年龄结构

年龄	2010 年	2009 年
22 岁及以下	12.1%	14.9%
23 岁～29 岁	32.6%	34.3%
30 岁～39 岁	32.7%	31.0%
40 岁～49 岁	16.2%	14.5%
50 岁及以上	6.4%	5.3%
合计	100.0%	100.0%

资料来源：http://www.apollogrp.edu/Annual-Reports/Apollo2010AR.pdf.

2. 教育成本及学费不断增加

高等教育的价值含量不断增加，知识成为决定个人幸福与事业发展的关键。与此同时，高等教育的成本也在飞速增加，尤其是市场需求大、技术含量高的学科，其教学成本增加得更快，而历史、文学等传统学科的成本则相对比较稳定。在教育成本增加的同时，来自捐助者和政府的经费却并没有相应的增加。

约翰斯通（B. Johnstone）提出的“成本分担”（costsharing）理论认为，纳税人、大学、企业、家庭和学生都是高等教育的获益者，因此，高等教育的成本应该由这四方分担。目前的情形是纳税人负担过重，学生作为高等教育的直接受益者分担不足。之后，由个人承担的教育费用逐年增加。近年来，学费增长超过了通货膨胀率的增长。

二、高等教育的外部因素

1. 知识经济的推动

分析家们认为，营利性高等学校出现的一个主要原因是知识经济的驱动，拥有高新技术能力的人拥有高的收入，这使得成人教育以及职业技术教育需求大量增加。

1980 年，拥有高等学历者的收入比无高等学历者高 50%，而到了 20 世纪 90 年代末，该差异上升到了 111%。追踪教育投资的美洲银行证券认为，教育导致的高收入表明受教育的知识劳动力的缺乏。据美国人口普查资料，2000 年，25 岁及以上持有高中文凭者的年收入是 24 267 美元，持有两年制大学文凭者是 30 774 美元，持有本科文凭者是 40 314 美元。2000 年 65%的工作是技术性的，而 1950 年只有 20%是技术性的。这种变化显然反映了知识经济时代的特征，刺激了人们对教育投资的兴趣。知识经济时代四大产业的雇员中约 50%是所谓的知识劳动力；而旧经济时代以石油为基础的四大产业雇员中只有约 18%是知识劳动力。这种经济结构的变化使得对高等教育需求的增长将长期存在①。

2. 政府优先发展战略的调整

自 20 世纪 70 年代中期开始的经济滞涨使美国遭受严重打击，美国在国际上的经济霸主地位开始衰落，在经济全球化的今天，其国际市场竞争力下降。冷战结束后，美国政府将注意力转向亟待解决的社会问题，如医疗保险、老年人福

① 李明华. 美国营利性高等教育的兴起及对中国的借鉴意义 [J]. 高等教育研究，2004 (5)：101-107.

利、犯罪及基础教育等。

高等教育已经失去了优先发展的战略地位。各州减少了对高等教育的拨款。全美有 15 个州 2002 年—2003 年度削减了年中高等教育预算；22 个州减少了 2002 年—2003 年总体高等教育拨款；15 个州的学生资助项目持平或者减少；49 个州增加了学校的学费以填补亏损；各州平均对高等教育投入削减 4%，最多的达 26%。从目前来看，各州对高等教育资助的削减将是今后的长期趋势。高等教育正面临着巨大的经费压力①。美国联邦政府对高等教育的投入虽然在总量上与往年持平，甚至还要略高一些，但与高等教育的扩张以及高等教育成本的增加相比不成比例。

3. 公众对高等教育质量的怀疑

私立高等教育与公立高等教育的界限从开始的时候就不甚明确，到了当代，这个界限更加模糊。

二战后，美国高等教育进入了大发展时期，开始步入大众化阶段。在一个知识越来越重要的社会里，越来越多的人把教育视为希望所在，良好的教育意味着更好的未来，意味着找到更好的工作，意味着事业的发展和拥有丰富多彩的生活。但同时，高等教育的质量却在下降，这引起了广泛关注。高等教育成为人们关注和批评的焦点。“许多人认为当今大学是一个巨大的、自私的，甚至是贪婪的怪物，它向学生收取昂贵的学费，为科研向政府要求不合理的开支。一些人把我们的学生描述成娇生惯养、行为恶劣的孩子，把我们的教师视作不负责任、懒惰的‘新闲适阶层’。我们的校园被描述成一个缺乏宽容的古堡，在它前面冠以一系列有关‘主义’的形容词：种族主义、性别主义、精英主义和极端主义。一些人指责我们基础的学术价值受到腐蚀，例如教师缺乏对本科生教育的关心，学术造假及行为失范等事件层出不穷。”② 自 20 世纪 80 年代初期开始进行针对提高教育质量的改革，并一直持续到 20 世纪 90 年代。

有学者认为，由于缺乏个人利益的存在、缺乏提高效率的竞争机制、缺乏显示最终业绩的晴雨表——利润，非营利组织常常出现低成效、低效率、高风险、管理者中饱私囊等问题。具体到教育领域，“非营利性”并不能解决学生、家长与学校之间严重的信息不对称问题，也不意味着能降低办学成本，“公立学校被公认是其中（低效率）的典型，据美国《商业周刊》1995 年报道，尽管过去十

---

① 杨福玲，查卫平. 美国大学学费上涨解析 [J]. 中国高等教育，2004 (10)：45-46.

② [美] 詹姆斯·杜德斯达. 21 世纪的大学 [M]. 刘彤，等译. 北京：北京大学出版社，2005.

年间政府对学生的平均支出再扣除通货膨胀因素后有 25%的高增长，但学生的成绩指数却几乎未变。花在庞大的学校系统中的每 1 美元中，只有 52 美分进入了教室"①。为争取更多的美国联邦政府研究经费，大学往往会增加对间接成本（指大学为支持科研工作而付出的代价，如照明、供暖、图书馆建设、校园维护等）的预算，导致间接成本率高得惊人。如 1987 年，间接成本率显示，哥伦比亚大学为 70%，密西根大学为 49.9%，威斯康星大学为 44%。大学之间的差距很大，有些学校甚至出现弄虚作假的现象。斯坦福大学就因为滥用研究经费使间接成本率存在严重问题而受到审查。

20 世纪 70 年代末，就有人关注教育质量问题。美国教育理事会（American Council on Education）比较早地注意到了质量问题。1979 年，它把高教质量作为当年年会的主题，出版论文集《质量——高等教育的基本挑战》（Quality—Higher Education's Principal Challenge）。

1981 年 10 月，联邦教育部部长佩尔（Terrell Pell）任命了国家高质量教育委员会负责调查美国教育的质量。经过 18 个月的调查研究，于 1983 年 4 月提交了一份《国家处在危险之中：教育改革势在必行》的报告。报告认为，公立学校的质量问题已严重到了威胁整个国家和人民未来的程度。

由于《国家处在危险之中》的报告虽然涉及高教问题，但主要是针对中小学教育。1983 年 10 月，佩尔又任命了"美国高质量高等教育研究小组"调查评估美国本科生教育的状况。经过一年的调研，于 1984 年 10 月发表《投身学生：发挥美国高等教育的潜力》的报告。该报告总结了美国高等教育取得的成就，指出了存在的问题，如学生成绩下降、课程过于专业化、学术标准下降、高校资源缺乏、高校教师职业缺乏吸引力等。该报告还在提高要求和标准、促使学生投身学习、改善评估和聘任机制、大学教师培养等方面提出改革建议②。

针对大众和政府对高等教育质量的指责，以及对提高质量的呼吁和建议，传统高校开始了艰难的变革。改革的方向与营利性高校的办学方式有许多相似之处。这也是营利性高校得以站稳脚跟的理由之一。

4. 质量和效率的要求

高等教育领域的质量保障运动以及新公共管理理论影响下高等教育领域对效率的要求和重视，对高等教育产生了重要影响。和质量的概念一样，效率的概念

---

① ［美］里贾纳·E·赫兹琳杰. 非营利性组织管理［M］. 北京：中国人民大学出版社，2000.

② 邢克超. 共性与个性［M］. 北京：人民教育出版社，2004.

也源自经济学领域。在注重质量和效率提升的时代旋律中，高等教育机构开始走出不问产出的象牙塔，开始追问每项投入的去向和价值。营利性高等学校则是以效率取胜的典型机构。

5. 国际组织的推动

WTO对“教育作为第三产业部门”的界定也为营利性教育运作方式提供了可能性。传统产业观认为，产业就是生产物品的行业。市场经济条件下，新产业观认为，生产不仅包括对物品的创造，还包括创造或提供满足人的某方面需要的非实物形态的服务。根据这一新的产业观，教育是一种重要的第三产业。第三产业的运营方式有三种：一是服务的市场分配方式。即服务产品的使用价值和价值均通过市场实行分配的方式，主要包括营利性生产服务业和大部分生活服务业；二是服务的非市场分配方式。即服务产品的使用价值和价值完全不通过市场实行分配的方式，如国防、环境保护、政府管理服务业；三是服务的半市场分配方式。即服务产品的使用价值和价值通过不完全的市场实行分配的方式，如基础教育、部分文化、卫生服务等。这就是说，以产业方式运作的只是一部分教育活动，而非整个教育活动①。

根据WTO对服务部门（行业）的划分，把全世界的服务贸易分为12大类：(1) 商业服务；(2) 通信服务；(3) 建筑及相关工程服务；(4) 分销服务；(5) 教育服务；(6) 环境服务；(7) 金融服务；(8) 健康与社会服务；(9) 旅游及与旅行相关的服务；(10) 娱乐、文化与体育服务；(11) 运输服务；(12) 其他服务，下分143个服务项目。教育服务（Educational Services）属于12类服务贸易中的第5类，按各国公认的核心产品目录（Central Product Classification，简称CPC），在项目上又分为初等教育服务、中等教育服务、高等教育服务、成人教育服务及其他教育服务五类。WTO服务贸易总协定第13条规定，除了由各国政府彻底资助的教学活动之外（核定例外领域），凡收取学费、带有商业性质的教学活动均属于教育服务贸易范畴。教育服务贸易和其他类服务一样，存在跨境交付、境外消费、商业存在和自然人流动四种服务提供方式。

美国高等教育除了以远程教育为基础的跨国交付、以吸引海外学生为基础的境外消费、以个人参与为基础的自然人流动等形式外，还积极谋求在服务国的商业存在。正像美国其他强势产业一样，它们常常以整个世界作为经营范围。美国教育产业也正在开发海外市场，拓展营业空间。据统计，1993年美

---

① 庞振超. 教育产业属性的彰显 [J]. 理工高教研究，2004 (6)：1-3.

国以研究生为主的高等教育出口贸易净收入约达 55 亿美元，1994—1995 年度，外国留学生学费对美国的贡献达 70 亿美元，另外还有 40 亿美元可观的生活消费①。

高等教育是继医疗之后的最大产业。这个价值三千亿美元的产业，却被认为产量低、成本高、管理不善、技术运用不足。一个企业家甚至说："我们要吃了你们的午餐。"② 面临如此严峻的形势，加上众多的其他外部推动力量，要保持高等教育产业的兴盛，避免衰落，高等教育大力度变革势在必行。

正如伯顿·克拉克总结的那样：全世界高等教育已经进入到一个看不到尽头的动荡时期。由于 20 世纪最后 25 年全球高等教育遭受的困难有增无减，高等教育失去了它一度拥有的稳定地位。而且，这一不稳定状态由于教育需求的日益扩张还将持续下去。实际上，学生类型的增加造成了对不同学科门类知识的需求，迅速变化中的劳动力市场指望大学提供合格的毕业生。政府指望大学在解决经济和社会问题方面作出更多贡献，而它本身却在财政资助方面变得不可信赖。最为重要的是，大学通过科研创造的新知识和技术有力地拓展着学科领域。被知识浪潮裹挟着的大学，感到了巨大的压力。大学被日益多样而强烈的需求牵引和推动着，驱使它们不断进行课程改革、教师队伍改革以及对日益昂贵的设施和设备进行现代化改造，而且，这一改革比任何时候都来得更加迅猛③。

公立及私立非营利性高等教育变革的发生往往更多地来自外部力量的推动。大学与许多其他社会机构不同的是，它们用维护现状来回应社会变化④。现代高等教育机构的复杂性、职能的多重性以及利益关系人的多样性使其难以对挑战做出迅速的反应。

第三节　小　　结

美国营利性高等学校并不是近几十年才开始出现的，它的历史甚至可以追溯到殖民地时期。营利性高校的发展可大致分为三个阶段。

---

① 胡玲琳，刘莉莉. 美国高等教育市场化刍议［J］. 教育发展研究，2001（11）：62-64.

② Gary A. Berg. Lessons from the Edge［M］. New York：Praeger Publishers，U.S.，2005.

③ Burton R. Clark. Creating Entrepreneneurial Universities：Organizational Pathways of Transformation. International Association of Universities and Elsevier Science Ltd.，1998.

④［美］詹姆斯·杜德斯达. 21 世纪的大学［M］. 刘彤，等译. 北京：北京大学出版社，2005.

从殖民地时期到南北战争时期为萌芽期。在生产力不发达，人们急需生存技能，而当时的大学根本不屑于提供实用知识，他们培养的是精英人物，不是劳动者。于是开始出现私人开办传授劳动技能等实用知识的私营学校谋生的现象。这些学校的经营是很不稳定的，质量也千差万别。

从南北战争到20世纪90年代，营利性学校有所发展，但并不顺利。这个时期美国开疆拓土，工业发展迅猛。《莫雷尔赠地法》及之后的有关职业教育的法案的颁布给了营利性学校发展的机遇，给了它们一个广阔的市场前景。但同时，公立高等学校的繁荣和发展，让它们的发展空间日见缩小。19世纪中期开始的对高等教育质量的检查，尤其在弗莱克斯纳报告发表之后，国家加强了对营利性学校的质量监控，使得营利性学校在大量减少的同时，质量有所提升。20世纪50年代到90年代，营利性高校为争取自己的地位，积极改善办学条件，提高办学质量，寻求区域鉴定机构的认可。于是，获得认可的高校得到了美国联邦政府的资助，极大促进了营利性高校的发展。

从20世纪90年代至今，是营利性高校大发展时期。这不仅表现在数量的增加上，还表现在高等教育上市公司的业绩上。自此，营利性高等学校从历史的后台走上了前台，成为高等教育体系中不能忽视的一个组成部分。

我们从美国营利性学校的历史可以看出，营利性学校之所以存在和发展，基于以下原因：美国的自由市场经济体制、多元价值观、传统高校未能满足社会对技术人才的需求、弱势人群的求学需要。另一方面，历史上的营利性学校之所以一直未能走到高等教育的前台，主要是因为南北战争前，除了私人慈善事业外，在人们的观念中，其他机构和私人资本不被认为是大学的合适参与者。南北战争后，公立高等教育得到了迅速发展，州政府担负起了公立高等教育的主要责任。尤其从二战至20世纪70年代，美国联邦政府对公立和私立非营利性高校的大力扶持，使得营利性高校难以参与竞争。

历史上促使营利性学校存在的原因仍然是促成当今营利性高等学校大发展的重要原因。除此之外，还有一些新的时代原因。正是这些力量推动了营利性高等学校在当代的崛起。

面对高等教育内外部的改革推动力，公立及私立非营利性高校依据各自的办学层次和类型做出多样性的改革选择，但这些改革与外部的需求存在着差距。面对强大的高等教育市场需求，传统高等学校似乎显得有些力不从心。“既然世界继续需要大学能够提供的传统服务，将来它的需要也会从我们这里获得更多的满足，如果我们不积极满足这些新需求，其他的机构肯定会逐步承担起这些职责。"① 包括营利性高校在内的众多新的高等教育提供者已经开始出现，并且发展势头强劲。于是，更加适应外部需求的营利性高校有了适宜的成长土壤。

知识经济的需要给了营利性高等学校发展的可能性；政府战略重点的转移及随即而来的政府经费投入的减少使得传统高校处境艰难，本来在主流外默默挣扎的营利性高等学校出现了发展生机，新型营利性高校更是看到了希望；随着成人学生（或非传统学生）的大量增加，高等教育需求急剧增加。由于传统高校不能或不屑满足成人学生的需求，这给营利性高校提供了丰富的生源。公众对传统高等教育尤其是公立高等教育的不满，迫使它们减少成本、提高办学效率。而低成本、高效率正是营利性高等学校的办学原则。国际组织的态度和行动对营利性高等学校的发展起到了推动作用。

与世界所有国家的高等教育一样，困难和问题如影随形地跟着历史上每一个阶段的美国高等教育。每当困难或问题的量变达到一定程度，美国高等教育这个独特的系统便会进行创新以图强。梳理一下美国高等教育史上的创新图强主要事例便可得知，营利性高等学校其实也是其中的一个创新举措。

教会所属、以英国模式为主要特点的私立大学是美国殖民地高等教育的主体。课程以古典学科为主，注重培养贵族心智和性格。但这一封闭的教育机制与美国当时的社会环境尤其是独立后经济的快速发展产生了矛盾，招致了外界强烈的批评，于是，公立高等学校开始出现。《莫雷尔赠地法》之后，公立高等教育开始大发展，到两次世界大战尤其是二战后，公立高等学校更是高歌猛进，为美国高等教育的大众化和普及化作出了重要贡献。

19 世纪德国成为世界科学中心，德国是 19 世纪末第二次工业革命的中心之一，德国仅用 40 多年时间（1871 年—1913 年）就成为欧洲头号工业强国。德国的崛起和强大与其对科学研究的重视关系密切。洪堡创办的柏林大学把"追求最高形式的纯粹知识"作为新大学的最高目标。在追求这一目标的过程中，师生双方通过共同的教学与科学研究活动培养一种严谨的治学态度，掌握一种科学的研究方法。洪堡主张将学问作为尚未解决的问题对待，反对传统大学将知识作为主要职能的做法，认为大学的主要任务是追求真理，科学研究是第一位的。由此提出了将教学与科学研究相统一的原则。当时，德国著名的李比希研究班、高斯研究班等都通过教学和科研的结合，培养了大批优秀的科学

① ［美］詹姆斯·杜德斯达．21 世纪的大学［M］．刘彤，等译．北京：北京大学出版社，2005．

工作者和研究人员①。当时的美国，不论私立大学还是公立大学，科学研究根本就没有进入它们的视线。德国的发达科技和强盛，使得急速扩张和发展中的美国看到了希望。于是，高等学校被希望担当起科学研究的职责。但是，高等学校内部以及社会上对于仿照德国大学开展研究生教育普遍持冷漠态度。教会学院拒绝和害怕德国大学的教育成就，强调功利主义的州立大学也怀疑德国大学的“纯学术研究”。在这种情况下，高等教育系统创造出一种新型大学——研究型大学。以霍普金斯大学为先驱，美国此后陆续创建和改建了一批研究型大学，并于1900年建立了研究型大学的联合组织“美国大学协会”（AAU）。国家的基础科学的研究工作主要由研究型大学来承担，从事基础科学研究的国家实验室几乎全部设在这类大学中。研究型大学成为美国科技创新体系中的主体，为国家的科技进步和经济发展作出了重要贡献。20世纪，世界科技中心从德国转移到了美国，其研究型大学功不可没。

营利性高等学校的发展，正如上述两次一样，是美国高等教育体系的又一次创新。面对内忧外患、市场力量对公共部门影响力的增强，非营利性高校不能够及时快速地做出反应。于是，营利性高校迅速崛起。以市场目标和手段运营高等教育，满足非营利性高校忽视了的以及无力顾及的那部分高等教育市场需求。成功的营利性高校以高效的经营方式及以消费者为中心的经营理念对非营利性高校产生了积极影响。

美国高等教育系统的三次创新性发展，也使得高等教育哲学基础不断在拓展。每一次新型高等学校的出现，其背后都有着支持它们存在的哲学基础。私立教会大学和公立大学的存在以“政治论”为依据；研究型大学的存在以“认识论”为依据；私立营利性高校的存在则以“资本论”为依据。“三论”构筑了美国当今高等教育的哲学基础。高等教育之所以能够历经数百年而不衰，与其担负的使命密切相关。高等教育的使命也随着高等教育系统的发展演进而日益丰富。营利性高等学校的哲学基础是下一章重点讨论的内容。

① 黄福涛．外国高等教育史［M］．上海：上海教育出版社，2003．

第三章　哲学基础

第一节　营利性高等学校存在合理性的疑问

营利性高校运用市场逻辑经营高等教育这一特殊的产业，在赚取利润的同时，存在的问题和遭遇的挑战也是多样的。人们抱怨营利性高校的营利性目标、对兼职教师的依赖、将学生工作经验转化为学分的做法、传统图书馆的缺失、相对较高的学费、对经费资助的管理以及对网络资源和手段的依赖等。对营利性高等学校存在的合理性的质疑主要基于对以下几对不易理清的关系的考量。

一、市场逻辑与教育逻辑的紧张关系

作为商业企业的营利性高校，它们的运营依照的是市场逻辑。它们追求利润最大化，为投资者和股东提供尽量高的回报，尽量扩大市场占有量。另一方面，它们又是高等教育的提供者，它们的产品和服务是教学和培训，是直接关乎学生消费者身心发展的重要因素，这是与普通商品截然不同的地方，教育产品和服务是一种特殊的商品。鉴于此，营利性高校的发展过程也是平衡市场逻辑与教育使命的过程。但是，市场逻辑与教育使命之间存在的冲突使营利性高校常常陷于困惑之中。

1. 学校组织与企业组织存在差异

首先，学校组织的功能目标不像其他社会组织那样是脱离或外在于组织成员的，而恰恰是组织成员自身发展的目标。而一般企业组织的功能目标是生产某种产品和提供服务，这些产品和服务主要是为社会和其他社会组织的，而不是为这

个企业自身的①。这决定了组织成员之间特殊的关系及活动的特殊性。其次，经营过程与内容不同。高校经营的过程与内容更加复杂，它不仅致力于知识的传授和职业技能的训练，还要进行思维的开发、智力的训练及文化的传承。这一过程不同于一般产品的，不是一种投入、产出的机械化程序，而是思维、辩论和决策等复杂的智力活动过程。

2. 高等教育产品及服务的非等价交换

教育不是学生消费者与教育者之间的商品，不能按照纯粹的市场原则形成一种买卖关系。高等学校不能成为“文凭工厂”，只要消费者拿钱就能买到接受教育乃至毕业的资格。教育产品和服务的价格是由所含的平均社会劳动量所决定的，但是“文凭主义”的现实存在在一定程度上扭曲了“人力资本理论”的本质，使文凭异化为一种符号，一种可以轻易购买、可以大力推销的商品。营利性教育在历史上受到人们批评的理由至今仍然没有彻底消失。凤凰城大学曾因无原则推销自己的产品和服务受到相应处罚就是这样的实例。

3. 高校教育质量评价标准的不确定性

经济效益只是衡量办学质量的一个指标，并不代表教育质量的全部。高等教育需要挖掘学生的潜力，提高思想道德水平。每个学生的个性不同，而且他们的原有素质和潜质差异也很大，因此，教育质量评价也变得难以确定。按照市场原则，单纯压缩支出并不能真正提高办学效益。几乎所有的营利性高校都没有建学生宿舍、运动场等非营利性高校必备的设施，即使对于图书馆这样的重要场地，营利性高校也不情愿建造。如凤凰城大学没有实地图书馆，完全依赖网络检索资料，全部为在线图书馆。Strayer 的每个校园也只有数千册图书。Education Management 的图书馆也只有大约一万册图书。即使在中北部院校协会的要求下，DeVry 也不情愿在图书馆建设上多花钱，它的多数校园藏书仍然没有超过3 000册。道理很简单：建设图书馆投入大，且不能带来利润，还要占用非生产性用地，从而减少了利润空间②。

4. 人的全面发展的需要

市场的调节往往要求高校专业和课程的设置适应职业需要。但是，高等教育不仅仅提供一种就业的准备和职业技能的训练，过分的专业化和专门化会让人变得片面，成为一种工具人。营利性高校虽然也有通识教育，但通识教育从来不是

① 谢维和. 教育活动的社会学分析［M］. 北京：教育科学出版社，2000.

② Richard S. Ruch. Higher Ed，Inc［M］. Baltimore：The Johns Hopkins University Press，2001.

它们的教学重点。由于营利性高校的主体学生是在职成年人，不少人认为，成年人已经形成了自己的个性与价值观，用不着接受通识教育。但是，一些学者并不赞同此观点，他们认为，道德观与公民意识的形成和发展是贯穿于人的一生的①。纽曼甚至认为，大学是一个传授普遍知识的地方。一方面，大学的目的是理智的而非道德的；另一方面，它以传播和推广知识而非增加知识为目的②。营利性高校显然在培养人的全面发展方面存在缺憾。

二、“麦当劳化”与教育质量问题

营利性高校教材的标准化给了营利性高校快速复制新校区的便利。一些成功经营的上市高教公司拥有相当可观数量的国内外分校。课程的标准化和规模经营也是营利性高校成功赚取利润的关键因素之一。但是，如何在规模扩张中维持及提高教育产品和服务的质量却是一个不易解决的矛盾。德里克·博克认为，一所大学要保持教学质量，并有利于管理，学生规模不能过分膨胀，以 15 000 人左右为宜③。

但如今高等学校的规模由于多校区高校的出现被大幅度扩大了。多校区主要产生于公立高校和营利性高校。两者不同之处在于，公立高校的各个分校相对独立，有独立的决策机构，保持各自不同的办学特色，做到资源整合、优势互补。而营利性高校的多校区系统更像商业经营中的“连锁店”。每个“分店”商品统一、管理统一、标准同一、质量统一等。“不成长即死亡”是凤凰城大学的口号，也是同类营利性高校成功的必要途径。凤凰城大学主要通过三条途径进行规模扩张：一是地域的扩张；二是增加新兴专业或为新型学生服务；三是增加网络教育活动。虽然凤凰城大学正在考虑在一定条件下给各个校区以适当的管理自主权，但问题在于，在规模快速增长的过程中，如何保证质量。

随着规模的持续扩大，学校开发的新项目在如此庞大的组织中越来越难以付诸实践。许多管理规则和方式、程序在几年中就因为组织的迅速扩大而变得不再适宜。尤其是远程教育领域，其急速的扩张与质量的提高形成了尖锐的矛盾。

在营利性教育集团扩张过程中，要处理好经营资源转移的适应性问题。对于

① Colby et al. Educating Citizens: Preparing America's Undergraduates for Lives of Moral and Civic Responsibility [M]. San Francisco: Jossey-Bass, 2003.

② [英] 纽曼. 大学的理想（节本）[M]. 徐辉，等译. 杭州：浙江教育出版社，2001.

③ 王英杰. 美国高等教育的发展与改革 [M]. 北京：人民教育出版社，2002.

地域辽阔、区域经济发展不平衡的多民族国家，各地区间历史背景、权力结构、贫富程度、价值观念等方面存在一些不同。而这些都会在一定程度上反映在教育当中，在进行跨地区拓展时，在恪守自己的价值观的同时，也要注意具体问题具体分析，才能有效地利用集团优势资源。如果把所有的做法生搬硬套，则有可能产生“水土不服”，影响教育的扩张发展质量。如 Edison 教育集团在有的地区由于教师不能接受其统一化要求而导致半数以上的教师辞职。

就营利性高校的内部评审来看，凤凰城大学对本校教育质量的评审类似 20 世纪八九十年代流行的全面质量保障体系（TQM）。制定有可测量的量化标准和目标，这一绩效评价方式甚至扩展至学术问题，包括对教师资格的评审。但这一质量管理方式只能测量到那些可量化的外部质量，对于教育的深层次的质量如何把握，在营利性高校中同样存在，而且比在非营利性高校中更受关注及责难。尤其在规模急剧扩张的过程中，如何保持统一的标准，并在实施过程中保持其实效性，是营利性高校面临的一项重要课题。

就外部评审来看，美国区域鉴定机构面对规模扩张中的营利性高校同样感到了压力，它们已经开始研究鉴定对象，并着手修改调整鉴定标准及评审程序。

三、利润与学术声誉的紧张关系

非营利性高校往往在长期的办学实践中逐渐形成了自己的“品牌”——学术声誉。而这种“品牌”正是营利性高校面临的潜在的长期问题。但是，这一问题的解决不是短时期内可以奏效的，也不是在与非营利性高校的竞争中获得的，传统上，对学术声誉判断的主要依据来自教师质量、科研水平及学生质量，而这些正是营利性高校的弱势环节。

学术声誉的低下是营利性高校在历史上长期不能得到认可、发展的一个重要原因。当前营利性高校靠满足非营利性高校忽视或无力顾及的在职成人学生的需求发展起来，并且发展到授予学士、硕士及博士学位，与非营利性高校形成竞争态势。学生消费者也从单纯的在职成人开始向高等教育的传统学生扩展。学生规模的增加不仅表现在注册人数上，还表现在类型上。营利性高校与非营利性高校既有鲜明的差异，又存在很多相通的地方。营利性高校对利润的追求必须建立在对声誉的追求之上才能成功。

营利性高校在建立学术声誉的三要素中都不占优势，从教师的质量来看，营利性高校的教师组成不仅以兼职为主，而且教师多为行业从业者，教师队伍并不稳定；从科研水平来看，营利性高校既没有从事科研的专门人员，而且其教师也只负责教学，不需进行科研；从学生质量来看，营利性高校的学生多数学术准备不足。虽然随着高等教育系统的多层次发展，对教师及科研的要求因学校类型的不同而有所不同，但是，只要营利性高校提供的仍然是教育产品和服务，那么，它们就必须重视对教师质量的提高，对科学研究不能完全放弃。

在洪堡创办柏林大学之后，人们已经逐步认识到，教学如果不是产生于科学研究和学术成就中，就很难有一流水平；脱离科学研究的教学无法吸引优秀教师，更难以凭借科学探索的无限可能性使学生的创造力得到良好培养。当今的美国高校，“哈佛化”与“非哈佛化”同时存在。营利性高校以“非哈佛化”起家，在资本市场创造了奇迹，引起了非营利性高校的反思。但奇迹的背后，其不足依然是明显的，非营利性高校的成功经验也必然成为营利性高校的重要参照对象。学术声誉的建立就是营利性高校向非营利性高校学习、提升其教育质量的重要途径。

四、资本市场中的风险

资本市场是一个充满风险的市场。这是因为①：

1. 市场本身存在缺陷

资本市场是建立于股权理论之上的。但是，股权理论却存在着一些非常明显的缺陷：如果企业的实际资产完全可以不随股权的转移而转移，如果股票发行人缺乏诚信，则股权的合理价值趋近于零。从这种意义上说，任何资本市场，始终都是“诚信市场”，存在着与生俱来的诚信预期。

问题还不仅如此，资本市场还有其他缺陷。

第一，关于市场交易的体制性功能方面的缺陷。资本市场的作用与功能，在任何国家都不可以进行“局部市场”的利弊方面的评价，而应从国民财富积累的角度，看一看本国的资本市场，它究竟能否“创造”财富。

事实上，任何时候，资本市场都很难创造财富。财富创造的过程是由全社会的制度性安排所决定的。资本市场如果不能对制度安排施加影响或者起决定性的作用，就不是社会财富的创造者，而仅仅可以作为“分配补偿”的一种工具。虽然短期不一定如此绝对，但是就长期而言，资本市场创造的只有交易税，很难创造价值。

第二，资本市场存在价值观念的缺陷。所谓价值观念，是一个市场的投资者

---

① 飘渺. 资本市场的风险从何而来 [N]. 南方周末，2004-2-24.

在内心深处、最深层次的“是非判断”，是善与恶的标准，它是整个市场全部行为方式的灵魂与导向。市场的价值观念，无论任何时间都会有效，当它被转化成为精确的文字规则并且不断被验证之后，便成为一种“文明”，成为这一市场的文化。

第三，资本市场具备理性的缺陷。资本市场说到底，是一个彻头彻尾的“非理性市场”，所以，它必然是一个“少数人市场”，从始至终，它很难受到理性行为的支配。在任何国家，皆是如此。

第四，资本市场具备监管的缺陷。这是因为，没有监管也就没有了“没有监管也就没有办法产生的问题”。监管是一种成本（规则成本），而不是必然的保护，资本市场之所以可以生存，并不是由于保护，而恰好是因为它不需要别人保护。在这个市场，需要的是基本公平。

资本市场是一个建立于人类社会的“行为缺陷”与“知识缺陷”之上的“市场”，股权理论最重要的贡献并非“诚信”，而是资本市场能够以其“非理性的形态”存在，进而脱离本来意义上的“理性”。

在资本市场，市场彼此交换的只是预期。预期背后是投资者的自信，这是博弈可以成立的基本条件，而不是最终条件。投资者并不相信这一市场，但是投资者必须具备完全基于个人的独立判断，资本市场的“柔性”由此产生。市场的“柔性”越好，参与的个人投资者越多，风险可以释放的空间就会越大。

2. 资本市场中的高等教育

尽管在华尔街上市的高等教育股票被称为“适合任何时期的股票”，给营利性高校带来了可观的收入。但是，基于资本市场的上述特点，资本市场的风险同样存在于上市的营利性高教公司中。尽管分析人士认为，近年来高等教育股票价格一路看涨，与教育行业与经济周期的非同步性有关，即使在经济衰退时，因为就业困难，个人受教育的机会成本就较低，个人反而更愿意去上学，但这只是营利性高等学校股票价格一路看涨的一个原因。

如前所述，资本市场交换的只是预期，而预期的背后则是投资者的自信。营利性高教公司上市只有十多年的历史，美国 20 世纪 90 年代的经济状况总体上令人乐观，在经过 1990 年—1992 年经济衰退后，自 1992 年开始，美国的就业增长十分迅速，在 1997 年失业率达到 28 年来的最低水平。营利性高等学校作为美国高等教育领域一个保持增长势头的部分，给了投资者以信心。但在 2008 年开始的金融危机中，上市的营利性高教公司股价就出现了比较大的震荡。比如 2007 年底到 2008 年初，标准普尔 500 指数仅下跌了 7%和 2%，但包括阿波罗集团（Apollo Group）、ITT 教育服务公司（ITT Educational Services）、戴福瑞公司（DeVry）及斯垂尔公司（Strayer Education Inc.）在内的四家著名营利性高教公司股票平均跌幅却很大，其中 ITT 公司在三个月内下跌 44%，Apollo Group 在六个月内下跌了 40%，虽然这是由于次贷危机带来学生贷款市场的动荡引起的，但它却影响到了人们对公司收益的信心。当联邦教育部表示将加大对学生贷款的投入力度时，四家公司股票立即上涨。随着金融危机的加深，标准普尔 500 指数大幅下跌，而此时的四家公司股票却稳中有升，其中 Strayer 公司甚至上升了 22%①。

由于美国各州高等教育管理模式有所不同，“连锁”发展的营利性高校在不同的州要接受不同的外部监督管理。加之很多州对营利性高校的管理还处于探索阶段，新的分校是否得到办学许可或通过了鉴定，都会引起投资者的高度警惕。联邦政府对营利性高校的学生经费资助项目一旦出现变动或者有变动的迹象，都会引起股票价格的起伏。

五、政府资助与营利

对比非营利性高校，营利性高校的开支在教师工资部分基本与非营利性高校相同，占总支出的 50%。而一般管理费所占比例则相差较大，营利性高校中如阿波罗占 9.5%、DeVry 占 13.4%、教育管理公司（Education Management Corporation）占 22.5%、Strayer 占 14.4%，非营利性高校则占 25%。除此之外，营利性高校还要留出收入的 40%用于纳税。

联邦政府及部分州政府对通过区域鉴定机构鉴定的高校，不论是非营利性高校还是营利性高校，都有资金补助。营利性高校除了通过提高管理效率，节约一般管理费用获取盈余外，被指责利用得到的政府对学生的资助营利。

第二节　传统高等教育哲学的基本观点

任何类型的大学都是遗传与环境的产物②。当今的高等教育已经发展成为一个异常复杂的系统，但它仍然是历史上的高等教育的延续。不同类型的高等教育都是以满足各自所属的历史时期的不同需要来获得各自的合法地位的。中世纪的

---

① 喻恺．全球金融危机对高等教育的影响和启示［J］．高等教育研究，2009（1）：11-16.

② ［英］阿什比．科技发达时代的大学教育［M］．滕大春，滕大生，译．北京：人民教育出版社，1983.

大学把它们的合法地位建立在满足当时社会的专业期望上。接着，文艺复兴后的大学又把其合法性建立在人文主义的抱负之上，这种人文主义抱负的发展以自由教育观念为顶点，自由教育观念使得红衣主教纽曼时代的英国式的学院合法化。与英式学院暂时并进的是德国大学，它们是启蒙运动的产物，它们注重在科学研究中获得其合法地位。最后，还出现了赠地大学，这些大学的合法地位依赖于它们把人力、物力用于为社会和国家的发展服务。这些获得合法的不同途径出现于不同的国家、不同的时期或不同国家的不同时期。大学则继承了所有这些传统①。约翰·S·布鲁贝克在其 1978 年初版、1982 年修订再版的《高等教育哲学》一书中将高等教育存在的合法性，也就是高等教育的哲学基础归纳为“两论”——认识论和政治论。认识论哲学建立在对未知世界的好奇和对真理的忠诚上，强调“学术的客观性”和“价值无涉”；而政治论哲学则建立在社会发展的需要上，强调“政治目标”和“为国家服务”。历史的车轮隆隆地滚过 20 世纪，已经驶入 21 世纪。当今世界以前所未有的速度发生着变化，高等教育遇到了空前的挑战，也面临着同样的机遇。营利性高等学校的实践引发了人们对高等教育的价值、使命等最根本性问题的讨论。“教育实践中矛盾错综复杂之时，就是检验这些实践的理论基础之日。②”

认识论和政治论已经成为人们确立高等教育思想的经典，在中国高等教育理论界形成了广泛影响。两点论哲学主要围绕高等教育的主旋律——高深学问而展开。

一、认识论哲学

强调认识论的人，把为知识而知识的“闲逸的好奇”的精神追求作为目的。作为高等教育认识论哲学基础的重要理论代表，纽曼的知识传授、洪堡的知识发现、赫钦斯智性涵养成为高等教育认识论哲学基础的三块坚实基石。

在高等教育认识论哲学基础思想史上，对知识的追索和真理的追求是大学教育的目的，这个特征在纽曼、洪堡、赫钦斯身上都得到明显的体现。这一思想对欧美高等教育的发展产生过极其重要的影响。

在纽曼理想的大学教育中，知识本身即为目的。洪堡认为，大学的核心是发现知识，追求真理。其实，纽曼的“知识本身即为目的”的思想与洪堡的“纯知

---

① ［美］约翰·S·布鲁贝克．高等教育哲学［M］．王承绪，等译．杭州：浙江教育出版社，1987.

② ［美］约翰·S·布鲁贝克．高等教育哲学［M］．王承绪，等译．杭州：浙江教育出版社，1987.

识”思想是一脉相通的。如果说纽曼是站在自由教育和神学的立场来看待大学教育，并建立高等教育认识论哲学基础的话，那么洪堡可以说是受到民族危机的感染和科学发展功用的震撼而注目大学教育的科学研究职能，并将认识论的哲学基础建立于科学研究之上。纽曼和洪堡从人文和科学两个方面体现和完善了高等教育的认识论哲学基础，从人本身的角度，从自然探索的角度，从人的主体性和客体性的不同侧面论述了认识论的哲学基础。对于认识论哲学基础未来的发展和高等教育理论的建设产生了重要影响。

赫钦斯的高等教育思想与纽曼的思想也颇有共同之处。如对古典著作教育价值的重视，反对知识的功利主义等。对大学传统目的的向往使得赫钦斯非常推崇纽曼的观点，并经常借用纽曼的思想语言来讨论教育问题①。在美国，著名教育家弗莱克斯纳是这一大学理念的继承者。他指出：“大学是学问的中心，致力于保存知识，增进系统的知识，并在中学之上培养人才。”因此，真正的大学吸引着最有能力的学者和科学家以及最真诚的学生来研究和探讨学问。他反对把大学变成一个公共服务机构，认为如果“大学是一个‘公共服务机构’的话，那么大学就会变成一个不同的东西，这个东西可能会有自己的用处，但肯定不再是大学”②。

二、政治论哲学

强调政治论哲学的人，认为探求深奥的知识不仅出于闲逸的好奇，还因为它对社会的进步有着深远的影响。如果没有高等教育，想要理解我们复杂社会的复杂问题几乎是不可能了，更不用说解决问题了。过去根据经验就可以解决的政府、企业、农业、劳动、原料、国际关系、教育、卫生等问题，现在则需要极深奥的知识才能解决。而获得解决这些问题所需要的知识和人才的最好场所就是高等学校。当高等学校卷入日常生活的时候，必然会遇到如何确定目标和如何行使权力来实现这些目标的争论。而这些争论自然具有政治性。而且，柏拉图在他的《理想国》、亚里士多德在他的《政治学》及杜威在他的《民主主义与教育》中都把教育视作政治的分支③。

在现代和当代，一些著名的高等教育学家，如阿什比、克拉克·克尔、德里

---

① 徐小洲，王晨．西方高等教育认识论的哲学基础［J］．教育研究．2001（8）：69-72，80.

② 刘宝存．大学，“大”在哪里［N］．中国教育报，2004-3-19.

③［美］约翰·S·布鲁贝克．高等教育哲学［M］．王承绪，等译．杭州：浙江教育出版社，1987.

克·博克等是政治论观点的支持者的代表人物。

阿什比尽管对大学校园里的某些象牙塔表示支持，但总体上他是坚决反对大学的象牙塔观点的。他强调大学要适应环境和社会的需要。

克拉克·克尔认为，“大学观”是一个居住僧侣的村庄。“现代大学观”是一座城镇——一座知识分子垄断的工业城镇。“多元化巨型大学观”是一座充满无穷变化的城市。一些人在城市中失败了；另一些人则上升到城市的上层；大多数人则在许多亚文化群中生活着①。

德里克·博克认为，忽视金钱和世俗欲望对学术研究的影响是荒谬的。大学难以回避其社会责任，大学必须履行文明社会任何一名成员都应承担的基本义务。“现代大学已经不再是传统的修道院式的封闭机构，而是变成沟通生活各界、身兼多种功能的超级复合社会组织。”他强烈呼吁大学必须走出象牙塔。

随着高等教育与社会政治生活的日益密切，政治论高等教育哲学逐步压倒认识论哲学而占据主导地位。大学越来越多地被看作为社会“服务站”。

第三节　营利性高等学校的发展对传统高等教育哲学的拓展

“两论”是布鲁贝克 1978 年在梳理和研究前人对高等教育的研究文献基础上提炼出来的，是对高等教育自产生至 20 世纪 70 年代的实践的反映。20 世纪 70 年代之前，传统高等教育的营利行为极其罕见。从美国营利性高等学校的发展历史来看，20 世纪 70 年代之前，营利性高等学校仍然被埋没于主流高等教育之中，并未引起人们的注意，如果说人们对它有所察觉的话，也是持着不屑的态度。20 世纪 70 年代之后，随着传统非营利性高校的营利行为的出现，尤其是 20 世纪 90 年来以来营利性高校的蓬勃发展，营利性高校已经形成了一个不容忽视的力量，使当代高等教育正经历着一场革命性变革，这给了人们思考高等教育实践的理论基础的机会。高等学校可以成为一个经济实体，其股票公开上市，依照企业模式进行经营，这在 20 世纪 90 年代之前是一件不可思议的事情。布鲁贝克占有的文献中是没有包括对此类营利性高等学校的探讨的。虽则有一些对高等学校营利行为的涉及，也只是作为政治论哲学立场的一个小注脚而已。不论是认识论还是政治论观点，都将高等教育默认为非营利性事业。现代大学已经成为具

① ［美］克拉克·克尔. 大学的功用［M]. 陈学飞，等译. 南昌：江西教育出版社，1993.

有多重功能的庞大机构，高等教育的产业属性的彰显以及营利性高校的出现，使得一部分高校和高校的部分活动以营利为目的进行资本运作。认识论和政治论高等教育哲学已不足以诠释这一现象，在这种背景下，资本论哲学观点便应运而生。那些主张扶持和发展面向市场的营利性高等学校的人们，其所持的理论前提便是资本论哲学。资本论哲学给了营利性高等学校实践以存在的理由。资本论哲学是一种完全面向市场需要的高等教育哲学，从这样的高等教育哲学出发，高校应该是一个满足消费者需求的服务机构，任何课程，只要有人需要就可以进入课程，而高等教育不应拒绝任何有要求的消费者。

营利性高校作为一个营利性法人，向政府纳税，追求经济利益。其办学经费的投入是一种投资，是要创造利润的资本。

一、资本论哲学的主要观点

1. 知识资本化

持资本论观点的学者认为，在 20 世纪后半期，知识不仅在利他主义原则下被用于为社会服务，而且其服务范围和性质发生了本质的改变，即知识作为商品可以直接创造利润。克拉克·科尔认为，如今的知识不仅是力量，也是金钱。这个特点比任何时代都要突出①。

埃里克·古尔德（Eric Gould）将知识划分为商品知识和象征性知识两类②。他认为，商品知识指在工作中发挥作用的知识，包括职业培训和为职业做准备的培训、政策开发、发明及专利；象征性知识指价值判断、道德伦理、文化、审美、哲学思辨以及与思想科学相关的知识。营利性高校传授的便是具有市场价值的商品知识，而象征性知识在这里不占主要地位。

Sheila Slaughter 和 Larry L. Leslie 将服务于市场的高等教育称为“学术资本主义”(Academic Capitalism)，近几十年来，高等教育中的学术资本主义现象日渐增多。教学科研人员逐渐向学术创业者（Academic Entrepreneur），甚至学术资本家（Academic Capitalist）转变。他们认为，依据佩弗和萨伦锡克提出的百分之十定律，一个组织年收入中即使小到只有 10%的份额，或者甚至更少份额发生变化，亦会对这个机构及其工作的性质产生决定性的影响。

---

① Clark Kerr. Knowledge, Ethics, and the New Academic Culture [J]. Change January, 1994 (2): 9-15.

② ［美］埃里克·古尔德. 公司文化中的大学 [M]. 吕博，张鹿，译. 北京：北京大学出版社，2005.

2. 高等教育直接为经济服务

高等教育的产品是教育服务和知识产品，这种教育服务和知识产品是生产受教育者的素质的一种生产资料。而受教育者的素质乃至受教育者本身都不是教育的产品，受教育者的素质是教育产品的产品。教育过程虽然与学习过程同时进行，但从“产业链”的角度看，它们却呈现上下游的关系。在社会巨系统中，社会各部门根据消费者的需要生产各种产品和服务，在此过程中按照生产要求在人才市场上购买合适的劳动力，并使用他们自身的人力资本，在此过程中，向高等教育机构购买合适的教育服务和知识产品。高等教育机构则根据受教育者的需求生产各种知识产品，并提供各种教育服务①。因此，教育是一种基础产业，它在宏观上为经济提供基础服务，在微观上满足消费者个人发展的需要。

学者们普遍认为，高等教育的产业属性决定了高等教育可以接受市场的调节。高等教育不只是对社会有益的“公共产品”，而且是“准公共产品”或“私人产品”。公共产品是必须由政府提供的服务，没有排他性，为全民共同享用，如国防、公安、司法等。然而，高等教育则不同，一方面，它有一定的排他性，也就是一些人享用了这些服务之后，至少减少了另一些人对这些服务的享用②；另一方面，教育对个人来说，是一种生产性的投资，有较高的私人回报率，尤其是高等教育，对个人的回报比对社会的回报更有效。高等教育本身是一种特殊的产业。随着技术革命的发生，产业的概念已经被赋予了更深刻的内涵——产业属性凸显了提供劳务为主的经营性内容。因此，在发达国家高等教育已经成为国民经济的一个产业部门。提供高等教育的大学作为产业来经营是教育发展方式的一次革命，它更加讲究经营的效率、服务的质量及接受“消费者”的选择③。大学作为知识的生产者、批发商和零售商，不仅介入社会生活，大学的边界已经伸展到能够拥抱整个社会④。

知识经济时代让知识资本化。担负知识传授、知识传播和知识创造的高等教育机构，拥有得天独厚的资源和优势。在知识生产和销售中，高等教育的产业属性得到了充分彰显。高等教育机构作为“知识的生产者、批发商和零售商”，像企业一样自负盈亏、独立核算，这样的高等教育机构就是营利性高校。作为营利

---

① 王雪峰. 高等教育资本运营［M］. 北京：知识产权出版社，中国水利水电出版社，2002.

② 厉以宁. 关于教育产品的性质和对教育的经营［J］. 教育发展研究，1999（10）：1.

③ 谢安邦，等. 市场化：大学的选择与超越［A］. 戴晓霞，等. 高等教育市场化［C］. 北京：北京大学出版社，2004.

④ ［美］克拉克·克尔. 大学的功用［M］. 陈学飞，等译. 南昌：江西教育出版社，1993.

性组织，营利性高校创造着经济价值，直接为经济服务，如 2002 年，纽约州营利性高校为该州经济带来 4.27 亿美元的收益，创造了 13 000 多个新的就业机会。在当时经济并不景气的情况下，营利性高校能继续保持发展，呈现出朝阳产业势头，实属难能可贵，对地方经济发展具有一定的带动作用①。

过去，政府为高等教育买单，但随着高等教育需求量的迅速增加和需求方式的日益多样化，政府再也没有能力对高等教育大包大揽了，那么，一部分高等教育机构被推入市场，与在市场中产生的高校一起依照市场逻辑竞争发展，同时，许多高等教育机构的某些活动也表现出市场特性。高等教育服务和知识产品逐步由政府购买过渡到使用者个人付费。

二、资本论哲学的理论要素

1. 新自由主义思潮

人力资本理论为高等教育直接与经济发生关系提供了理论基础，新自由主义和新管理主义思潮则对高等教育走进市场产生了强有力的推动作用，其要旨主张以私营化、效率、效益和产出导向等市场原则和价值运营高等教育。

新自由主义经济思潮也称新保守主义经济思潮，是 20 世纪 30 年代后在反凯恩斯主义的过程中逐渐形成和发展起来的当代西方经济学说。1929 年—1933 年，资本主义世界经济危机对古典自由主义经济学形成了巨大的冲击，古典自由主义经济学的统治地位被凯恩斯主义所取代。然而，仍有少数经济学家坚持自由主义经济的信条，同凯恩斯主义对抗，主张回到自由放任的市场经济，反对国家干预。到了 20 世纪 70 年代，特别是在 1974 年—1975 年的经济危机以后，资本主义国家普遍出现了失业与通货膨胀并存的“滞胀”局面，使凯恩斯主义陷于重重矛盾的境地。正是在这样的背景下，新自由主义的经济思潮又重新抬头，重振古典自由主义经济学关于完全自由竞争的市场经济主张。新自由主义者认为，当代资产阶级国家政府的干预过多是造成资本主义社会的所有弊端的根源，应当重新回到自由竞争的资本主义市场经济中去，他们极力为市场自由竞争恢复名誉，认为市场机制是唯一使每一个人最可能在社会中获得他所希望的东西的一种制度。他们所批评的政府干预主要是指“国有化企业”、“福利国家”和巨型垄断企业。新自由主义经济学获得一定的市场，进而取得“强势”话语权，并在世界范围内产生影响。

---

① 中国驻纽约总领事馆教育组. 美国的营利性高等教育 [J]. 中国高等教育，2003 (19)：45-46.

新自由主义经济思潮主要包括以下几个学派：伦敦学派、现代货币学派、理性预期学派、供给学派、弗莱堡学派、公共选择学派、产权经济学派。其中，伦敦学派是最彻底的自由主义，现代货币学派是新自由主义中影响最大的学派。这些学派之所以都被归入新自由主义的学说范围，是因为它们在一些基本思想方面具有共同点。新自由主义的主要观点包括：第一，主张非调控化，推崇市场原教旨主义，反对国家干预；第二，主张私有化，宣扬“私有产权神话”的永恒作用，反对公有制；第三，主张全球自由化，维护美国主导下的自由经济，反对建立国际经济新秩序；第四，主张福利个人化，强调保障的责任由国家向个人转移，反对福利国家。

新自由主义认为，基于高税收政策的“福利国家”导致经济上的低效率，弱化了人们工作、储蓄和投资的动机；“充分就业”政策减少了私营部门的劳动力供应，使经济发展缺乏弹性；以养老、就业和医疗等为主要内容的全民福利，摧毁了个人自我照顾的能力，增加了个人依赖国家的惰性。在哈耶克看来，福利国家是一种人为的设计而不是单纯的人类行动，完全忽视了在一个自由市场经济社会中建立“自发秩序”的必要条件①。

新自由主义理论虽然产生于经济学领域，但已经打破社会科学研究的界限，广泛影响到哲学、政治学、社会学、法学、历史学等研究，其影响与当年凯恩斯主义相比，有过之而无不及。教育作为涉及百姓生活各个方面的领域，也必然地受到了新自由主义思潮的影响。最早提出必须对国家掌控的过于僵化统一的教育体制进行改造与重构的是美国经济学家弗里德曼（Milton Friedman）和哈耶克（F. A. Hayek），他们认为教育不应该是政府提供的一项服务，而应该是自由市场体系中的一部分。他们的观点包括以下几个方面：

第一，反对政府控制教育。

哈耶克与弗里德曼都反对政府对教育进行控制。哈耶克在其著作《自由宪章》一书中，引用了穆勒在《论自由》中的一段话，作为他关于“教育与研究”一章的开篇：“普通的国家教育只是一种把人们塑造得相互雷同的发明，而用来塑造的模子就是那些政府中的当权者的好恶，而不管当权者是君主、教士、贵族或现存一代人的多数。只要有效和成功，它就会对人们的头脑实行专制，并自然而然地导致对人们身体的控制。”在这一观念主导下，哈耶克在如何对待教育控制权问题上有时处于一种矛盾的态度，他承认教育的公共性和政府干预教育的必

① 程恩富. 新自由主义的起源、发展及其影响［J］. 求是，2005（3）：38-41.

要，他承认19世纪德国洪堡所创立的国家教育制度对于国防安全的必要性；承认美国公立学校在美国移民文化形成过程中的“熔炉”作用。但是，在个人自由主义的价值观原则下，哈耶克又认为洪堡的成功“代价是否太高”，又认为美国由政府提供的公共教育在充当文化“熔炉”的同时，也是造成问题（诸如“种族隔离”）的来源——“在政府控制传播文化主要工具的地方，就一定会出现这种种族或宗教上少数派方面的困难问题”。哈耶克最终的倾向是反对政府控制教育，主张教育的私营化和教育内容的多样化，这与他的个人自由价值观和知识观紧密相连。

弗里德曼在其《资本主义与自由》一书中主张：“政府的作用是从事于一些市场本身所不能从事的一些事情，即决定、调节和强制执行游戏规则。”除此之外“我们也可能要通过政府做一些市场在想象上是可能做到的，而由于技术和类似的原因使这样做具有困难的那些事情。所有这一切事情可以被归结成严格地自愿交换是非常昂贵或在实际上是不可能的情况，这种情况一般有两个总的类别：垄断和类似的市场的不完全性，以及邻近影响”。过去和现在的政府对于教育进行干预的理由也来自两个方面。首先，由于相当多的“邻近影响”的存在，即一个人的行动迫使其他人为之支付相当大的代价，而又无法使前者赔偿后者的情况，或者，个人的行动对其他人产生相当大的好处，而又无法使后者赔偿前者的情况——即使自愿交易成为不可能的情况。其次，对孩子们和其他一些对自己行动不负责任的个人的“家长主义”的关怀。弗里德曼认为，今天的学校教育由政府机关或非营利机构提供经费并由它们管理的现实是逐渐形成的现实，目前已经被人们认为是理所当然的事情。但是，在弗里德曼看来，这种现实所导致的政府职责的无原则扩大以及由于社会条件的改变，政府继续对学校教育进行的干预是应该予以重新审视的。弗里德曼认为，给予大多数公民一个最低限度的文化知识，广泛地接受一些共同的价值准则，对于一个稳定而民主的社会的存在是必要的。一个受教育的孩子不仅有利于他自己和家长，同时也有利于整个社会的其他成员。因此，教育存在着相当大的“邻近影响”①。

弗里德曼在1955年发表的《政府在教育中的作用》一文中指出：“我们相信，若要对我国教育体制动大手术，唯一的办法就是通过私有化之路，实现将整个教育服务中的相当大的部分交由私人企业个人经营。”哈耶克也从20世纪60年代起将经济学理论运用于教育领域，他认为市场是教育活动的基础和依据，

① 朱新涛．新自由主义经济学的高等教育市场化观点评析［J］．江苏高教，2004（3）：4-7.

应将市场的竞争原则运用于教育领域。

弗里德曼和哈耶克为新自由主义的教育改革理念奠定了一定的理论基础，但是在热衷于教育民主化和机会均等的 20 世纪五六十年代，几乎所有国家的政府都把办教育当作政府天经地义的职责来看待，并不支持和接受这项改革。然而近十几年来，随着社会环境的变化，各国政府虽未放弃自身对教育的职责，但新自由主义的教育改革理论开始受到许多人的推崇，被当作教育改革的突破口和重要途径，并对西方国家教育政策的制定产生了深远的影响①。

第二，主张教育私营化。

哈耶克同弗里德曼的观点一致："现在完全可以在不保留国立学校的条件下，用公共开支支付普通教育的经费，具体的办法是发给家长可以抵补一个孩子全部学校费用的凭单，而家长可以将这些凭单移交给他们自己选择的学校。"但是，对于高等教育，哈耶克则反对这种平均主义的补贴方式，因为接受高等教育是可以获得利益回报的。"因此，也没有什么理由去补贴任何类型的职业培训，在那里得到的较高熟练程度将反映在更大的挣钱能力上，而这将是衡量在这类培训上是否需要投资的相当合适的尺度。"但是，哈耶克又认为有两种情况的职业培训则略有不同。一类是"高等教育所需费用不会让受到更好训练的人在向别人出售自己的服务时使其价格有所增加"；另一类是"目的在于为整个社会进一步扩散和增加知识的职业，社会从它的科学家和学者那里得到的好处不能用这些人能出售其特殊服务的价格来衡量，因为他们的贡献有很多是免费提供给所有人的"。在这种情况下，他认为，有充分理由帮助那些表现有出息并对从事这类研究有爱好的人。

与哈耶克和弗里德曼的思想相类似，英国的皮科可（Alan Peacock）和怀斯曼（Jack Wiseman）也主张，不必由国家投资教育，而应当通过给家庭券、资助和贷款的方式在市场的状态下进行自由选择②。

2. 人力资本理论

如果说新自由主义是造成营利性高等学校发展的间接理论依据，那么，人力资本理论就是营利性高等学校兴起的直接理论依据。

18 世纪英国古典经济学家亚当·斯密在 1776 年出版的《国富论》一书中认

---

① 孙发利，李军靠. 新自由主义对我国教育体制重构的启示 [J]. 广西社会科学，2004 (1)：166-168.

② 许明. 当代西方国家教育市场化述评 [J]. 民办教育动态，1998 (8-9)：28.

为，劳动力是经济进步的主要力量，全体国民后天取得的有用能力，都应被视为资本的一部分。人力资本投资可以由私人出于追求利益的投资行为来完成。他建议由国家“推动、鼓励甚至强制全体国民接受最基本的教育”。由此可见，亚当·斯密已关注到教育对人的能力的形成和对经济的发展的促进作用。然而，由于时代的局限，他并没有对其观点加以深入探讨和展开论证。到了 20 世纪 50 年代，随着西方社会经济的不断增长，出现了许多用传统经济理论无法阐述清楚的现象。美国经济学家舒尔茨在长期研究农业经济问题中认为，人力资本的积累是社会经济增长的源泉。人力资本的提高需要教育作支撑，因而提高人力资本的核心在于教育投资。他还分析了教育投资的收益，认为教育投资能使整个社会和受教育者都增加收入。人与人之间收入上的差别完全在于教育投资多少的差异和所受教育的不同。他还用计算方法设计出公式，计算出各级教育的收益率，证明投资于不同种类和级别的教育会带来不同的收益率，发现进入初等教育的资源流量的增长比进入中等或高等教育的资源流量的增长都少一些的事实。显而易见，舒尔茨认为通过投资教育，可以提高人力资本的存量，因而非常强调教育的经济功能，他还认为投资于不同种类和级别的教育会带来不同的收益。

以舒尔茨为开端，“人力资本”这一概念广泛见诸国际学术社会，许多经济学家深入地研究这个课题，逐渐形成了一股人力资本研究热潮。贝克尔在《人力资本》一书中指出，用于增加人的资源影响未来货币和消费的投资为人力资本投资，对正规教育和职业培训的投资是人力资本形成的核心。他还认为，唯一决定人力资本投资量的最重要因素是这种投资的有利性或收益率，并且设计出一个教育投资收益率的公式，这一公式计算出的结果影响个人作出是否继续上学的决定。他的年龄-收入曲线图强调，一个人的收入水平因年龄的增加而提高；在同年龄组人口中，一个人的教育程度越高，其收入水平也越高。

20 世纪 80 年代以来，以罗迈尔、卢卡斯为代表的“新经济增长理论”在西方国家兴起，从而进一步确立了人力资本在经济增长中的重要地位。随后，人力资本理论向纵深发展，日渐成熟并形成了一个庞大的体系①。

人力资本理论强调教育对经济增长的巨大作用，反映了现代生产的客观要求。在它的推动下，世界各国政府纷纷扩大教育规模。虽然筛选理论、文凭主义、劳动力市场分割理论以及一些激进的社会学理论作为对教育与经济

① 郑银华. 人力资本理论的教育反思 [J]. 理工高教研究，2005 (4)：22-23.

关系的新阐释，从不同角度向人力资本理论提出挑战，但是，时至今日，仍然没有一种理论能够完全取代人力资本理论。教育成本收益的分析仍然基于人力资本理论。

3. 教育服务贸易理论

与国际货物贸易理论相比，对国际服务贸易问题的研究尽管还很不成熟，缺乏像国际货物贸易理论一样完整的理论体系。但国际学术界比较一致的看法是：服务贸易作为国际贸易的一种形式，国际贸易理论是适用的。但是，由于服务贸易具有许多货物贸易所不具备的特征，在运用国际贸易为实践基础的传统国际贸易理论来解释服务贸易时，必须对国际贸易理论进行适当的修正。

西方学者对服务贸易概念的探讨是从“服务”本身的概念开始的。早在1977年，霍尔（T. P. Hill）就提出了后来被理论界公认的“服务”的概念。霍尔指出：“服务是指人或隶属于一定经济单位的物在事先合意的前提下由于其他经济单位的活动所发生的变化。……服务的生产和消费同时进行，即消费者单位的变化和生产者单位的变化同时发生，这种变化是同一的。服务一旦生产出来必须由消费者获得而不能储存，这与其物理特性无关，而只是逻辑上的不可能……”20世纪80年代中期，巴格瓦蒂（J. N. Bhagwatti）、桑普森（G. Sampson）及斯内普（R. Snape）相继扩展了霍尔的“服务”概念，他们把服务分为两类：一类为需要物理接近的服务，另一类为不需要物理接近的服务。在此基础上，巴格瓦蒂将服务贸易的方式分为四种：一是消费者和生产者都不移动的服务贸易；二是消费者移动到生产者所在国进行的服务贸易；三是生产者移动到消费者所在国进行服务贸易；四是消费者和生产者移动到第三国进行的服务贸易①。

据此，《国际服务贸易总协定》（GATS）把服务贸易定义为：（1）从一缔约方境内向任何其他缔约方境内提供服务；（2）在一缔约方境内向任何其他缔约方消费者提供服务；（3）一缔约方在其他任何缔约方境内通过提供服务的商业存在而提供服务；（4）一缔约方的自然人在其他任何缔约方境内提供服务。

世界贸易组织（WTO）将服务贸易分为12大类，教育服务是其中的第五类。《国际服务贸易总协定》规定的四种服务贸易方式，都可以自然延伸至教育领域。采用国际学术界对现在国际教育贸易的界定，国际教育服务贸易是国际贸易（即世界各国或地区之间进行的商品交换经营活动）以服务的形式在教育领域

---

① 杨圣明. 服务贸易理论的兴起与发展 [J]. 经济学动态，1999 (5).

的反映①。

在有关教育服务贸易理论的推动下，作为服务贸易的高等教育活动，其营利性便成为顺理成章的事。跨国办学及留学生教育已经成为各国占领世界高等教育市场的重要举措。一些大规模的营利性高校已经向海外进军，如建立分校、开展跨国办学。同时，非营利性高校的跨国办学及留学生教育也已经成为一项利润可观的贸易活动。

第四节　高等教育哲学的冲突与共存

高等教育的危机本质上是由其哲学基础引起的，当高等教育哲学与外部环境相适应时，无论这样的适应是目的还是结果，高等教育都会得到很好的发展；当一种高等教育哲学发生动摇或与外界冲突加剧的时候，高等教育的发展就会陷入混乱或困难中②。

在美国高等教育不算很长的历史中，我们可以发现，在资本论哲学出现之前，在高等教育史上，认识论和政治论哲学观一直主导着西方高等教育发展的历程，要么以认识论为基础的高等教育哲学占主导地位，要么以政治论为基础的高等教育哲学占主导地位，要么表现为二者并存、冲突、融合。“就是在不同的学校，甚至在同一学校的不同的系里，这两种哲学观的体现也不尽相同，从而使西方大学呈现出不同的发展模式和办学特色。”③ 认识论哲学曾经与政治论哲学并驾齐驱。随着高等教育对外界资源的依赖程度的增高，以及高等教育对国家影响的增大，认识论哲学与外界发生冲突，政治论哲学逐步占了上风。但是，不论认识论和政治论并驾齐驱时，还是政治论占主导地位时，“两论”之间的争论从来没有停息过。高等教育正是在这一争论声中被推向发展。资本论观点的加入引起了关于高等教育何以存在的激烈争论，高等教育在这一争论中进一步丰富和明确了自己的功能，朝着更加多样化的方向快速发展。

应该说，营利性高等学校争取自己合法存在权利的过程，也是人们对高等教育哲学基础的争论过程。长期以来，人们之所以对营利性高等学校进行批评和指

---

① 王培根．高等教育经济学［M］．北京：经济管理出版社，2004.

② 戚业国．民间高等教育投资的跨学科研究［M］．上海：复旦大学出版社，2001.

③ ［美］约翰·S·布鲁贝克．高等教育哲学［M］．王承绪，等译．杭州：浙江教育出版社，1987.

责，归根结底是因为人们要么站在“认识论”立场，要么站在“政治论”立场看待营利性高等学校这一现象，从“认识论”和“政治论”观点出发，人们认为，营利性高等学校既不献身于对价值无涉的真理进行探索，也不为国家的政治目标做出努力，是没有存在理由的。但是，面对营利性高等学校强大的市场需求、营利性高校的办学效益以及高效的办学模式，人们不得不进行反思，同时，传统高校对营利性高校也逐渐从“蔑视”发展到“模仿”。

正如高等教育发展离不开它的历史一样，高等教育哲学的许多方面也是随着历史的发展而逐渐显现的。事实上，这许多方面都是以满足各自所属的历史时期的不同程度的需要来获得各自的合法地位的。

布鲁贝克在总结高等教育哲学时说：“我并不打算为所有的学术机构提出一种共同的哲学。我更不相信会有一种可以通过共同捍卫其纯洁性而永世可靠的、单一的、不变的、理想的大学教育‘观念’。当今的大学和学院，为变革中的人民的多种多样的利益服务。在这里，关键的哲学问题并不是寻求各种答案的共同基点，而是寻求各种问题的共同基点。”① 同时，他又指出：“我们确实在某些时候是从某一方面取得高等教育的合法地位，而在另一些时候是从另一方面做到这一点的。”②

如果说 20 世纪存在着认识论和政治论高等教育的两大阵营，那么，21 世纪的今天，资本论哲学的加入，将使高等教育哲学阵营出现三足鼎立的局面。

哲学的多元化应该是高等教育发展的现实选择。高等教育从单一的大学发展到现今的第三级教育或中学后教育形式，办学结构、层次、目标呈现出日益多样化的态势。在这种背景下，资本论哲学在一定程度上说明了传统认识论和政治论哲学没有充分顾及的高等教育功能，从而拓展了高等教育哲学基础。资本论观点强调高等教育在创造文化财富的同时，也直接创造着经济价值。不仅保障了自身进一步发展所需要的经济条件，也成为社会的一个经济增长点，使得高等教育与市场的关系日益密切，甚至成为市场经济的一个构件。政治论观点强调高等教育应该为国家服务，通过高等教育的机会均等实现社会的公平。而认识论则强调大学独特的“为知识而知识”的理性价值。如果没有资本论哲学，高等教育将难以脱身于经费的困扰，对其最基本的生存条件将构成威胁。如果没有政治论哲学，高等教育就无从满足社会的需要，国家的发展就失去了“发动机”。而如果没有

---

① [美] 约翰·S·布鲁贝克. 高等教育哲学 [M]. 王承绪，等译. 杭州：浙江教育出版社，1987.
② [美] 约翰·S·布鲁贝克. 高等教育哲学 [M]. 王承绪，等译. 杭州：浙江教育出版社，1987.

认识论哲学，大学就无法成为区分善恶、区别真理和谬误的伟大仲裁者，成为树立知识标准和思想标准的精神阵地，成为“社会良心”代言人①。社会发展也就失去了“方向盘”。我们有理由相信，高等教育哲学的冲突将继续，而在冲突中的并存也将继续，它们的和谐发展只能在各种紧张关系的网络中逐渐接近。高等教育的发展也将在高等教育哲学的冲突和并存中走向前进。

在现代社会，如果一个国家的高等教育建立在单一的高等教育哲学上是难以想象的，而对一所大学来说，没有一种稳定的主导哲学，它的发展也必然是盲目的。不同的哲学观点侧重于高等教育的不同功能，它们纵横于社会的政治、经济和文化的各个领域，统一于“促进人的全面发展”这一教育的最终目的上，共同推动着高等教育及人类社会的发展和进步。“大学的存在时间超过了任何形式的政府，任何传统、法律的变革和科学思想，因为它们满足了人们的永恒需要。在人类的种种创造中，没有任何东西比大学更经受得住漫长的吞没一切的时间历程的考验。②”

建立在资本论哲学基础上的营利性高等学校，它的经营管理模式顺应了当今高等教育改革的主流趋势，正是在这层含义上，营利性高校成为传统大学尤其是传统公立大学学习的参考，其价值不可小视。

第五节　小　　结

我们从美国高等教育的发展历史可以看出，高等教育赖以存在的哲学基础是在不断变化，并逐步扩展的。传统高等教育从单一的追求为国家政治目标服务，逐步走向“两论”（政治论及认识论）立场，认识论立场的高等教育追求的是知识的自身逻辑，开展科学研究以增进人类知识。自霍普金斯大学建立一百多年来，政治论及认识论高等教育哲学时而并驾齐驱，时而彼此消长。但二战后至今，则是政治论的主导时期。政治论高等教育繁荣的背后，是认识论高等教育的式微。

在人们呼吁保护和发展认识论高等教育的同时，一种完全不同的新型高等教育形式开始崛起——营利性高等学校。尽管对营利性高等学校存在着诸多责难，但它的存在已经成为不争的事实，营利性高等学校活动既不以政治论为其生存和

① 徐小洲，王晨. 西方高等教育认识论的哲学基础 [J]. 教育研究，2001 (8)：69-72，80.

② [美] 约翰·S·布鲁贝克. 高等教育哲学 [M]. 王承绪，等译. 杭州：浙江教育出版社，1987.

发展的依据，亦非以认识论为其生存和发展的依据。营利性高校经营的第一目标是经济目标——谋求利润最大化，虽然社会效益是它们谋求利润的基本要求，但却不是主要目标。“资本”是它们存在的基础，“资本论”给了这类高等教育存在和发展的理由。营利性高校作为提供教育产品和服务的企业，为国家的经济发展作出直接的贡献。以资本论为哲学依据的营利性高校丰富了高等教育的职能，它的存在和发展与高等教育的核心使命并不矛盾，它的存在和发展昭示着实现高等教育使命的另一条途径。

营利性高等学校的发展从实践层面拓展了传统高等教育的哲学基础，而新自由主义经济思潮、人力资本理论、服务贸易理论等则从理论层面上推进了资本论哲学基础的出现。

由于营利性高校在 20 世纪 70 年代之后才开始从不受关注的边缘地带走到了高等教育发展的前沿。布鲁贝克在 1878 年总结高等教育哲学基础时并未料想会有当今营利性高校（尤其是经过鉴定的、上市的高教公司）的出现，只将它们作为政治论哲学基础的一个不起眼的证据。如今的新一代营利性高校以其独特的身份和骄人的成绩为自己争取到高等教育领域的一席之地，从而拓展了高等教育哲学基础。认识论、政治论及资本论将成为 21 世纪高等教育发展的哲学基础。

第四章　类型、特点及影响

第一节　营利性高等学校的类型

关于营利性高等学校的类型有不同的分法，如以学校资产所有方式的不同就有两种不同的分法：其一分为三种：家族所有的学校、公开上市的学校及投资者所有的学校①。其二分为四种：企业所有的非上市的学校、企业所有的上市的学校、持股人所有的学校、家族所有的学校②。也有依据办学规模和方式来划分的：包括企业学院、超级系统、互联网学院③。这里仅以办学规模和方式为依据谈谈营利性高校的三种类型。

一、企业学院

企业学院（Enterprise College）一般由个人或小公司拥有并运作，在某地有单个校园或若干校园。企业学院约占营利性授予学位院校的一半。通常情况下，单个校园招生不足 500 人，复合校园可达 3 000 人。这类学院多开设职业预备性专业，重视个性化教学和辅导，使每位学生都得到应有的关照。如位于佛罗里达州的大西洋海岸学院（Atlantic Coast Institute）建于 1982 年，重点提供与法院报告、商业、保健相关的副学士学位。南加州技术学院（Southern California Institute of Technology）重点提供工程技术方面的学士学位。

---

① Exploring the Future of International For-Profit Higher Education and Quality Assurance: Where Are We Now and Where Do We Go from Here? http://www.chea.org.

② Michael P. Lambert. Accreditation and Review of For-Profit Education. http://www.chea.org.

③ Kevin Kinser, Daniel G. Levy. http://www.albany.edu/prophe/publication/paper.html. 2005.

二、超级系统

超级系统（Super System）有多个校园，遍布多个州，有的发展到海外。凤凰城大学在 22 个州的在线注册生为 10 万，主要通过互联网进行教学。卡林学院有限公司（Corinthian CoUege Inc.）在 19 个州有 56 个校区。IIT 教育服务有限公司（IIT Educational Service Inc.）在 28 个州有 70 个校区。这类院校主要提供学位课程，同时还开办教育产业，如非学位培训、证书班、公司集训等。它们有独到的优势，即学生可方便地在各校区之间转学而不丢失学分。这样的高等教育形式建立在市场研究的基础上，因而可迅速适应市场变化。目前至少有 12 所此类院校的股票在纽约证券交易所上市，投资比较踊跃，学校不缺资金，渐入良性循环轨道。

三、互联网学院

互联网学院（Internet Institutions）没有常设教师，没有固定校舍，只提供虚拟教室。它们既服务学生，又服务企业，范围常常跨越国界。成立于 1993 年的琼斯国际大学（Jones International University）请传统院校中的专家为其设计课程内容，既保持了较高的课程标准，同时广泛使用信息技术手段，是营利性院校中第一所完全实行网上教学并获认可的院校。UNE 教育公司提供专业培训及学位课程。为扩大知名度，该公司物色了一些名牌大学作为合作单位，包括芝加哥大学、斯坦福大学和伦敦经济学院。

第二节　营利性高等学校的特点

特点是比较的产物。营利性高等学校的特点，需要从与非营利性高等学校的比较中得到。

非营利组织起源于英国的 1601 年出台的《慈善法案》，通常称为志愿组织或慈善组织，用契约或遗嘱建立信托人、受托人、受益人的法律关系，分为协会、信托基金、公司三类，有的协会没有法人地位，有的注册为信托基金法人以便承担民事责任，有的进一步注册为公益性公司，使理事作为受托人得到有限责任的保护。少数老的大学建立在信托基金的基础上，后来多数大学建立在注册为有限责任公司的非营利基金会基础上。

美国延续了英国的法律传统，但非营利机构的规范不是靠法律而是靠税则。

非营利性组织称为免税机构①。美国传统高校属于免税机构，而营利性高校则为纳税机构。

一、营利性与非营利性高等学校的区别

营利性高等学校与传统非营利性高等学校的区别不在于是否有盈利，而在于处理盈利的方式的不同。非营利性高校的盈利只能重新投入学校的运作中，不能作为利润进行分配。而营利性高校的盈利则作为利润成为投资者的回报。依据 Richard S. Ruch 对营利性与非营利性高等学校的研究，它们的区别主要表现在以下十个方面（见表 6）②：

表 6　非营利性高等学校与营利性高等学校的区别

非　营　利	营　　利
免税	纳税
捐赠者	投资者
捐款	私人资本
利益关系人	股东
共同治理	传统管理方式
以获取声望为动机	以获取利润为动机
创造知识	学以致用
学科专业驱动	市场驱动
投入质量	产出质量
教师权力	消费者权力

1. 免税与纳税

根据经济学家弗里德曼的建议，"营利"与"非营利"的术语应该一起从高等教育词典中删除掉，代之以更能说明问题的"纳税"与"免税"。的确，营利性和非营利性大学之间的区别并不在于是否营利或以营利为动机，而是纳税还是免税。纳税和免税都是收入的来源和支出的方式。实质上，非营利机构，包括非营利性高校都是免税的，而且，包括所有公立高校和绝大多数私立高校还要接受税收补助来支持它们的运作。公立高校平均收入的 50％是从联邦、州和地方政

---

① http://www.pep.com.cn/200406/ca412753htm-20k.

② Richard S. Ruch. Higher Ed, Inc.: The Rise of the For-Profit University [M]. Baltimore: The Johns Hopkins University Press, 2001: 10.

府税收补助中获得的，私立高校收入的平均 17%是从这一渠道获得的。营利性机构则不能得到税收补助，相反，它们还要负担相当的纳税义务。

根据《美国慈善法》，一个组织要想获得免税资格，必须满足以下几方面的要求：其成立完全出于非营利目的；其经营主要为达到规定的非营利目的；不得为个人谋取利益①。根据这一规定。非营利学院和大学，包括所有的公立大学和大多数私立机构都享受免税的待遇。营利性高等学校不享受税赋资助，相反，它们要交纳税赋，必须接受工商部门的管理，并根据公司法、商法及税法的有关规定照章纳税。根据《美国标准公司法》第 132 条的规定，营利性高等学校不享受免税的待遇，必须向州政府缴纳相关的特种税。州政府在每个公司提交其章程时，向其征收和收取初始特种税。其办法是从州政府颁发设立证书之日起至下一个日历年的七月一日止，以呈递该章程时依本法令规定该公司应支付的许可费半数的十二分之一为比率，按月计算征收。州政府还向公司征收每年七月一日至第二年七月一日期间预付的年度特种税，其税率为公司最近向州政府提交的年度报告所示代表本州设定股本额的百分比计算。根据美国税法的规定，必须交纳联邦税、州税、地方税。根据这些规定，营利性教育机构要交纳资产财产税、销售税、所得税等。对于多数教育公司来说，要预留出税前收入的 40%用来纳税。是否纳税代表了不同的法人实体的组织方式。如非营利机构会尽力使他们得到的税收补贴最大化，而营利性机构则会尽力使它们的纳税额最小化。

2. 捐赠者与投资者

非营利性高校有捐赠者，而营利性高校有的是投资者。捐赠收入是非营利性高校运作的关键因素和经费保障。这些经费对营利性高校同样重要，只是这些“捐赠”是以购买股票的形式呈现的。非营利性高校花费相当的精力培植潜在的捐赠者，而营利性高校则着力扩大投资基础。在某些方面，这种努力是相似的，都是要把学校展示给有捐赠和投资能力的人们。

但是，区别还是有的。其一，非营利性高校对捐赠者的培植涉及学校许多成员，从首席开发员、校长，到系主任、教师，甚至学生也参与其中。而在营利性高校中，只有高级管理者在一到两个专业教职工的辅助下负责投资者开发工作。其二，捐赠者和投资者对学校如何用自己的经费支持都感兴趣，只是投资者希望能够从中获利，他们关心的是学校能保证他们获利和未来收入的经营绩效。

---

① ［美］贝奇·布查特·阿得勒．美国慈善法指南［M］．NPO 信息咨询中心，主译．北京：中国社会科学出版社，2002.

3. 捐款与私人投资

捐款和私人投资在两类不同高校中的作用相似。捐款作为基金保障学校的长期支付能力，而投资收入用来支持学校的当前经营活动。非营利性高校如果像个人或公司投资者一样将全部或部分捐款投入证券或债券市场，所得红利将有一部分被归入捐赠基金。营利性高校则将私人投资所获红利的一部分归还给股东。不论是捐款还是私人投资，其目的都是为实现增长，而增长的一部分要么归入捐赠基金，要么归还投资者。

为吸引资金，不管是捐款还是投资，学校都必须有能力激发捐赠者与投资者对学校的信心。如果一所传统大学拥有广泛的捐款渠道，这不仅确保了学校的未来，而且大量的捐款本身也说明了学校的实力。当校友、公司、私人基金会、州政府及富有的个人向学校捐款时，他们实际上是在说："我们相信你。"同样地，投资者通过购买营利性高校股票向学校"捐款"时也基于同样的态度。营利性和非营利性高校都是依赖别人的资金生存。营利性高校是股东驱动模式，而非营利性高校则是利益关系人驱动模式。

4. 利益关系人与股东

股东驱动模式比利益关系人驱动模式显得简单得多。股东们需要的只是一种东西，即他们的投资回报。为确保拥有稳定的私人投资，营利性高校必须证明自己有能力让股东从资产净值中获取红利。上市公司经营状况的晴雨表就是股票价格的变化。股票价格上涨，股东就赚钱；股票价格跌落，股东则赔本。不过，只有当股票真正卖出，赔赚才能发生。当然，影响股票价值的因素常常是复杂的，有许多公司所无法控制的外部因素在起作用，如全球经济趋势及人口变化等。这些因素势必增加了公司经营的不可预测性，从而给股东的投资增加了风险。只有当投资者有信心时才会购买股票，而消费者的信心是一个复杂的综合问题。不论怎样，营利性高校虽然面对的是众多的股东，但是，他们都是股东，利益是一致的。

利益关系人驱动模式显得要复杂得多。因为学生及其家长、教师、管理者、董事会成员、校友、捐助者、雇主、鉴定机构、社区领导、政府机构等都是学校的利益关系人，不同的利益关系人存在着不同的兴趣和要求，当做出一项决策之前，需要听取所有利益关系人的意见，平衡他们的利益和需求。因此，非营利性高校的决策程序比较复杂，所需时间比较长。

5. 共同治理与传统管理方式

与欧洲国家的大学相比，美国大学中的行政权力要强一些。虽然如此，由于学术自由和共同治理理念的根深蒂固，学术权力在非营利性高校中的力量依然强大，与科层化的传统管理模式形成了对比。

营利性高校的管理则更接近于传统管理模式。尽管教师在教学中可以充分发挥其自主性，但在管理领域则极少有发言权。管理者与教师的关系更接近于雇主与雇员的关系。科利斯（Collins J.）在他的《从良好到卓越》（Good to Great: Why Some Companies Make the Leap，and Others Don't）一书中研究发现，在一流的企业中，好的领导对组织很有抱负，而非对自己有抱负。他们常常是矛盾的统一体：谦虚而倔强、恭顺而无畏。有效率的领导依赖专业纪律而非等级。作者列举的下列组织策略十分切合营利性高校的管理特点：使用奖励手段吸引并留住合适的人才；不鼓励不合适的雇员提高效率；创设严格但非无情的组织文化氛围；注重实际数据而非夸夸其谈；鼓励公开争论；扬长避短发挥潜能；运用技术提高质量而非为技术而技术；在持续变革中保持核心使命①。

6. 以获取声望为动机与以获取利润为动机

声望可以说是非营利性高校的生命线。有了强大的声望，就有了经费保障，就有资格吸引到一流的教师和学生。绝大多数非营利性高校对新闻媒体等发布的大学排行榜十分重视，认为是获取声望的一种重要途径。为了获取声望，非营利性高校除了注重教师质量、学生质量、科研水平等因素外，积极寻求各种途径达到这一目标。如一些学院纷纷升格，追求“哈佛化”。

营利性高校在声望与利润之间更加关注利润的获取。而且，在判断学校声望的三大传统因素（教师质量、学生质量和科研水平）中，营利性高校都不占优势。但它却以自己在市场中的合适定位，满足了学生消费者的需要，从而获取利润。

7. 创造知识与学以致用

通过科学研究创造知识、推进学科发展是传统大学尤其是研究型大学的使命。知识的传承、传播和增进这一核心价值通过自由的学术交流和探索得以保护。即使在营利性高校也并非被完全忽视。它们通过教学实现着知识的传承和传播，并将传授的知识在最短的时间内应用于实践。通过学生掌握的技能和知识解决实践中的问题。学以致用是营利性学校自殖民地时期产生以来一直关注的重点。

8. 学科专业驱动与市场驱动

在非营利性高校尤其研究型大学中，教育活动主要依照学科专业的逻辑运转。教师们掌握着学科专业的设置和调整，他们很少关心市场的需要。所以，学科专业的调整很是缓慢。

---

① Gary A. Berg. Lessons from the Edge [M]. New York: Praeger Publishers, U. S., 2005.

营利性高校的学科专业是市场驱动模式，市场驱动模式要求学校在学科课程设置上保持快速应变能力。当有市场需要时，新的教育项目就能够迅速被开发并在短时间内投入到教学活动中；当已有的课程或教学项目一旦不能满足当前的市场需要，便会很快被撤消。

9. 投入质量与产出质量

传统高校质量评价多以投入质量为主要依据，它们重视的是学生入学的成绩、教师的资历、得到的捐助投入等。

营利性高校多以产出质量为其质量评价的依据，它们重视的是学生的满意度、注册保持率、学业完成率、学生就业率等。在人力、设施及经费分配上以产出质量为标准，以 DeVry 为例，学校的就业办公室有 13 名专职雇员，其中 10 名是专业的学生就业顾问。DeVry 已经连续十多年学生就业率在 95%以上。

10. 教师权力与消费者权力

在传统高校的权力结构中，教师处于权力的中心。历史传统、学科本位、教授终身制、学术自由原则、共同治理模式等多种原因共同造就了传统高校教师权力中心的格局。

在营利性高校的权力结构中，教师在学校管理中发挥的权力非常有限。营利性高校没有教授终身制，兼职教师比例大大超过专职教师（见表 7），兼职教师的主要工作就是教学，不参与管理。强大的消费者导向重构了高校的权力结构，学生和管理者是营利性高校中的权力中心，学生消费者的需求是学校一切工作的风向标。

表 7　2005 年部分上市高教集团的教师结构

高教集团名称	专职教师人数	兼职教师人数
阿波罗集团（Apollo Group）（2004/8/31）	1 500	17 763
职业教育公司（Career Education Corporation）	约 2 200	约 4 200
Corinthian Colleges	1 462	3 259
戴福瑞公司（DeVry）	1 150	1 100
教育管理公司（Education Management Corporation）	1 774	1 757
ITT 教育服务公司（ITT Educational Services）	967	2 193
斯垂尔教育公司（Strayer Education Inc.）（2004/12/31）	148	724

资料来源：Chronicle of Higher Education，00095982，8/12/2005.

上面对非营利性高等学校与营利性高等学校从十个侧面进行了区分，但其区别的关键在于弗里德曼所言的“是否纳税”。

二、营利性高等学校与传统非营利性高等学校介入资本市场的区别

在美国非营利性高校中，尤其是一流大学有着数目庞大的留本基金。为了更好地进行融资与投资管理，便把基金以购买股票的形式投入资本市场，其目的在于获取比银行利息更高的“利润”，保证基金增值，以用于高校未来的发展。当然，由于这些学校的“非营利”组织定位，这种介入更多的还只是一种形式上、程序上、广义上的介入。据有关资料显示，由于美国政府对于高校的财务运作采取比较开放的态度，大学基金投入股市是较普遍的现象。美国的一些高校是美国股市乃至其他国家股市、金融市场的大买主，在国内外股票市场比较活跃，许多学校甚至成立了资产管理公司，委托专业人员来管理庞大的学校基金。例如，哈佛大学的基金1998年达130亿美元，资产报酬率达20.5%。其中占基金规模1/2的国内股的投资报酬率为38%；地产投资及处置收益报酬则高达44%。与之类似，普林斯顿大学2001年学校基金规模已达到82亿美元，主要投资于股票、债券、风险投资和房地产业。平均年回报率达15.3%。此项收入成为学校经费的主要来源。实际上，此时的高等教育介入资本市场还只是间接的，即高校的发展基金通过投资管理公司，或自己的资产管理公司到资本市场购买股票，从而在形式上介入资本市场，但构成大学主体的教学、研究与社会服务并不与资本市场发生关系。

但是，非营利组织拥有企业（营利性组织）的股票，而且是相当大的数量，必须参与企业的股东决议。因此，在实际的操作中，会出现许多意想不到的问题，有时候还会严重损害学术自由、影响大学常规功能的发挥。

如果说传统的公立高校或私立非营利性高校通过投资管理的方式介入资本市场是“间接的”、“程序性的”、所获利润完全用于学校发展的话，那么，随着营利性高等学校的出现，高等教育介入资本市场的方式与目的都已发生了质的变化。在方式上，从大学购买股票到学校发行股票，在目的上则从获利用于学校发展到获利用于股东分红。换言之，在营利性高等学校所主导的高等教育介入资本市场的实践中，学校像企业一样直接上市，明确地以营利为目的，所获利润股东分红，或说必须营利以用于股东分红①。

---

① 邬大光. 对高等教育介入资本市场的反思. http://www.china.org.cn/chinese/zhuanti/tqzggx/659540.htm.

20世纪90年代，美国有几十家教育公司的股票在华尔街上市。从高等教育股票指数来看，营利性高等学校确实是给投资者带来了新机会。高等教育板块指数是根据在美国上市的高等教育公司的股价编制的，以1999年12月31日为该指数的100点，到2002年底，该指数已达300点。而同期那斯达克（NASDAQ）指数却从4 069点大跌到1 335点。2003年8月15日，高等教育板块指数达到约450点之高。这种惊人的反差反映了教育行业与经济周期的非同步性，在整个经济衰退时，因为就业困难，个人受教育的机会成本就较低，从而个人更愿意去上学。难怪美洲银行证券的研究报告称这些教育类股票为“适合于任何时期的股票”（Stocks for All Seasons）。同时，这种指数的差异确实也表明教育投资的大好营利机会。于是，教育行业创造了吸引投资的新兴机会，华尔街成了极具活力的教育资本来源。从1994年阿波罗集团股票上市至1999年，已有38个教育类股票上市，30次增股，共筹集了34亿美元的教育资本。资本市场成了除政府和民间慈善机构以外的又一重要的高等教育资本来源，由此出现了高等教育发展的新动力和新变数①。

通过与非营利性高等学校的比较，我们更清楚地认识到营利性高等学校的不同和非传统性特点。总结起来主要包括以下特点：依赖于学费，因此对市场保持机警；研究面临挑战的非传统学生，并尽力为他们服务；对雇主需求保持敏感；及早做好对远程学习服务；开发可复制及可扩展的课程；建立优质的客户服务组织，以提高学生的满意度；为成人学生无障碍入学提供便利条件。在下面对凤凰城大学经营方式的研究中我们将进一步探讨营利性高等学校的特点。

第三节　对非营利性高等学校的影响

营利性高等学校不仅给自己找到了发展空间，也给处于经营成本持续攀升、纳税人资助不断下滑的苦境中挣扎的非营利性高等学校尤其是公立高等学校体系带来了一定的竞争压力，促使它们反思和改革。在这一背景下，传统大学明智的选择只有一个，那就是变革和创新。如何变革、如何创新，颇具创新能力的新一代营利性高校无疑为困境中的非营利性高校提供了可资参考的例子。为迎接日益增强的市场力量，一些非营利性高校积极寻求组织上的个性：它们冒险进行标新

---

① 李明华. 美国营利性高等教育的兴起及对中国的借鉴意义［J］. 高等教育研究，2004（5）：101-107.

立异；它们到“市场”中去冒险。它们服膺这样的信念：应该选择在大学特性上进行实验变革的风险，而不要选择单纯维持传统的形式和实践的风险①。这样的非营利性高校被伯顿·克拉克（Burton R. Clark）称为“创业型大学”(Entrepreneurial Universities)。

营利性高等学校之所以对非营利性高等学校能够产生影响，而且其影响的势头还在加剧，除了一些营利性高等学校的成功表现，还与以下非营利性高等教育自身原因及所处的大环境分不开：非营利性高等教育处在市场取向改革的大背景下；非营利性高等教育积弊已久；非营利性高校长期以来对企业管理模式的借鉴尝试和实践。

从程度上来看，非营利性高校对营利性高校经营方式的借鉴可以分为两个层次：一是对市场手段的运用；二是对市场目标的运用。

一、市场手段的运用

所谓市场手段，体现在以下三个方面：一是在市场经济中，消费者的需求通过价格杠杆制约着市场的各个环节。因此，市场手段介入后，高等教育消费者的需求开始受到重视，多样化的高等教育需求得到了更大程度的满足和适应；二是由于效益观念的确立，更由于市场手段在管理和服务领域中的成效，强调绩效问责（Accountability)。市场介入后，高校的资源利用效益提高了，这在一定程度上缓解了经费短缺的问题；三是由于竞争观念和高等教育多样化的发展，高等教育系统内部的竞争机制逐步加强，给高等教育的发展增加了活力。目前，市场手段在非营利性高校的发展中已经被越来越普遍地使用，主要有以下表现：

1. 将学生看作消费者

随着20世纪90年代营利性高校市场占有率的提高，对高校是否应该将学生视为消费者的问题愈加引起人们的关注和讨论。以阿波罗集团为代表的成功的营利性高教公司投入相当资源和时间调查本校的消费对象以及消费对象的需求、兴趣和愿望等。承担这项工作的有公司总部、产业顾问委员会、当地校区的学生事务小组以及负责学生事务的教师雇员，市场调查是这些教育公司的一项重要工作。

非营利性高校在开发强有力的消费者服务过程中，由于传统的惯性，往往遇到不少阻力。教师们担心将学生视为消费者会失去高等教育的传统威信，并且自己也将面临绩效审核的压力。但是，正如本特利（Bcntley）学院前首席财务官员罗

---

①［美］伯顿·克拉克. 建立创业性大学［M］. 王承绪，译. 北京：人民教育出版社，2003.

伯特·莱宁顿(Robert Lenington)在《经营高等教育》(Managing Higher Education as a Business)一书中断言的那样，高等学校“迟早将学会视消费者为上帝”①。

(1) 观念的转变

任何一个服务行业在运营过程中首先需要搞清楚的问题就是自己的服务对象：消费者是谁？对于这样一个简单的问题，在非营利的研究型高校中似乎显得非常复杂。一所私立高校为提高办学质量，拟将全面质量管理（TQM）的原则运用于该校，于是请来一名顾问协助贯彻。顾问走马上任。作为工作的第一个步骤，顾问首先向学校管理者和教师问了一个问题：“谁是我们的消费者?”这个问题却在校园内引发了长达数月的争论。没有几个教师认为学生是学校的主要消费者，他们甚至认为，“消费者”一词很具攻击性。教务长认为，从根本上来讲，每个人都是它们的消费者。有两位系主任认为，教师是它们的主要消费者。而校长则认为，董事会是它们的消费者。最后，校长政务会做出决定，认为全面质量管理不适合高等教育机构。于是，顾问被解聘了。

不清楚自己的消费者是谁是非营利性高校面临的一个根本性挑战。对于任何一个行业，不清楚自己的消费者是谁是很致命的。绝大多数非营利性高校认为自己在为不同的利益关系人服务，包括学生、家长、教师、捐赠人、校友、董事会、顾主、地方社区、一般大众，它们常常将利益关系人与消费者混为一谈。相比之下，营利性高校不用为这个问题伤脑筋，它们的消费者就是学生。从教师到图书管理员，从学生资助办公室到学生本人对此都十分清楚。其他重要的利益关系人，如毕业生的雇主以及生意上的投资人等都不被认为是消费者。

其实，非营利性高校在很早的时候，就开始向企业界借鉴管理理念和手段。但是，企业管理模式在融入高校的过程中却呈现出了“学术管理时尚的生命周期”(The Life Cycle of Academic Management Fads）的现象。

“学术管理时尚的生命周期”是马里兰大学罗伯特·本褒曼（Robert Birnbaum）教授在1998年美国高等教育研究协会年会上提出的。他以高校引用企业界的全面质量管理（TQM）为例，认为全面质量管理这一美国高校的管理时尚已经失败。本褒曼认为，所谓的70%采纳者中大多是“虚拟采纳”（Virtual Adoption)，即对外宣布采纳了全面质量管理方式，但并未真正地实施②。这种

---

① Lenington R. L. Managing Higher Education as a Business [M]. Oryx，1996.

② Birnbaum R. The Life Cycle of Academic Management Fads [J]. The Journal of Higher Education，2000，Vol. 71 (1-2)：1-15.

做法使高校在得到某些好处或保住既得利益的同时，不必为革新支付很大的代价。大部分的虚拟采纳者不久便会放弃全面质量管理，只有极少数高校真正采纳了全面质量管理方式。

本褒曼正是通过对 40 年来七种管理时尚在高校中的采用情况，提出了学术管理时尚的生命周期的概念。这七种管理时尚是：全面质量管理；计划、程序和预算系统法（PPBS）；零点预算法（ZBB）；目标管理（MBO）；战略规划；流程再造；标杆法（Benchmarking）。

尽管没有证据证明管理时尚的成功，但创造者们继续发明管理革新。他们通过一个强调目标重要性、理性、因果律的透镜检视高校组织。他们认为，问题总有一些解决方案，而且把各种难题都视为有解决方案的问题。一旦采用了新的范式，这些问题就会迎刃而解。事实上，这些所谓的新范式本质还是老范式。就是说，虽然管理时尚失败了，但相应的范式继续支持它们的存在。正如库恩指出，一种范式不能成功地解决问题，并不能否定这一范式；这只是说明一个难题没有解决，需要进一步的工作。例如，许多采纳者纷纷放弃了全面质量管理方式，但创造者会指出一些高校还是成功了，全面质量管理只是未能正确地实施而已，成功是需要时间的。对立的观点都不能有效地说服对方，于是只好又创造一种“新”的范式或更为动听的故事。除非高等教育界自身有更为动听的故事，我们肯定又会看到来自企业界的管理时尚重演这一生命周期①。

现在，这个动听的故事已经在高等教育界出现，只是并非来自非营利性高校，而是来自那些成功的营利性高校。它们非但没有“虚拟采纳”企业界的管理模式，而且明确将自身定位于企业，但这种企业提供的却是一种特殊商品——教育服务。它们突破了长期以来高等教育非营利的观念和现实，成功地在教育和商业之间找到了一个结合点，寻求到了自身存在和发展的空间。

如果说 20 世纪 90 年代之前，非营利性高校在管理变革中更多模仿的是成功企业的做法，那么，20 世纪 90 年代之后，更准确地说，在 20 世纪 90 年代中期以后，成功的营利性高校的崛起让非营利性高校逐步找到了更加明确的参照对象。

（2）具体表现

将学生视为消费者，不仅要提升教学水平，满足消费者对高质量教育的需求，还必须在日常管理中向学生提供满意的服务。如职业指导；入学与学习指

① 刘凡丰. 反思美国高校全面质量管理［J］. 清华大学教育研究，2001（1）：147-151.

导；提供方便舒适的学习场所；提供经过质量鉴定的有价值的课程；增进学生的学识，保证学生能够学到足够在社会上自立的技能；提供合适的住宿条件和娱乐设施；依照新技能的需要及时更新远程教学内容等①。

塔夫茨（Tufts）大学开始推行“一站式服务”（One-Stop Shop）理念②。学校设立了新的学生服务中心（Students Services Center），服务中心由于它的独特性格外引人注目。服务中心集中了九个部门，有数百个行政职位，数百位行政人员办公。办公区的设计以学生的需要为本，为学生提供尽量便捷的一条龙服务，做到服务高效和灵活。该中心的设立代表了一种新的思维方式，即把学生视为消费者，以学生为中心提供便利服务、提高学校满足学生不同需求的能力。其宗旨有二：一是提高消费者服务水平；二是提高办学效率。

如今，学生可以通过一个主服务台就得到所需要的服务信息。服务台的工作人员精通学生服务管理，通过电脑提取和处理所有的学生信息。为便利学生和其他来访者的咨询，服务中心的入口处设 24 小时门岗。

实际上，一方面，高校将学生视为消费者，另一方面，学生本身的行为也具有越来越明显的消费者特征。学生们会根据自己的需要，在入学前对学校进行比较选择，入学后，对教学服务进行比较选择。当今的美国，大学生入学前的咨询工作已经成了一个很有发展前途的行业。根据私立教育咨询协会（IECA）的估计，全美有两千多名该类咨询人员，数量是十年前的两倍③。学生入学前除了寻求咨询人员的帮助外，还通过网络查阅各学校信息，并对其中数个备选学校进行实地考察，以确定自己最合适和满意的学校。入学后，学生及其家长常常就经费资助问题与学校讨价还价。进入课程学习后，如果发现某一科目质量有问题，甚至只是不够方便，学生也可以很容易地在附近的学校或网络上找到相同或类似的科目作为替代。将近半数的学生在拿到学位前不只在一个高校修学。不久前，一项名为“挑选教授”（Pick-a-Prof.）的在线业务在网络上开通。这个服务项目的依据是州档案公开法律（State Open-Records Laws），根据对公立高校统计信息的掌握，对每一门学科和每一名教授的信息进行归类和分级，并将此信息资料提

---

① Students or Customers? http://www.saqi.co.za/PDF%5Cpublications%20-%20Archives%5C2001%5Cstudents%20Or%20Customers.pdf.

② Treating Students Like Customers. http://www.tufts.edu.cn/communications/stories/081902StudentServices.htm.

③ Newman F., Couturier L., Scurry J. The Future of Higher Education: Rhetoric, Reality, and the Risks of the Market [M]. Jossey-Bass, 2004: 16-17.

供给接受该项服务的52个学院和学生团体。接受服务的学院和学生团体需要交纳一定的费用。

2. 强调绩效

(1) 政府对高校的绩效管理

① 联邦政府

有人认为，非营利性高校是为工业经济服务的，公立高等教育的初衷是为工厂培养工人。非营利性高校是一个劳动密集型机构，当前最大的问题是如何降低成本。大学经历着经费短缺且公众日益关注其绩效的时期。高等教育从政府控制转向了商业控制，政府也借助市场手段来解决教育中存在的问题。

在美国高等教育历史上，正式提出高等教育效率及其标准问题的应当首推奥伯伦学院院长亨利·金（Henry C. King），20世纪初，他任命了一个由教授组成的委员会来调查学校的办学效率问题。该学院的行动为后来美国普遍展开的教育调查运动开创了先河。不久，弗吉尼亚开展了全州范围的高等教育调查，并于1921年公布了调查结果。第一个全国范围的高等教育调查，是弗来克斯纳等人做的著名的医学教育调查。高校调查的开展，是与当时弗罗德里克·泰勒领导下对工业生产效率进行的科学研究和当时教育测量技术的发展相一致的。事实上，早在20世纪之前一些学院和大学就进行过自我研究。但那时的研究只有相当简单的数据，领导者往往只凭自己的记忆和经验就可以做出判断和决策。到了20世纪20年代才把这种研究建立在更为精确的统计数据基础之上，并使科学管理的决策研究成为可能。许多大学陆续开始设立学院研究处负责收集和整理有关的数据。一战后，研究处已成为高校行政管理组织的重要附属机构。二战后，这种研究活动开始被统称为“院校研究”（Institutional Research），并于20世纪50年代中期形成了全国性的院校研究专业协会。

大型的教育基金会也插手促使高等学校提高效率。因为基金会希望确保资助那些管理水平高的学校，而不是去扶持那些摇摇欲坠的学校，所以它们往往特别注意高等学校的财务管理。20世纪初期，经卡内基基金会的调查发现，高等学校管理不善非常普遍，几乎没有一所学校有成本会计制度。许多院校也不把教育预算与行政预算区分开来。一些学校甚至没有清楚区分捐赠资金与经常性开支经费的界限。该基金会拒绝向那些管理不善的院校提供资助，而把大量资金捐赠给管理更有效率的学校①。

① 陈学飞. 美国高等教育发展史 [M]. 成都：四川大学出版社，1989.

对效率的要求在美国高等教育中存在了近百年的时间，加之美国市场经济体制的背景，美国高等教育与世界其他国家相比成本和效益的观念更强一些。但是，在美国高等教育发展史中，对效率的追求成为高等学校普遍自觉的行动，应该是 20 世纪 70 年代之后的事情。这是因为，之前虽然高校对办学成本和效益也有追求，但是缺乏强烈的动因。尤其是二战后到 20 世纪 70 年代之间，在高等教育大众化过程中，联邦和州政府对高等教育的扶持达到了白热化的程度，高等教育进入“联邦时代”，在公平与效率之间，公平成为当时的主题。20 世纪 60 年代对公平的追求达到了高潮。联邦政府投入大量资金帮助由于经济原因无法进入大学的学生完成大学学业，投入大量资金帮助大学开展科学研究。但是，20 世纪 70 年代之后，大学的安逸生活逐步成为历史，甚至资金不足的状况不断加重。

一方面，高校资金不足的现象越来越严重，学费上涨成为普遍现象。另一方面，由于对高校经费利用效率很少有过正式的评估，甚至到了 1980 年，国会还以大约一千万美元的专项经费来补助特定的项目和高校，而没有经过正式的竞争和绩效评估。所以，高校存在着资源浪费严重的现象，甚至发展到对联邦的资助经费严重滥用的地步。面对学费上涨和高校管理的高成本，政府和纳税人的不满日益增强，绩效评估制度应运而生。美国教育部前官员查尔斯·克伯（Charles Kolb）将斯坦福丑闻看作“对美国非营利性组织，尤其是中学后教育机构进行绩效检查时代的开端事件”。斯坦福丑闻掀起了对绩效的新呼声，要求依据区域鉴定标准对高校进行产出评估。

对高等学校的绩效评估也是在美国对行政部门绩效评估浪潮冲击下的必然结果。第一次浪潮发生在 20 世纪 50 年代，伴随着全球竞争、股东需求和新技术的出现，导致了大量失业及产业的调整。但这次浪潮没有触及高等教育。在这次浪潮冲击下，美国联邦政府为了回应公众与立法机构对其改进行政管理水平的要求，几乎每位总统在其任职内都出台了相应的改革措施，从 20 世纪 60 年代中期实行的规划-计划-预算制（Planning-Programming-Budgeting System，简称 PPBS）到尼克松执政期的目标管理（Management By Objective，简称 MBO），再到卡特时代的零基预算（Zero-Based Budgeting，简称 ZBB）。第二次浪潮发生于里根及布什任内，针对的是政府的开支及财政赤字。里根政府出台全面质量管理（TQM），但这次对教育的冲击不大。第三次浪潮始于 20 世纪 90 年代中期，克林顿政府出台《政府绩效法案》（GPRA）。虽然每一任政府推出的改革举措各不相同，但构成这些措施的基本要素有着相似之处，其内在目的也大体一致，即提高公共管理的效益与效率。第三次浪潮强烈地冲击了非营利性高校。

根据 GPRA 的目标指向，可将其目的概括为三个主要方面：通过系统地说明联邦机构的工作业绩，提高美国公众对政府的信任度；要求目标指向联邦行政管理机构从法定任务和工作预期的最终结果出发，设定明确的定量绩效目标，并对照预设目标检查工作进展和成果，以改善联邦政府的内部管理；通过联邦机构向国会提供有关政府工作情况的客观、准确的定量信息，为国会的决策奠定科学的基础。

联邦政府每年拨大量的科研经费给大学，联邦政府支持科学研究的机构大致可分为两大类：一类是以支持基础研究为主的 NSF 和 NIH；另一类是以支持应用研究为主的国家航空航天局（NASA）、国防部（DOD）、能源部（DOE）和农业部（USDA）等部门。对这些经费的使用效果自然成了上述政府绩效评估的重要项目之一。

尽管《政府绩效法案》的颁布引起了科学界和资助科学研究的联邦机构的不理解，但绩效评估已经成为离弦之箭。

根据 1998 年修订的《高等教育法》规定，从 2001 学年开始，高等学校必须向全美高等教育成本委员会（NCHE）上交生均成本费用报告。有关机构将出版高校学生收费情况和财政资助状况，并根据消费价格指数进行相关信息的比较。

②州政府

美国公立高等学校经过 20 世纪五六十年代的大发展，已经从单一的校园（如加里弗尼亚大学）发展成为多校区系统（如加里弗尼亚大学系统），进而发展成为跨州的多系统之系统（如“加里弗尼亚大学规划”项目涵盖加里弗尼亚大学系统、加里弗尼亚州立大学系统及加里弗尼亚社区学院系统）。为协调和规范州内快速增长中的公立高校，多数州都设立了协调委员会或管理委员会（如加里弗尼亚中学后委员会，简称 CPEC），其职责在于界定高校的任务、减少重复性项目、协助立法机关在各校区之间进行资源分配、在一定程度上保护学校的自治。

尽管现存制度在公立高等教育系统的规模扩张上起到了积极作用，但是，在高校办学的成本和效率、教学质量以及对中小学教育改革的支持方面却收效甚微。立法机构态度逐渐强硬，对公立高校的绩效问责开始成为热门话题。全美州长协会（NGA）认为：“中学后教育机构对学生和雇主不断变化的需求做出反应，这种反应能力比任何时候对提高本州经济竞争力的作用都大。”① 州长们感

① Newman F., Couturier L. Scurry J. The Future of Higher Education: Rhetoric, Reality, and the Risks of the Market [M]. Jossey-Bass, 2004: 32.

到有必要提高公立高等学校的生产能力和绩效。州政府对高校放权，并通过市场手段实现公共目标成为明显的趋势。

如新泽西州 1994 年撤消了高等教育委员会，设立了更为简约的机构。学校一级的董事会有了更大的权力对学费、学术项目、人事、董事会提名及学校建设等问题做出决策。

克罗拉多州的一所高校在做了十年规划后，州政府退出对它的管制，但协议规定，州政府到期将对其绩效进行评估。另外两所高校则退出公立高校系统，设立自己的董事会。立法机构甚至推出了一个很彻底的议案，以教育券取代州政府对高校的补贴，学生持教育券选择学校。

北达科他州 2001 年出台了“弹性绩效”法案，给予高校开支和掌握学费及私人捐款的自主权，并配以新的绩效评估办法。

实际上，州政府对高等学校投入绩效的评估始于 20 世纪六七十年代，一些州试图根据地方大学达成州教育目标和产出的状况进行分配资源，并对这种可能性进行了调查研究。田纳西州是第一个执行以绩效为依据投资高等教育的州。田纳西州高等教育委员会于 1975 年开始这项改革计划。到 1979 年，州行政官员和顾问团建立了高等教育绩效管理的十项标准，随后，相关衡量标准和程序在所有公立高校开始启用。1980 年—1981 年，根据绩效标准，高等教育机构获得的政府投入增长了 2 %。此后，高等教育绩效评估计划每五年修订一次。现在，一所高等教育机构由于良好绩效而获得的自由支配资金占其所有预算的 5.5 %。在田纳西州绩效评估计划的影响下，阿肯色州、密苏里州、俄亥俄州等也推出了高等教育绩效评估计划。在这几个州中，田纳西州的计划曾经历过研究、提议、反对、拒绝等几个轮回，因为一些人认为它缺乏立法依据，有可能使高校失去自治权，并且浪费大量资金。另外，南部卡罗来纳州根据州政府高等教育的全部预算制定出 37 项具体的绩效标准①。

（2）高校内部的绩效管理

①改革终身教授制

美国终身教授制是 1940 年之后逐步形成的。美国教授协会（AAUP）1940 年发表《关于学术自由和终身教授制的原则声明》。该声明将大学教师界定为“雇用机构的官员”（An Officer of the Employing Institution），确认了终身教授制的

---

① NASBO. State Innovations in Higher Education Finance and Governance. National Association of State Budget Office Information Brief. Washington D. C.: NASBO, 1996.

必要性，使终身教授制成为实现学术自由的一种手段。

终身教授制为美国高等教育的发展所作的贡献有目共睹，与此同时，也遭到了质疑。虽然终身教授制的争议由来已久，但近些年来，这一争议越来越多①。反对者认为，终身制与学术自由没有必然的联系；它造就了一个不思进取的特权阶层；限制了大学对社会需求反应的灵活度；对年轻人的职业发展信心产生了消极影响；增加了人员成本。反对声最大的主要来自学术界之外的媒体、立法者、商业界、政界等，目前来自高校内部的反对声也开始高涨。

不少学校采取各种措施走出终身制，如用高薪吸引新聘用的教师签订为期三年的合同，或者使已经获得终身职位的教授退出终身制。有的地方还立法规定对终身教授进行职后评审，对连续两年评估不达标的终身教授，将其解聘，或者减少他们的工资。因此，终身职位正逐渐淡出：一方面获得终身职位的人越来越少；另一方面一些学校也在冲淡其价值。根据有关统计，近些年来，专职教员中终身职位的比例变化不大，一直保持在 52%左右，但是绝对人数却减少了：从 1975 年的 12.6 万人减少到 1995 年的 11 万人，目前甚至更少。相反，高等院校越来越依靠兼职教师。这些教师是没有晋升为终身职位的可能的。兼职教师岗位主要包括以下几种类型：助理教师、合同教师以及兼职教师，这些兼职教师的工作可以灵活配置。联邦教育部在 1994 年做的一项调查表明，1993 年在美国高等教育机构中，有 32.9%的教师是兼职②。2000 年秋天发表的一份报告表明，许多学科领域有超过四分之一的概论课程（Introductory Courses）是由兼职教师担任的。此外，兼职教师的报酬确实很低，四分之三以上的兼职教授每门课程的报酬低于三千美元，不到四分之一的院系为兼职教授提供健康保险③。

② 运用现代教育技术，建立新的教学形式

从长远看，信息技术的运用势必大大降低教育的成本。非营利性高校对信息技术的运用主要有以下几种形式：第一，在传统校园中将信息技术融入现有的课程及项目，或建立网络学院。有些高校开发了包括所有授予学位的课程，如马里兰大学学院大学（University of Maryland University College，简称 UMUC）的在线项目 1999 年—2000 年就有四万名学生注册；第二，提供信息化课程的项目

---

① Roworth W. W. Why is Tenure Being Targeted for Attack. http://www.aaup.org/publications/Footnotes/FN97/FNWRWAR/htm.

② L. Tetick, J. Barlings. Changing Employment Relation: Behavioral and Social Perspectives. Washington D. C.: American Psychological Association, 35.

③ 美国大学教授职位发展的新趋向［J］. 世界教育信息，2002（9）：11-12.

和团体组织开始出现并得到了发展。如南部地区教育协会（South Regional Education Board，简称 SREB）建成了一个网络校园，1999 年，在 16 个州的 260 所高校均可得到 3 200 项在线课程；第三，信息化高等教育“新的提供者”开始出现，如美国开放大学和西部州长大学①。

③ 加强内部调整和资源整合

近几年来，由于外部投入减少，它对高等院校运作造成了很大的财政压力，因此，各高校开始对学校内部资源重新进行调整，对科系、专业和课程等进行整合或精简，去弱扶强，并注意形成优势和特色。改组后的学科力量更加集中，又减少了人员和设备等方面的费用。通过内部结构性的调整，形成一种更符合效益原则和竞争需求的内部结构和反应机制。因此，它对各院校未来的内部结构和功能发挥都将产生深远的影响。

在 20 世纪 80 年代的一项全美调查中，学生修课的重点从教育向商业方向转移。绝大多数学生选择了与商业领域相关的课程。20 世纪 70 年代，在前 35 门课程中，有 2 门是属于会计和商业课程，而到了 20 世纪 80 年代，同类课程增加到了 6 门。与此同时，许多通识教育中的文科和理科课程却日见减少，如生物学、化学、美国文学、音乐、物理、心理学、社会学、美国史以及西方文明等。从 20 世纪 70 年代到 20 世纪 80 年代，有 6 门课程推出了核心课程体系，包括地质学、地理学、德语、教育学、护理专业以及神经研究②。由于选修的人数不足而暂时停招或撤消的课程还有许多，相应地，这些课程的授课教师也都面临转岗或下岗。一些大学在取消了某些课程的同时，甚至撤消了某些专业和系科。有些学校甚至关闭了一些科研实验室。

④ 建立多校区系统，降低办学成本

在公立高等教育系统，美国大多数州都建立了多校区大学系统。一般每个州有两所最好的大学，一所为州大学，一所为州立大学。大多数州在州大学都建立了多校区系统。只有加里弗尼亚州有所不同，不仅有包括九个校区的州大学系统，还有包括四个校区的州立大学系统，甚至还有社区学院系统。

多校区大学系统的建立直接达到管理精简之目的，由原来各校都设立董事会到每个大学系统只设立一个董事会，负责任免各校区校长，制定基本和统一的办

---

① David Dunkerley，Wai Sum Wong. Global Perspectives on Quality in Higher Education [M]. Hants：Athenaeum Press Ltd.，2001：101.

② 王逢振. 美国大学批判 [M]. 天津：天津人民出版社，2004.

学标准和政策。由于在核心课程设置和学分转移、专业设置监督、学费标准等方面有统一的标准和政策，这样既避免了专业的不必要的重复设置和各学校之间的盲目竞争，又提高了州立大学的实力和影响力、办学规模和效益，有助于形成合理布局、协调发展的局面。如密苏里大学系统主要由位于该州不同地区的四个校区组成，每个校区专业设置各有侧重，办学各有特色。大学系统总部设在旗舰校区——哥伦比亚校区，该校区是美国少有的学科设置齐全的综合大学①。多校区大学系统在美国公立高等教育中是一种较为典型的主流组织形式。与营利性高校的"连锁"形式不同的是，公立大学系统对各个分校的内部事务不予干涉，每个大学都具有很强的独立性，其行政、资金、学术等不会受到总部的任何控制，大学系统中各大学的校长也由各大学自己推荐产生，并由大学系统的董事会进行任命和监督。

⑤ *加强院校之间的合作与资源共享*

这种变化的根本原因同样来自外部投入的减少所导致的教育资源紧缺。一方面，由于资源紧缺，有必要加强资源的共享和合作，以便充分利用有限的资源达到各自的办学目标。另一方面，各院校进行科系、专业和课程等方面的调整和精简之后，各自的特色和互补性也有所加强，从而使合作和共享成为必要和可能。实际上，在共同的外部压力下，通过合作和共享以求共存、共赢的机制已经在美国高等院校群落之间形成。如加州大学伯克利分校加强了与当地社区学院的合作和资源共享，社区学院要以利用前者的图书设备和师资力量提高教学水平和质量，而前者也可以通过与社区学院的合作实施科技进修等项目，开拓相关的教育市场等。

3. 增强竞争力

与世界其他国家相比，美国高校之间有着竞争的传统。它们不仅要竞争科研和学生资助经费，竞争学生的服务质量，还要竞争声誉和地位。有了好的声誉和地位才能吸引到高质量的教师。这种竞争由于新的高等教育市场的形成而变得更加激烈。主要表现在：非营利性高校与日益走强的新一代营利性高校之间的竞争；非营利性高校之间为新的经费来源展开竞争；高等教育的全球竞争使得各层级的高校全面感受到了竞争压力；以网络技术为手段的高校与教学形式以其便捷高效吸引着学生消费者。为争取更多的市场份额，非营利性高校必须进一步增强自身的竞争力。

---

① 乔玉全. 21世纪美国高等教育［M］. 北京：高等教育出版社，2000.

(1) 引入企业家精神

关于企业家精神（Entrepreneurship），国外有很多学者进行过深入细致的研究，如熊彼特（Schumpeter Joseph）、马克斯·韦伯、彼得·德鲁克（Peter Druck）、道格拉斯·C·诺斯（Douglas C. North）等。其中熊彼特的观点比较具有代表性，他认为企业家精神的实质就是创新精神，“创新”是整个社会经济发展乃至一切事业发展的基本动因。韦伯通过对新教伦理和资本主义发展之间的关系进行研究，提出企业家精神就是敬业精神。德鲁克则把企业家精神提高到社会进步的杠杆作用的地位①。

从以往学者的研究可以看出，创新和冒险就是企业家精神的本质和核心。作为人力资本的一种表现形式，企业家精神在现实世界中是稀缺的。为此，很多大学都把培养学生的企业家精神列入课程清单。

实际上，自大学产生之后的数百年，大学依照自身的逻辑在象牙塔内运作，不关心外界的实事，与市场绝少联系，企业家精神不是它们追求的思想境界。但是，曾几何时，象牙塔已经被改造成了社会的动力站，大学与内外部环境之间的关系不断紧张，外界需要大学的知识和人才，大学则需要外界的资金和资源。大学和社会的互动成为必然。企业家精神在营利性高校的成功体现，给了传统大学以启发和推动。传统大学正在从改革内部治理机制和治理结构出发，激发活力，发挥创新和适应精神，以求灵活应对不稳定的环境和个性化、多样化的高等教育需求。这在本质上都体现着企业家精神。

当代的美国非营利性高校在政府改革和再造运动的推动下，已经或开始在很多方面表现出企业家精神特质，即对创新的推崇、对成本的敏感、对不稳定的应对、对消费者和目标功利性的关注，并在具体实践中予以借鉴和利用。成功的营利性高校对企业家精神在非营利性高校中的发扬光大起到推波助澜的作用。尽管这种精神特质与大学传统上一直推崇的价值中立、学术自由、学术自治等有相互冲突和不相容的地方，但是，处在新的竞争环境中的大学在固守传统价值追求的同时，必须对自身文化进行改造。因此，适当引入在社会中处于主流地位的价值观念——企业家精神，对大学来说不失为摆脱当前困境的一种可行的路径选择。

(2) 快速反应市场需求

与迅速崛起的营利性高校相比，非营利性高校显得保守、对变化的市场反应

① 鲁传一，李子奈. 企业家精神与经济增长理论 [J]. 清华大学学报（哲学版），2000 (3).

迟缓。正如凤凰城大学创始人 John Sperling 所言："公立教育官僚机构从来不思创新。"① 虽然言辞激烈，但发人深省。

也许一些传统非营利性高校出于保护人类社会核心价值观的使命感，拒绝对市场力量做出让步。一些高校更多关注的是学科本身的发展变化，而忽略了其他的变化。有更多的高校其实是由于惰性，不愿意为适应外界的变化做出自身的变革。美国除了近百所主要研究型大学及文理学院外，其他绝大多数高校从事的主要工作是为社会培养劳动力。既然为社会培养劳动力，就必须关注劳动力市场，而当前劳动力市场正持续经历着深刻的变化。这种变化可以从新成品和服务成功占领 25%的市场份额所需要的时间略见一斑。比如，家庭用电成功占据 25%的市场份额用了 46 年，电话用了 35 年，录像机（VCR）用了 34 年，而个人电脑仅用了 15 年，移动电话用了 13 年，国际互联网只用了 7 年。从这些例子可以看到，随着科学技术的不断进步，新的科技产品占有市场 25%份额的时间越来越短，这种加速度的态势不是成就于孤芳自赏的闭塞中，而是成就于快速的变动中。众多大公司对劳动力的要求日新月异，那么，对劳动力的培养和培训势必需要不断进行调整和改革才能跟得上形势的发展。

有鉴于此，绝大多数高校必须对影响学生教育和培训需求的市场力量做出反应。否则，学校不仅极有可能陷入资源匮乏当中，还面临着被边缘化的危险。现在的问题不是高校要不要反映市场的需要，而是如何在传统观念和办学模式的背景下反映市场的需要。

对周围环境变化能够迅速做出反应，这一点对私立大学来说特别重要。因为私立大学不能指望从州政府得到多少支持，它们必须不断与其他私立学校和公立学校竞争，争取学生和捐赠人的好感，否则就要冒衰退甚至解散的危险。公立学校也要有对周围环境做出迅速反应的能力。许多州立大学不断发起集资运动，希望能从校友、各基金会和公司筹集到更多的资金②。实际上，公立高校由于其对市场反应的相对迟缓、对政府财政支持的依赖以及管理的低效已经引起了公众的不满，面向市场进行变革已经成了公立高校的迫切任务。

即使像海利特学院（Heritage College）及费尔丁学院（Fielding Graduate Institute）这样在高等教育市场有着特别地位和身份的非营利性高校，也感到了巨大的竞争压力。这两所学校的管理者已经意识到了迫在眉睫的面向市场进行变

① Gary A. Berg. Lessons from the Edge [M]. New York: Praeger Publishers, U.S., 2005: 70.

② [美] 德里克·博克. 美国高等教育 [M]. 北京：北京师范学院出版社，1991.

革的必要性。如果不采取行动，自己的学生消费者将被营利性高校吸引过去。正如费尔丁学院的一位管理者所言：“越来越多的公司、集团正在行动中，而且它们更富裕。”①

(3) 重新界定共同治理

非营利性高校尤其是私立非营利性高校有着自身的管理风格，这种管理风格更善于保护传统，而不是为未来做准备。从外行董事会到与州和联邦政府的复杂关系，再到行政部门和教师的共同治理，大学复杂的管理网络十分笨拙，必然不利于决策的迅速制定。

1996 年，全美大学校长委员会（National Commission on the Academic Presidency）强调，多数学院和大学的管理结构并不合适：“当大学应该保持警惕和机警的时候，它却反应迟钝、太过谨慎，受传统和管理机制的制约，不能及时做出应对。”该委员会认为，大学校长现在并不能有效地领导大学，这是由于他们被迫在“美国社会各主要机构的最没有活力的权力基础”上进行管理。兰德公司（RAND）进行的一项研究也提出了这一观点，他们认为，“大学之所以不能采取更有效的措施提高效率是由于其过时的管理结构，例如，决策、政策和控制资源分配的惯例，自 19 世纪这一结构建立以来就从来没有过多的改变。由于当前的结构是为了适应那个迅速发展的时期而设计的，如今在资源不足的环境下就不免显得笨重，甚至会出现机能性障碍”②。

的确，非营利性高校的共同治理模式在许多高校中失去了决策的效率。对校长、教务长和系主任来说，在共同治理模式的框架下，决策的过程实际上是一个妥协和寻求“中间路线”的过程，以期取悦于大多数人。正像旧金山大学战略领导中心主任丹尼尔·朱利斯（Daniel Julius）所言，这一过程实际上将决策变成了一种集体错觉③。

非营利性高校“有组织的无政府状态”的松散联合组织形态，正在与企业的科层组织形态结合，提高组织的决策效率。

即使在专职教师中也存在一个分层系统，它与学术的商业化是紧密相联的。斯劳特（Slaughter）和莱斯利（Leslie）揭示出部分与局部的学术商业化过程就

---

① Gary A. Berg. Lessons from the Edge [M]. New York: Praeger Publishers, U.S., 2005: 169.

② [美] 詹姆斯杜德斯达. 21 世纪的大学 [M]. 北京：北京大学出版社，2005.

③ Richard S. Ruch. Higher Ed, Inc.: The Rise of the For-Profit University [M]. Baltimore: The Johns Hopkins University Press, 2001: 153.

是教师分层过程，这个过程是他们与市场性活动相关的。相比那些没有承担具有明显经济利益的学者工作而言，那些从事与商业有关的研究工作的教师能够获得更高的薪水、有更多的途径获得资源、能得到大学和企业机构更多的承认①。

二、市场目标的运用

所谓市场目标，即以营利为目的，在公平买卖、信息公开、财产私有的基础上追求利润最大化。

营利性高校对非营利性高校的影响很大程度上仍然是市场手段的影响，而且，更多的是在微观管理运营领域，非营利性高校在这方面的改变也是期望通过运用市场手段达到高等教育的目的：培养更加符合社会需求的人才，同时，也是为高校本身的生存和发展考虑。但是，一些非营利性高校并没有停留于对市场手段的利用上，而是将市场目标——利润最大化，也引入学校的发展战略。但是，非营利性高校对市场目标的运用是有限的。除了第五章介绍的非营利性高校利用留本基金参与资本市场运作外，主要还表现在：传统非营利性高校内部成立的营利性部门；高校技术转让、学校体育项目的市场运作等。

1. 技术转让

二战以前，由联邦政府发起的科研项目很少，仅有的一些联邦政府资助的研发工作全部在联邦政府所属的实验室里由联邦政府的专职雇员来完成。二战期间，情况迅速发生变化。现代战争的科技含量越来越高，谁站在世界科技发展的前沿，谁能够将现代科学技术的最新成果迅速用于军事，谁就更有希望打赢这场战争。这种情况对科学技术的发展提出了很高的要求。而当时美国联邦政府内部没有足够的资源承担所有相关的科学研究项目来满足战争需要，向科研资源丰富的学术机构采购科研服务以应战时之需迫在眉睫，科学家以及科学研究活动高度集中的大学成为首选。于是，由联邦政府资助、在大学进行、由大学的科研人员完成的科研项目大量产生。这些科研项目产生了大量的科研成果，其所有权归谁所有，联邦政府？大学？还是研究者本人，这一问题因为战争时期的紧迫性没有得到足够的重视和解决。

1945 年，时任美国科学研究与发展局局长的万尼瓦尔·布什（Vannevar Bush）向罗斯福总统提交了一份划时代的报告——《科学：无边的疆域》，该报

---

① Slaughter and Leslie. Academic Capitalism：Politics，Policies，and the Entrpreneurial University [M]. Baltimore：The Johns Hopkins University Press，1997：37.

告首次提出了“技术转让”的概念。随着联邦政府不断加大对大学科研资助的力度，科研成果的数量也大幅度增长。但是，政府却从来没有为联邦机构如何分配这些科研成果的所有权建立起统一的专利政策。由于存在着这样的观念：联邦政府资助大学科研用的是纳税人的钱，所产生的发明成果应该归公众而不是私营部门所有。所以，由联邦政府资助的大部分新发明、新技术的所有权由政府代表公众持有，任何人都可以无偿使用。因此，造成了企业缺乏通过投资于政府持有的发明实现其商业化的动力，致使政府所持有的发明无人问津。由于联邦机构的专利政策在吸引公司获得专利认证方面的失败，本应产生的造福公众的新产品并没有出现，由此而应该产生的经济发展更无从谈起。虽然纳税人支持了联邦科研事业，但是他们并没有从中得到任何好处。

经过大学、政府及社会各界近 20 年的努力，1980 年 12 月 12 日，“贝多法案”(Bayh—Dole Act) 获得通过，并于 1981 年 7 月 1 日起生效。“贝多法案”允许大学持有政府资助科研项目所产生发明的所有权以及进行专利申请与转让的权利，它实现了政府资助科研项目所产生发明的所有权由政府持有变成大学持有的转变。

“贝多法案”实施以后，以前在技术转让领域并不活跃的大学立即采取措施启动和加强科学发明的专利申请和使用许可工作。为了促进技术转让，大学纷纷成立技术转让办公室。1980 年，全美大约只有 25～30 所大学有类似机构，1980 年以后的十余年间，设立技术转让办公室的大学数量大约翻了十番，达到 200 多所。美国大学技术管理者协会 (Association of University Technology Managers，简称 AUTM) 成员由“贝多法案”通过前的 113 位猛增到 1999 年的 2 178 位。技术转让办公室的组成人员大都具有博士学位，通晓科技、法律、商业、企业运作等专业知识，具备良好的科学素养和与工业界进行沟通的能力，堪称高素质的技术转让职业行家。他们负责从学校的研究人员中搜集最新的、具有商业化价值的科研成果，然后进行专利申请、推销、谈判、许可等方面的活动。此外，他们还负责专利诉讼、专利收入分配以及定期向联邦政府汇报等工作。从 1993 年到 1997 年，全美各大学共获得了 8 000 多项专利。1991 年到 1999 年间，大学的新专利申请数量增长了 198%，专利许可增长了 129%。

大学的技术转让活动还能带来稳定的专利税收入以及通过在授权专利的公司参股而获得经济收益。这项收入扣除费用和学校与发明者的合理回报外，其余全部用于教学科研工作。但是，必须指出的是，这部分收入在大学科研经费中只占微不足道的比例。在美国，仅有不足 10%的大学在技术转让中获得直接经济收益。

2. 营利性公司和跨国教育服务

(1) 非营利性高校直接开设营利性机构

1998 年，美国科技大学（the National Technological University，简称 NTU）成了"第一个吃螃蟹的人"。这所非营利性的私立高校创建了一个风险资本部及一家营利性的公司——美国技术大学公司（NTUC）。这一举措在高教界引起巨大反响，随即带动了各级各类公立和私立非营利院校设立各自的营利性公司，开展以信息技术为媒介的职业教育（Technology-mediated Learning）业务，如哥伦比亚大学的 Fathom 公司、纽约大学的 NYU online、马里兰大学学院大学的 UMUC online、康奈尔大学的 e-Cornell①、哥伦比亚大学的数字媒体部——Morningside 公司、纽约大学的继续教育学院等。哈佛大学打算组成以营利为目的的跨国有限公司，并准备在华尔街公开上市。哈佛大学新股承销价将落在预估范围：10 美元～12 美元之间②。

(2) 非营利性高校参与跨国教育服务活动

非营利性高校通过海外办学或招收留学生等活动，在教育服务贸易中赚取了客观利润。教育服务贸易是美国第五大出口业，教育出口值占本国服务贸易总值的 3.8%③。

非营利性高校招收外国留学生成为缓解办学经费紧缺的一个重要举措。如宾夕法尼亚州的拉塞尔大学尽管是一所规模不大的大学，校长却明确表示，在未来的几年内，要使外国留学生的人数从目前的 2%提高到 10%。据统计，过去 20 年里美国高等学校中的外国学生人数增加了三倍。留学生人数的剧增，为美国高等学校带来了可观的经济收入。美国高等学校从外国留学生身上获得的经济收入还在不断地上升④。

开办海外分校也是非营利性高校扩大财源的一种重要举措。2003 年，纽约大学布法罗分校在新加坡开办了一所分校，有 250 名学生注册成为商务和交际专业的学士和硕士。它和孟加拉、印度达成协议，在两国启动了两个信息技术方面的硕士项目。

布法罗分校并非特例。美国的大学和学院正在外国学生自己的国土上建立越

---

① Goldstein，Michael B. To Be or Not to Be：What is the Question? [J]. Change Magazine，2000，Sep/Oct.

② 程星. 当大学搬上华尔街. http://www.enliu.com.cn/articles/sky/20050112-hua.asp? id=4499.

③ 林志华，孟鸿伟. 当今世界教育热点追踪 [N]. 中国教育报，2002-5-25 (4).

④ 欧美大学筹资金. http://edu.dahew.com/news/2004.asp? newsID=30654.

来越广泛的市场，从单个的大学文凭到整个海外校园。这些项目的运转非常昂贵，教学机构必须有国外合作伙伴，并且必须遵守各种各样的国家和地方制度。但很多美国高校认为，它们的努力没有白费，这些项目能够给它们带来利润。

美国目前具体有多少所高校开办了海外项目还没有详细的统计。美国教育协会（American Council on Education）将会很快对它的 1 650 个成员机构进行调查。该协会的一位官员说："海外办学是一个正在浮现的领域，我们还没有充分把握去控制它。"①

3. 校际体育比赛

在美国，人们把聪明智慧与精通体育技巧看作是可以兼而有之的品质，并作为一种理想加以追求。许多大学如斯坦福大学、加里弗尼亚大学、密西根大学、宾夕法尼亚大学、哈佛大学和耶鲁大学，它们既有卓越的学术声誉，又有杰出的体育成绩。实际上，美国校际体育赛事与市场的结合并不是新生事物，它产生的初衷就与商业有着千丝万缕的联系。该活动是从 1852 年哈佛大学与耶鲁大学学生的划船比赛开始的。由地产商及铁路运输业者发起，目的是要宣传、推销比赛所在地周遭的地产。他们用各种奖项来吸引两所大学的学生参加比赛，渐渐形成了一个传统，开启了美国大学校际体育竞赛的商业化大门。在整个高等教育市场化及营利性高等学校的推动下，美国校际体育比赛活动的市场化运作模式进一步完善。美国校际体育比赛已成为非营利性高校一种重要的营利途径。

根据美国联邦政府经济分析局发表的报告，1999 年美国体育产业占当年国内生产总值的 2.4%，位居十大支柱产业的第六位，超过汽车及影视业。这个庞大体育产业的核心就是高校竞技运动。正因为如此，美国的大学从中获取了可观利润。

竞技运动是美国高校的一个重要财源，各大学每年可由校际体育比赛来充实学校经费，来源包括门票收入、电视转播权利金甚至季后杯赛的出场费。规模较大的大学，一般都有 2～3 座体育馆，可容纳 3 万～8 万名观众不等，一半以上的大学都有田径馆、游泳馆，且经常举办各种比赛。电视转播的费用因比赛项目和水平不同有所差别，一般每场转播费在 5 万美元～25 万美元不等，全国转播出场费则高达 50 万美元。

另外一个重要的收入来源是参加全国大学联赛。像参加篮球、橄榄球、冰球

---

① Burton Bollag. America's Hot New Export：Higher Education. http://chronicle.com/free/v52/i24/24a0440.

以及曲棍球等，比赛收入相当可观：美式足球每年为参赛队创造高达 3 000 万美元的利润；1988 年—1992 年美国电视台用于大学竞技运动比赛转播的费用达 7.5 亿美元；参加篮球半决赛的四个队均可得到 130 万美元的奖金；全美大学生体育协会每年的预算是 8 900 万美元，近年来每年的利润超过 900 万美元。正是由于能够带来利润，一些较大的大学每年竞技运动预算就高达 1 200 万美元，一般大学也达到 300 万美元～400 万美元①。

一方面，营利性高等学校的发展使得营利性高等学校与传统非营利性高等学校的界限更加清晰，另一方面，由于受成功的营利性高校高效的运营方式的影响，非营利性高校越来越多地运用市场理念和经营模式，两者之间的差别变得模糊。成功的营利性高等学校对非营利性高等学校的影响，更多地体现在对市场手段的运用上，同时，在营利性高等学校迅速发展的影响下，许多非营利性高校也开设有营利性的机构。

尽管营利性高校与非营利性高校的市场行为存在着差异，而且对非营利性高校的营利行为有着约束机制，如必须遵守“剩余约束”（Residual Constraints）：收入只能用于学校发展；合理的税收制度，即与学术无关的营利性收入需要纳税；政府资助的科研成果转化后，学校在支付必要成本后获得的剩余收入，必须用于科学研究和教育活动；学校内部制定的规章制度及自律机制限制和规范着营利行为等。但不能否认的是，非营利性高校的运作已深深打上了市场烙印。

第四节　小　　结

本章对营利性高校的基本情况做了素描，以突出、明晰它们与传统高等学校的差异。从结构形态上，美国营利性高校可以分为三种类型：公司学院、超级系统及网络大学。以凤凰城大学为例对营利性高校的运作进行了考察。我们可以看出，营利性高校运作的基本特点是：以学生消费者为中心；教材的统一化；以兼职的行业从业者为教师主体；基础设施简约化；企业管理模式。

正如 Richard S. Ruch 通过对营利性高校的研究得出的结论那样，营利性高校与传统高校的差异主要表现在以下方面：营利性高校需要纳税（根据弗里德曼的理论，这是营利性机构区别于非营利性机构的关键）；它的资金来源主要是私

① 大学的“财神爷”. 广州日报电子版. 2002-2-24. http://www.gzdaily.dayoo.com.

人资本；私人资本的拥有者是投资人及股东而非捐赠人或利益关系人；它以获取利润为主要动机；它的教育活动主要不是创造知识而是让学生学以致用；发展动力来自市场而非学科专业；重视产出质量而非投入质量；消费者权力大于教师权力。

市场力量在渗入传统高等教育的过程中，它的影响呈现出网络状的复杂局面。一方面，整个高等教育向市场驱进；另一方面，营利性高等学校在市场力量的作用下逐渐找到了自己的生存和发展空间，并促使整个高等教育分为非营利性和营利性两种类型。在高等教育市场化背景下，营利性高等学校的影响使得传统非营利性高等学校原本就有的市场因素活跃起来。从对市场手段到市场目的的借鉴利用，传统高等教育的市场化可分为两个层次。从市场手段的运用层面来看，虽然程度不同，但在非营利性高校中已经被普遍采纳。至于对市场目的的利用，在非营利性高校中虽然目前还占有很小部分，其发展趋势还无法估计。正如德瑞克·伯克在他的《大学何价：高等教育商业化》① 一书中所言："美国大学商业化的今昔之别，不在于此一现象的存在与否，而在于它的涵盖范围与普及程度。1970 年之前，大学校长偶有市侩作风，会运用广告或借助某些商界的做法。不过，我们若是从严解释。'商业化'的现象当时大致只存在于校园生活的边陲地带，如一些体育活动、函授与进修课程等。可是现在，资讯系、生化系、企管系和其他许多科系的教授无不利用各种学术活动赚钱。商业挂帅的现象如今不仅见之于大学运动、校务发展，还扩及理学院、商学院、推广教育中心及校园内的其他学术学位。"

在实际运作过程中，非营利性高校对市场手段与对市场目的的利用往往不是截然分开，而是常常交织在一起的。这也正是人们批评非营利性高校的一个重要原因（人们批评非营利性高校的另一个原因主要是非营利性高校的低效）。

非营利性高校和营利性高校在运行模式上界限变得模糊起来。实际上，这与两者所处的相似的运行环境不无关系。主要表现在：一是它们都是同一经济体系的不可分割的组成部分，都需要使用财务、资本和人力资源来实现各自的目的；二是它们都需要取得稀缺资源并将取得的稀缺资源转化为各自提供的产品或服务；三是它们的财务管理过程相似，都需要建立有效的信息系统，从而为管理层、权力机构和其他有关方面及时地提供相关的信息，以便它们对稀缺资源的使

---

① ［美］德瑞克·伯克．大学何价：高等教育商业化［M］．台北：天下远见出版股份有限公司，2004．

用进行计划、指导、控制和评价；四是由于资源的稀缺性，它们都需要采用成本分析及其他控制的评价技术，以确保资源使用的经济性、效率性和效益性；五是它们提供的产品和服务极其相似。

在日益激烈的高等教育市场竞争中，首先受到威胁的是那些实力不强的中小规模的高校，对于研究型大学，尤其是一流研究型大学，尽管筹集资金也已成为大学的一项重要任务，但它们仍然有足够的资本固守自己的传统。降低办学成本、提高办学效率，对它们来说还没有强烈的动机和压力。也就是说，市场需求对研究型大学影响不大。中小规模的高校以及“处在危险”中的高校必须采取更多的企业管理模式才能图得生存和发展。

第五章　质量与教育服务

营利性高等学校之所以历史上一直存在着，与其所处的制度环境、文化氛围固然有着密不可分的关系，但如果没有人们所期待的有质量的服务，那么此类高校要得到今天这样的发展，将是不可思议的事。在第三章中我们就人们对此类高校存在合理性进行了讨论，尽管营利性高校仍然存在着让人疑虑的问题，但其独特的发展经验体现出来的质量观和教育服务质量值得深入研究，这也是人们希望得到物有所值教育服务的题中之义。

第一节　质量与高等教育质量观的演进

“质量”概念在第一章中已经初步进行了讨论。当质量应用于教育领域时，它便成了最难界定的概念之一。1982 年，美国联合研究理事会（由美国学术协会理事会、美国教育理事会、美国研究理事会、美国社会研究理事会共同组成）和美国社会研究理事会组成的美国联合研究理事会委员会主持完成了关于美国研究型博士学位点评估总报告。在报告第三卷《工程学篇》的“方法论”开章之首的引语中写到：“质量是什么？你知道它，你又不知道它，它就是这样自相矛盾的。虽然，一些事物确比另一些事物好，就是说它们有更高的质量，但是，当你试图说明什么是质量时，除了具有质量的事物本身，却又没有什么可说的了。可是，如果你不能说明什么是质量，你又如何知道质量是什么，那么，它也完全不存在任何实际意义。但是，在人们的实际生活中，它又确实存在，不然，等级以什么为依据呢？人们又为什么愿意为某些事物付出代价，而把另一些事物扔进垃圾堆？显然，一些事物比另一些事物更好……但是什么是‘更好’呢？……如此翻来复去，伤透脑筋，但还是找不到思维的出路，质量究竟是什么?!”①

关于对高等教育质量概念的界定就有不少于十类之多：有产品说、过程说、增值说、适应说、使用说、绩效说、测量说、替代说、学术说、不可知说等②。虽然人们对高等教育质量的概念至今没有形成一个公认的统一的界定，但从不同角度给出的质量研究结论对开拓我们的视野、正确理解高等教育质量本质、准确把握高等教育质量形成的规律、科学制定高等教育质量评价标准，进而有针对性地提升高等教育教学质量无疑有着十分重要的意义。

高等教育从单一的大学发展到现今的第三级教育或中学后教育形式，不仅办学结构、层次、目标呈现出日益多样的态势，规模也呈现出日益扩大的趋势，在大众化和普及化进程中的高等教育已经成为一个庞大的系统。马丁·特罗(Martin Trow) 经典的高等教育发展三阶段理论给我们研究不同阶段的高等教育提供了有力的工具。特罗认为，高等教育量的增长必然会引起质的变化。那么质的变化是一个多维度的概念，不仅包括教育观念的改变、教育功能的扩大、培养目标和教育模式的多样化、课程设置、教学方式和方法、入学条件、管理方式以及高等教育与社会的关系一系列变化，特罗在《从精英向大众高等教育转变中的问题》③ 一文中，从十一个维度论述了高等教育发展三阶段从量变到质变的全过程。他以美国高等教育发展为例，系统阐释了高等教育从精英化、大众化到普及化的过渡。虽然“三阶段论”存在着自身的局限性，但不能否认的是，这一理论已成为各国划分高等教育发展阶段的重要依据。依据三阶段理论，美国已进入高等教育的普及化阶段，中国则正处于大众化阶段。两国都已经先后走出了精英高等教育阶段。在这一过程中，尽管两国高等教育发展路径不尽相同，但仍存在着许多共同和相似之处，如不同阶段的高等教育质量标准，这在特罗三阶段理论中已经进行了论证：精英化阶段的统一的高标准、大众化阶段的多样化标准以及普及化阶段的价值增值标准。

质量标准的不同反应的是质量观的不同。质量、质量标准和质量观构成了一个概念组，这组概念具有深刻的丰富内涵。质量是一种客观存在，一方面指它的存在形态是客观的，即高等教育质量是不以人的意志为转移的客观实在，无论人

---

① 陈威．高等教育质量概念的理论研究．http：// www.China.com.cn/Chinese/zhuanti/tqzggx/658901.htm.

② 新世纪教学研究所．中国高等教育教学质量发展报告：高等学校本科教学质量研究［M］．北京：高等教育出版社，2008.

③ ［美］马丁·特罗．从精英向大众高等教育转变中的问题［J］．外国高等教育资料，1991（1）.

们是否意识到它或意识到什么程度，它都会独立于人的意识、思想和情感而客观地存在着。它只有高低、优劣、好坏之分，而不存在有无的问题；另一方面指它的评判标准是客观的，即评判高等教育质量的高低、优劣、好坏存在着客观标准，尽管这个标准在不同条件下可能是不同的①。质量标准虽然也是一种客观存在，但它的制定在多大程度上接近质量的本质则依赖于人们对质量的认识程度，以及人们的质量观。质量观是一种主观存在，是以高等教育质量的一般含义为基础和前提的对高等教育质量的看法和观点。

观念是行动的先导，正确的质量观是高等教育健康发展的重要保证。高等教育的发展伴随着的是教育质量观的发展和演进，高等教育从精英化到大众化乃至普及化的发展过程，实际上就是质量观从单一、封闭、局部和僵化逐步迈向多样、开放、整体和发展的过程。

由单一的质量观走向多样性的质量观：在精英教育阶段，高等教育属社会紧缺性资源，只有出身好或智力特别优秀的“精英”才能接受高等教育。高等教育相对远离社会生产和社会生活，其任务就是为社会培养学术精英和统治型人才，衡量高等教育好坏的标准就是学术性，追求卓越是所有大学的奋斗目标。质量评价的主体仅限于高等教育系统内部和政府部门。因此，在精英教育阶段，高等教育质量的含义单一、标准单一和评价主体单一。

高等教育进入大众化后便不再属社会紧缺性资源，其含义发生了根本变化，接受高等教育成为每个公民的义务和权利，高等教育发展呈现多样化特征，如高等教育的需求多样化、办学主体多样化、培养目标多样化等。高等教育多样化要求建立多元化的质量标准，不能仅仅以学术导向质量观来评判高校的办学质量或人才培养质量，而要根据不同类型、不同层次、不同的培养目标和社会职能衡量高等学校的质量水平。质量评价主体也不仅仅限于高等教育系统内部和政府，还包括用人单位、产业部门等社会各界以及受教育者个人，质量评价主体走向多元化。因此，高等教育的质量观日益多样化。

由封闭的质量观走向开放的质量观：在精英教育阶段，高等教育崇尚“大学自治”、“学术自由”，大学被称为“象牙塔”，高等教育质量评价的主体限于高等教育系统内部，从质量标准的制定、质量的管理到质量的保障，都在封闭的高教系统内部进行。高等教育的质量观是独立于社会之外的封闭的质量观。高等教育进入大众化阶段后，与经济和社会发展的联系日益密切。质量评价的主体不仅仅

① 林永柏. 再论高等教育质量的基本特征［J］. 现代教育科学，2007（6）：1-9.

是高校自己或高等教育系统内部，还包括政府、市场和社会各界。社会各方共同参与质量标准的制定、质量的管理和保障。高等教育的质量观日益由封闭走向开放。

另外，在高等教育的国际化趋势日益明显的前提下，由于世界各国的高等教育有着相同的本质和共同的特征，人们正致力于并有可能建立一种世界通用、国际公认的共同标准，并努力与各国自己的质量标准相衔接，从而使质量观在充分考虑各国高等教育自身实际的基础上日益迈向国际化。

由局部的质量观走向整体的质量观：随着人们对高等教育本质、规律认识的逐步深化，人们对高等教育质量的理解和认识也日益成熟、全面和辩证。以前人们更多地从人才培养等办学过程的某一方面、某一环节、某一过程来评判质量，现在已逐步发展到用系统的、全面的、辩证的眼光来考察高等教育的质量。比如，古典的质量观将大学视为理想化的学术组织，以学术为最高和最终目标，主张对学生进行最广泛的“博雅教育”，在今天看来，这种质量观过于理想和浪漫。而近代实用主义则与之相反，它高度重视高等教育的社会经济功能，将高等教育更多地与职业、市场相联系，满足市场需求是其最高目的，主张对学生进行专业化、职业化的训练，这种质量观过于现实，使大学缺乏远大理想。随着高等教育的发展和时代的进步，这两种质量观都意识到自身的缺陷和不足而相互吸取对方的优点和长处，从而使两者趋向融合，使质量观的发展呈现由局部、单一走向全面和辩证。

由僵化的质量观走向发展的质量观：历史上的高等教育曾脱离社会的变化发展，处于相对独立的状态，评判高等教育质量的标准也相对稳定。当今的高等教育日益从社会边缘走向社会关注的中心，其发展已成为社会的主题。人们更多地用发展的眼光来衡量和评价高等教育的质量，从而逐步树立发展的质量观①。

在多层次多类型的高等教育系统中，营利性高校作为其中的成员，其职业性、成人性、实践性、及时性等特点得到了人们的认可，而营利性特点也在人们实用性的教育需求面前变得合理，其质量观自然与这些特点相联系。营利性高校在当代的繁荣得益于高等教育质量观的发展和转变，多样性、开放性、整体性、发展性的高等教育质量观为营利性高校的发展打开了思路。

第二节　质量保障运动与营利性高等学校的教育服务

营利性高等学校的繁荣与世界高等教育质量保障运动的兴起基本处在同一时

① 李正．若干高等教育质量观述评［J］．高等理科教育，2004（1）：35-39.

期，这不是巧合，而是存在着密切的内在联系。

一、高等教育质量保障运动

高等教育质量保障是20世纪80年代以来高等教育发展进程中引人关注的一个议题。高等教育质量保障运动发端于西方国家，尤其是西欧的荷兰、英国，北美的美国、加拿大及大洋洲的澳大利亚等都是高等教育质量保障运动的积极推动者和参与者。荷兰政府于1985年就发布了高等教育政策报告书——《高等教育：自治与质量》。政府允诺，“如果大学能够保证其质量的话，政府将给其更多的自治与更大的制定学位或课程计划的自主权”。也就是说，政府与高校之间达成了以质量换自主权的“协议”①。自此，西方国家开始了大规模的高等教育质量保障实践和研究活动，被称为高等教育质量保障运动（Higher Education Assurance Movement）。

该运动兴起的原因主要包括以下几个方面：经济全球化发展与劳动力市场的国际化使得各国对人才的竞争不断加剧，同时，高等教育国际化和国际性的人才市场也要求高等教育质量具有跨国界的可比性；高等教育的规模扩张已经是一个世界趋势，西方国家高等教育大众化乃至普及化进程加快，在这个过程中，数量与质量的矛盾成了一个国际性问题；政府对高等教育的投入日益紧张，而高等教育经费却不断上涨，高校必须在有限的经费条件下保持和提高教育质量以求生存和发展。基于以上原因，质量保障成为各国推进高等教育发展、提升国家竞争力的一项重要举措。与此同时，当时已经在工商业界被广泛认可的质量管理理论和方法也不失时机地成为高等教育质量保障的理论参考和方法借鉴。

虽然各国高等教育发展的阶段和规模、质量不尽相同，但有远见的政府都意识到，树立质量保障理念、建立完善的质量保障体系是高等教育大众化和普及化时代的必然要求，因此，发展中国家在20世纪90年代初也开始关注并实践高等教育管理新理念，高等教育质量保障运动在世界范围内兴起。各国不仅关注本国的高等教育的质量，探寻解决问题的有效方法，同时也特别关注别国实践经验，随即，该领域的国际合作迅速展开，1991年，高等教育质量保障国际会议在香港举行，成立了国际高等教育质量保障机构网络组织（INQAAHE），并开始在世界范围内发行质量保障快讯，专门报道世界各国高等教育质量保障信息。1995

---

① 陈玉琨，代蕊华，杨晓江，等．高等教育质量保障体系概论［M］．北京：北京师范大学出版社，2004：3.

年，INQAAHE 创办质量保障专刊《高等教育质量：理论与实践》，为世界高等教育的发展搭建交流平台。

1998 年在法国巴黎召开的世界高等教育大会上，高等教育的针对性、质量、管理和国际化作为主要议题被写入了其行动纲领《二十一世纪高等教育：展望和行动世界宣言》，高等教育质量作为主要议题之一，得到了应有的重视和讨论，宣言认为，高等教育的质量是一个多层面的概念，包括高等教育的所有功能和活动：教学与学术计划、研究与学术成就、教学人员、学生、校舍、设施设备、社会服务和学术环境等，同时，还包括国际交往、知识交流、人员流动、国际研究项目等。对高等教育质量问题的关注既是高等教育大众化向纵深发展的必然，也是高等教育对科技进步、国际竞争力提升以及社会和个体发展影响越来越大的结果。由于各国历史文化传统和社会发展环境的差异，其高等教育质量保障体系也显示出不同的特色。根据政府、学校和社会三方在质量保障体系管理中的角色扮演情况，西方高等教育质量保障体系大致可分为政府部门主导型；政府、学校、社会共同参与型；民间型。或称为大陆模式、英国模式和美国模式。还有学者称为质量检查评估模式、质量审核模式、质量认证模式。政府主导型的国家包括法国、荷兰、丹麦等；政府、学校、社会共同参与型的国家包括英国、澳大利亚、日本等；民间型的国家最典型的就是美国。三种类型各有优缺点，如美国的民间模式，其优势是评估市场发育成熟，既有对学校整体办学水平地区性认证的机构，也有专业认证的自愿联合体（ABET）；政府重视对评估机构的认证；社会参与度高。其劣势表现在政府很难体现自己的导向，与评估机构之间的协调难度较大。从西方国家高等教育质量保障模式的发展趋势来看，多种模式的交叉使用已经被各国视为必然。如分权化的美国在不断改革保障模式，逐步加强政府在高等教育质量保障中的作用；欧洲大陆模式的国家在改革中央控制模式，探索分权式质量保障模式，法国政府正在进行两个方面的改革：一是减少对高校的过度控制，二是通过评估制度保障质量，并逐步与拨款制度相结合；英国高等教育质量保障模式则有向中央集权发展的趋势。各国政府在教育评估中的职能和作用与该国的教育管理传统密切相关，当前已呈现出从中央集权和地方分权向集权与分权相结合型过渡的趋势。中央集权制的国家越来越重视利用立法、财政等手段对高等教育进行宏观管理，同时，在加强管理的前提下，发挥地方、学校和个人的积极性和主动性；分权制国家则注意加强宏观管理，通过完善法规加强对评估机构的监督①。

---

① 张伟江，李亚东，等. 大众化高等教育的质量保障与评价［M］. 北京：高等教育出版社，2011.

二、营利性高等学校的教育服务

1. 教育服务

尽管教育服务的概念在近十几年才被人们所熟悉，但早在马克思的著述中对此就有过十分精辟的解释：“有些服务是训练、保持劳动能力，使劳动能力改变形态等等的，总之，是使劳动能力具有专门性，或者仅仅使劳动能力保持下去，例如学校教师服务（只要他是‘产业上必要的’或有用的）、医生的服务（只要他能保持健康）保持一切价值的源泉即劳动力本身——购买这些服务，也就是购买提供‘可以出卖的商品等等’，即提供劳动能力本身来代替自己的服务，这些服务应加入劳动能力的生产费用或再生产费用。”① “服务这个名词，一般地说，不过是指这种劳动所提供的特殊使用价值，但是这种劳动的特殊使用价值在这里取得了‘服务’这个特殊名称，是因为劳动不是作为物而是作为活动提供服务的。可见，这一点并不使它例如某种机器（如钟表）有什么区别。”② “对于提供这些服务的生产者来说，服务就是商品。服务有一定的使用价值（想象的或现实的）和一定的交换价值。”③

教育服务作为一个科学概念，只能是从教育本身作为一种服务产品来理解。教育服务理论是以教育服务产品为基本概念，以其提供、生产、消费、交换为基本逻辑框架构建的。其基本观点是：教育提供的非实物劳动成果也是一种产品——服务产品，这种产品具有非实物使用价值。只要它是为交换而生产的，就是商品，也就具有使用价值和价值二重性。其价值是教育服务产品的生产者（教师）的劳动力耗费的单纯凝结，是教育工作者劳动创造的，并非是从任何别的领域转移或再分配过来的。因为教育服务具有商品属性，所以，围绕教育服务发生的供求双方的交换关系形成了教育服务市场；在教育服务市场中交换双方的主体是学校（作为生产的组织及其生产者的教职员工）和学生及其家长，学校是教育服务产品的生产者和供给者，学生、家长、企业、政府则是教育服务产品的消费者和需求者。学校和学生之间的关系，从经济学角度看是围绕教育服务产品所发生的商品交换关系；教育服务的生产是教育产业的核心，学校作为教育服务产业

---

① 马克思恩格斯全集（26卷）第1分册 [M]. 北京：人民出版社，1979：159.
② 马克思恩格斯全集（26卷）第1分册 [M]. 北京：人民出版社，1979：453.
③ 马克思恩格斯全集（26卷）第1分册 [M]. 北京：人民出版社，1979：149.

的主要生产机构，其基本功能就是提供优质教育服务①。

当教育服务作为商品在国际间进行贸易活动时，人们意识到，教育服务不仅体现在顾客至上的服务理念上，还体现在利润的赢取上。世贸协定彰显了教育服务尤其是高等教育服务鲜明的营利性一面，如今，教育服务的理念已经深入到各级各类教育当中，而营利性高等学校则是全方位在实践着教育服务的理念。

2. 营利性高等教育服务的特征

教育是一种具有正外部效应的准公共产品，相对于义务教育来讲，高等教育作为非义务教育，其产品性质更接近私人性质。因此，高等教育产品的供给既可以由政府承担，也可以由私人提供。由政府承担是因为政府要履行其维护社会公共利益的职能。但政府的供给往往由于投入成本过高而使供给数量有限，同时，由于过于规范、缺乏灵活性，也就使供给机制相对僵化、稳定、不受偏好的影响，供给水平在某种程度上低下等。因此，高等教育还需要多元化的供给主体，以弥补政府提供的不足。同时，高等教育产品的私人属性也决定了其由市场提供的可能性：一方面，由于对高等教育有超额需求的存在，根据供求决定价格，为市场提供有了动力机制。另一方面，市场化的高等教育供给主体会根据市场的需求状况及时做出反应，调整供给结构，迎合市场变化。在教育市场中，优质教育，有特色、有品牌的教育，是社会稀缺资源，人们会竞相购买，于是就形成了社会对教育的消费性选择，教育供给主体便在追逐自身利益的同时，满足了人们的需求，并为社会带来各种利益。在健全的市场经济体制中，与人才直接有关的市场有两类：一类是高等教育供需市场；另一类是人才劳务市场。人才是供需市场中的买方，是劳务市场中的卖方。在高等教育供需市场中，学生与学校构成买卖双方。作为卖方的学校向学生出售教育服务这一特殊商品，使知识和技能内化为学生的物质创造力即高级劳动力。学生构成教育劳务的买方向学校缴费。

同非营利性高等教育相比，营利性高等教育的特征主要表现在以下几个方面：

自主性。营利性高等学校的办学主体是独立的个人或社会组织、公司等，在遵守国家法律、法规的前提下，学校有权根据学生的需要，自主设计学校的管理模式、自主安排教育教学内容和教学方式。

灵活性。营利性高等学校往往与市场关系密切，它们高度关注市场需求，根据市场变化及时调整课程方案和教学方式。它们经费筹措渠道广泛、教学方式灵

---

① 教育服务理论提出及其实践价值. http//tianhanzu. blog. sohu. com/59567844. html.

活多样、招生标准不拘一格，与社会各界更容易建立起良好的信息、沟通和反馈网络。同时，学校内部人事制度也更为灵活。

及时性。营利性高等学校不会将科学研究和对学生基础理论研究能力的培养作为自己的主业，它们开设的课程必须是经过市场调研，确认这些课程是当前和今后市场所需要的。同时，课程开发的速度是相当及时和迅速的，一门新课程从开发到启用只需数月的时间，而且会很快“复制”到其他各个分校。

独特性。营利性高等学校想要在众多高校中占有一席之地，就必然要做出自己的特色，不论在管理方式、教学方式上，还是在课程设计上都有自己不俗的表现，进而树立起属于自己的品牌形象。

职业性。职业性是营利性高等学校起家的法宝，也是与非营利性高等学校相比的优势之处。虽然经过多年的发展，不少营利性高等学校开发出一些学术性项目对非营利性高等学校形成进一步的冲击，但是，营利性高校要想进一步繁荣发展，其教育服务的职业性必须得到坚持和深化。

3. 营利性高等教育服务的传统质量形象

过去很长一段历史中，甚至包括现在，主流高等教育领域对营利性教育有一个固定的看法是，营利性高等学校提供的教育是劣质的，在许多人心目中，营利与劣质是近义词，利润、市场与服务学生和社会是对立的。不能否认，由于教育效果的长期性和滞后性，对教育质量的评价成了复杂和不断在探索的专门学问，甚至有些教育领域的专家学者对教育质量的可测性都信心不足。早期大学的宗教色彩让教育的公益性质日渐突出，非营利性的、公益性的活动往往寄托着人们对高尚道德情操的希望和信心，教育的公益性让人们相信它的质量，以至于人们形成了一种思维模式和惯性，认为只要学校营利了，质量必然就不保了。直到非营利性高等学校的低效，尤其是一些人们心目中的名校暴露出贪污、腐败、欺诈丑闻后，人们才意识到，非营利并不是高质量的决定因素，非营利不等于高质量。但是，我们应该清醒地认识到，当传统非营利性高等学校的教育质量受到质疑时，并不能就此认为拯救营利性高等学校的低质量传统形象就成为轻而易举的事。质量保障运动的兴起符合了高等教育发展的时代要求，对非营利性高等学校来讲，质量保障运动是转变管理理念和手段、提升教育质量的机会，对营利性高等学校来讲，质量保障运动是提升教育质量、改变传统形象的机会。

三、质量保障思想与营利性高等教育服务的内在联系

在质量保障已经成为世界高等教育重要管理思想的当今，我们回顾质量保障

思想产生的根源时会发现，营利性高等教育服务与质量保障思想具有“经济学意义”上的内在一致性。我们再审视当今的高等教育质量保障时会发现，营利性高等教育服务与质量保障思想还具有“教育学意义”上的内在一致性。

1. 营利性高等学校的企业性质：无障碍运用全面质量管理的基础

企业界质量管理从 20 世纪 60 年代进入全面质量管理阶段，随后又在全面质量管理的基础上发展出 ISO 系列国际标准，开启了质量管理的标准化时代，由此掀起了一股世界范围内的质量保障热潮。

全面质量管理（TQM）概念最早是由美国通用电气公司的费根堡姆和质量管理专家朱兰提出的。它是在传统的质量管理基础上，根据科学技术的发展和经营管理上的需要发展起来的。全面质量管理是一种由顾客的需要和期望驱动的管理哲学。全面质量保障以质量为中心，建立在全员参与基础上的一种管理方法，其目的在于长期获得顾客满意、组织成员和社会的利益。ISO8402 对全面质量保障的定义是：一个组织以质量为中心，以全员参与为基础，目的在于通过让顾客满意和本组织所有成员及社会受益而达到长期成功的管理途径。费根堡姆对全面质量管理的定义：“为了能够在最经济的水平上，并考虑到充分满足顾客要求的条件下进行市场研究、设计、制造和售后服务，把企业内各部门的研制质量、维持质量和提高质量的活动构成为一体的一种有效的体系。”具体来说，全面质量保障蕴涵着如下含义①：

强烈地关注顾客。从现在和未来的角度来看，顾客已成为企业的衣食父母。“以顾客为中心”的管理模式已经受到企业的高度重视。全面质量管理注重顾客价值，其主导思想就是“顾客的满意和认同是长期赢得市场、创造价值的关键”。为此，全面质量管理要求必须把以顾客为中心的思想贯穿到企业业务流程的管理中，即从市场调查、产品设计、试制、生产、检验、仓储、销售到售后服务的各个环节都应该牢固树立“顾客第一”的思想，不但要生产物美价廉的产品，而且要为顾客做好服务工作，最终让顾客放心满意。

坚持不断地改进，提高组织中每项工作的质量。全面质量保障是一种永远不能满足的承诺，“非常好”还是不够，质量总能得到改进，“没有最好，只有更好”。在这种观念的指导下，企业持续不断地改进产品或服务的质量和可靠性，确保企业获取对手难以模仿的竞争优势。全面质量保障采用广义的质量定义。它不仅与最终产品有关，还与组织如何交货、如何迅速地响应顾客的投诉、如何为

---

① 全面质量管理．http://baike.baidu.com/view/47270.htm.

客户提供更好的售后服务等都有关系。

精确地度量。全面质量保障采用统计度量组织作业中员工的每一个关键变量，然后与标准和基准进行比较以发现问题，追踪问题的根源，从而达到消除问题、提高品质的目的。

向员工授权。全面质量保障吸收生产线上的工人加入改进过程，广泛地采用团队形式作为授权的载体，依靠团队发现和解决问题。

营利性高等学校作为提供教育培训服务的营利性组织，其经营模式与企业相同。在根源上，营利性高等学校提升质量是为了赚取更多的利润，与生产性企业一样为利润所驱动，它们为吸引更多学生顾客，销售更多高质量服务，必须坚持顾客至上理念，不断改进每个环节的服务质量，让每位教职员工和学生参与到质量提升的每个环节。所以，以全面质量管理思想作为营利性高等教育服务质量保障的依据是自然和契合的。

2. 营利性高等学校的服务内容：实施教育质量保障的必然要求

高等教育领域兴起质量保障运动，其原因我们在前面已经简单谈过，这里我们再简单分析一下该运动兴起的两条路径：一条是对全面质量保障的借鉴；另一条是教育评价活动的深化、结构化与系统化。对借鉴全面质量保障思想建立起高等教育质量保障体系，虽然还有一些难题需要研究和克服，甚至有人质疑全面质量保障运用于高等教育领域的可能性及其效果，但这丝毫不影响高等教育界受其启发在本领域进行质量改进的努力和探索。而且，全面质量保障背后所支撑的系统科学和行为科学在高等教育管理中也早已被广泛应用。同时，由于全面质量保障活动是建立在社会大网络的基础之上的，随着社会进步和现代企业制度的完善，近些年来，企业界的质量管理目标正在发生转移，逐步从“追求企业利益最大化”向“体现企业的社会责任”方向转移，这也为始终关注自身社会责任的高等教育领域所欣赏。高等教育评价活动在西方已有很长的历史，自 19 世纪 30 年代“教育评价”概念被泰勒提出后，经过八十多年的发展，西方国家已经发展出多种评价模式，如泰勒模式、CIPP 模式、应答模式、目标游离模式、发展性评价模式等，但不论何种评价模式，都是根据既定的质量标准对高等教育活动及其效果进行价值判断，并在此基础上采取适当的控制措施，预防质量不达标服务或产品的出现。从质量评价到质量保障，反映的不仅是概念上的不同，而且是管理理念上质的飞跃。质量保障是以质量评价为基础，依据一系列质量标准、工作程序与规章制度，在每一位教职员工和学生的全力参与下，以质量为核心，以学校利益相关者满意为目标的学习、教学和管理活动。

借鉴全面质量管理理念，在深化教育质量评价的基础上，高等教育质量保障得以形成和发展。西方国家高等教育市场取向改革推进了质量保障运动的进程，加速了质量保障运动向世界其他国家和地区的推进。在这个过程中，营利性高等学校始终作为局内人参与其中。作为高等教育系统的一个组成部分，营利性高等学校提供的是教育服务，它的服务对象是学生，目标是促进学生的知识更新和技能提高，以期更好胜任现任工作、成功转换工作岗位或找到称心工作岗位。从教育学意义上来讲，学生的发展依赖高质量的教育过程，教育规划、教学过程、课程目标、教学计划、组织实施等环节无一可以离开质量保障的范围，营利性高等教育服务的内容本身也要求质量保障必须介入其中。

第三节　小　　结

不论是非营利性高等学校还是营利性高等学校，也不论是精英化、大众化还是普及化高等教育，教育质量总是一个永恒的主题，只是人们对质量的认识和看法存在着程度和角度的不同而已。而质量问题受到空前关注是在高等教育大众化阶段到来之时。对高等教育质量的高度关注首先从西方国家开始，伴随着西方国家高等教育大众化乃至普及化阶段的进程，数量与质量的关系、高校自治与教育质量的关系、教育投入与产出的关系等成为高等教育研究热点和实践难点。已经在企业界被广泛应用的全面质量管理理论成了西方高等教育改革的一个有力武器，此时的高等教育评价活动也在不断深化中，而高等教育市场取向改革浪潮无疑为质量保障运动的形成和拓展提供了动力。质量保障成为各国政府促进本国高等教育发展的重要手段，也成为各高等学校的工作重点，无论这些高等学校是营利性的还是非营利性的。

营利性高等学校是市场的产物，也是高等教育市场取向改革的受益者，其组织的企业性质和服务内容的教育性质曾经是其发展的阻碍，但当今的营利性高等学校却是在20世纪后期开始逐渐站稳了脚跟，并迈着矫健的步伐快速发展，其原因是多方面的，但遵循市场规则，为学生消费者提供物有所值的教育服务则是营利性高等学校成功的法宝，不容我们怀疑。物有所值的教育服务一定是质量值得信赖的教育服务。那么，值得信赖的质量从何而来，那就是借助企业质量管理理念，研究教育服务的特性，结合两者的特点，开展切合学校实际的质量保障活动，实际上，这也是整个高等教育系统质量保障的一部分。

第六章　外部质量保障

与欧洲国家相比，美国高等教育自成体系，独具特色。在美国过去相当长历史阶段，全国并不存在统一的教育管理机构。美国宪法规定，州与各级地方政府对各自的教育负责，高等教育也不例外。联邦政府并不直接干预高等学校的日常运作，只是通过立法、资助等间接地对高等教育施加影响。这一传统对高等教育质量评估影响深远，它的直接后果就是美国高等学校的质量评估不是由中央政府进行的，而是由各级专门机构与民间组织发起的，形成了特色鲜明的美国高等教育质量保障模式。不仅具有非官方性，同时得到政府的支持与认可，具有权威性，这是其基本特征。该模式在市场机制中发挥作用，政府在不干预学校自主权的前提下，进行教育经费的分配，学校可以依据评估结果向政府提出自己的要求，社会可以利用评估结果选择学校专业和毕业生。依照保障主体的不同，高等教育质量保障体系分为外部质量保障体系和内部质量保障体系。我们这里谈的实际上就是高等教育外部质量保障体系。美国高等教育外部质量保障体系包括以高等教育认证（Accreditation and Recognition）为核心的一系列保障举措，例如高等教育鉴定（Accreditation）与认可（Recognition）、大学排行、博士点评价、跟踪研究等，这里主要探讨高等教育鉴定机构在行使传统鉴定职责的同时，面对营利性高等学校的发展现状作出的反应，以及对营利性高等学校的态度及相应的措施。鉴于政府在营利性高等学校发展过程中起到的越来越重要的作用，而且，联邦政府本身就是高等教育认证的主动参与者，州政府对营利性高等学校的准入和资金投入负有直接责任。认证机构、联邦政府和州政府是美国高等教育质量保障的三股主要外部力量。对于营利性高等学校，尤其是新型的上市教育公司，除了需要接受以上三股外部力量的质量监控，还要接受来自股东、证券交易委员会、联邦贸易委员会、司法部等部门的监控。我们将主要对联邦政府、州政府和认证机构在外部质量保障方面的作用进行比较详细的讨论。

第一节　美国联邦政府的管理

2001年，阿波罗集团首席发言人萨莉·斯多普（Sally Stroap）被布什总统任命为教育部中学后教育助理秘书。职业学院协会（the Career College Association）的代表认为："对斯多普女士的任命实际上是在传达这样一个最新信息，即布什政府不再允许教育部将营利性高等教育机构视作二等公民。"① 历史上的营利性学校由于处于正规教育体系之外，一直未受到"干扰"，联邦政府并未对它有太多作为。随着营利性教育的发展，特别是受教育人数的大量增加，进一步促进了营利性教育的发展。联邦政府逐渐将其纳入自己的管理视域内，当然，这种管理同样也是宏观的间接管理，主要通过立法、资助和对鉴定机构的认可等方式进行。

一、颁布法律法规

根据美国全国教育统计中心统计，从美国建国到1978年间，美国国会共通过有关教育立法87项，大多数是20世纪40年代以后颁布的，其中影响最大的是1958年颁布的《国防教育法》和1965年颁布的《高等教育法》及1968年和1972年的两个修正案。

1944年《退伍军人法》的颁布使得就读于营利性高校的学生获得了接受联邦经费资助的资格。1972年的《高等教育法》修正案提出了主要的学生助学项目——佩尔助学金项目（Pell Grants），该项目的本质是按需获得助学金项目，而非择优奖励的奖学金项目，其目的在于给最需要得到帮助的低收入家庭的学生提供紧急支持。同时，议会赞赏市场手段，认为应该直接资助学生，然后由学生自由选择学校或专业。为此，在学生资助法案中，用"中学后教育"一词取代了"高等教育"，使获得资助资格的范围扩大到了营利性学校提供的短期职业培训项目。受资助的高校和专业的大量增加不仅扩大了学生的就学机会，也增加了学生对学校的选择性。1992年的《高等教育法》修正案要求教育部为高等学校建立一个财务责任标准，包括经营亏损、资产净值、经营资金赤字和资产负债率等。

---

① Jeanne McClellan. Higher Education Leadership: Presidents and CEOs in For-Profit, Publicly Traded Colleges and Universities. 2005, 8. http://wwwlib.global.umi.com.libecnu.lib.ecnu.edu.cn/dissertations/fullcit/3082898.

1997年11月，这一标准进一步严格，初始准备金率、净收入率、股东权益比率被分别用来测算营利性学校财务的可行性和流动性、结余能力和资金周转能力、长期偿还财务的能力，如果由三项指标得出的综合数值大于或等于1.5，表明该校在财务责任的履行上是可靠的，可以参与学生资助计划，如阿波罗2004年综合数值高达3.0，其财务责任的履行能力值得信任；如果数值在1.0以下，而且也不能提供额外担保，则该校不能继续参与学生资助计划；如果分值在1.0～1.4之间，该校虽可参与计划，但需要接受特别的支付要求及教育部更严格的监督，其调整期为三年①。

二、提供学生资助

到20世纪90年代，联邦政府通过助学金、担保贷款、勤工俭学等方式，每年用于支持和帮助学生的经费超过350亿美元。以1995年—1996年度为例，在总共505亿美元的中学后教育资助经费中，来自联邦政府的资助占65.7%，其中，贷款287亿美元，补助金和勤工俭学87亿美元；来自州政府的补助金为30亿美元,约占6%；大学或其他来源的资助金约为100亿美元，约占20%。联邦政府学生资助项目几乎使所有的中学后教育机构受益。直接受益的学生占到了学生总人数的三分之一。但各类高校的参与率有所不同。其中，非营利性私立高校占38%，公立本科学校占31%，公立两年制院校占18%，营利性院校参与率最高，达到67%②。

1. 学生资助类型

性质各异、数量众多的资助项目构成了美国大学生资助政策的主体。从资金来源看，大致可以分成联邦政府资金（包括政府担保的银行资金）、州政府资金、高等院校资金以及慈善团体资金。其中联邦政府是最大的资助者。从资助性质看，可分为助学金、贷学金、校园工读和奖学金等四类。1996年—1997年度美国大学生资助资金的来源及性质结构为：联邦政府贷学金287.07亿美元，占57%；联邦政府助学金、奖学金和工读金计划86.57亿，占17%。营利性高等学校参与率最高的是联邦政府“以需要为本”（Need Based）的经费资助项目。这里简略介绍联邦政府的八个“以需要为本”的项目③。

---

① 美国新型职业院校教育. http://wenku.baidu.com/com/view/.

② 乔玉全. 21世纪美国高等教育［M］. 北京：高等教育出版社，2001.

③ 张民选. 美国大学生资助政策研究［J］. 高等教育研究，1997（6）：88-93.

(1) 佩尔助学金（Pell Grants）

该项目依据1972年《高等教育法》修正案设立。这是美国目前最重要的助学金项目。它的资助目标是促进机会均等，向最低收入家庭学生提供经济资助。该助学金的特点有：第一，只有最贫困的学生才能获得此项助学金。第二，只解决部分经济困难。因此，接受了此项资助的学生还需要申请贷学金和勤工俭学。第三，所有符合条件的学生，无论在哪所被认可的高校就读，都能直接从联邦政府获得此项助学金。

(2) 补助教育机会助学金（Supplemental Educational Opportunity Grants）

该项目依据1965年《高等教育法》设立，其资助目标是特别困难的大学生。与佩尔助学金不同的是，联邦教育部只是酌情提供而不保证所有符合条件的学生都能获得。

(3) 帕金斯贷学金（Perkins Loans，原"国防贷学金，National Defense Loans"）

该项目依据《国防教育法》设立，20世纪80年代起改称帕金斯贷学金。1994年，该项贷学金的最高借贷金额是3 000美元。此项贷学金的宗旨是：为了国家利益，资助贫困学生，造就国家所需人才。与此目标相一致的资助条件和优惠有：第一，资助对象是"家庭经济状况低下的学生"。第二，学生在校学习期间的利息由政府支付，还款期间的年利率仅为5%。第三，借贷的学生毕业后，如参军服役、到特定公立中小学任教等，可以部分或全部免还贷学金。

(4) 斯塔福贷学金（Stafford Loans，原"国家担保贷学金，Guaranteed Student Loans"）

该项目依据1965年《高等教育法》设立。1978年《中等收入学生协助法》颁布后规模扩大，20世纪80年代之后改称斯塔福贷学金。该项贷学金由商业银行提供资金借贷，联邦政府为学生提供担保。资助对象是"有经济资助需要的学生"，以帮助他们扩大选择机会。由于这个目标比较宽泛，所以，每年发放资金占全国资助资金总额的三分之一以上。"斯塔福贷学金"方案分为"政府贴息"和"不贴息"两种，还款利率高于"帕金斯贷学金"，1994年政府规定不超过8.5%。

(5) 大学生家长贷款（Parent Loans for Undergaduate Students）

该项目设立于1980年。这也是一项政府担保资助，有子女在大学学习、并有良好银行信贷记录的家长，可以向商业银行申请借贷。政府规定利率不超过9%，仍低于普通商业贷款。

(6) 联邦直接贷学金 (Federal Direct Student Loan)

1993 年，美国国会通过了《助学贷款改革法》，规定从 1994 年 7 月开始实施联邦直接学生贷款计划 (FDSLP)，联邦教育部是该贷学金的借贷人，实行由联邦教育部直接发放和回收助学贷款。

(7) 工读方案 (College Work-Study)

方案依据 1964 年颁布的《经济机会法》设立。1965 年《高等教育法》颁布后转由教育部管理，政府资助经费也大大增加。此方案规定其最低工资不得低于美国的"最低工资标准"，即每小时不低于 4.5 美元。

(8) 国家服务计划 (National Service Pragram)

该计划是克林顿在 1993 年推出的一个鼓励学生参加社会服务获得报酬、克服经济困难的方案。其具体操作办法是：每个学生在四年中可以参加 1 700 小时社区服务，获得 4 725 美元的工资以及至少 7 400 美元的生活及其他津贴。

另外，联邦政府还每年提供一些专项资助。如"全国科学基金会奖学金"、"罗伯特·C·贝德荣誉奖学金"、"保尔·道格拉斯师范教育奖学金"、"退伍军人助学金"等。美国政府把这些以学业优异程度或其他特定条件为资助标准的项目，统称为"不以经济需要为本的资助"。在联邦政府的资助资金中，这类资助的比例虽然目前还很小，但却有增长的趋势。此外，为解决受助机会平等的问题，美国政府还采取了"资助包" (Financial Aid Package) 方式。

营利性高校在众多的政府资助项目中获益匪浅。单就佩尔助学金一项，在联邦政府新修订的《高等教育法》实施的 1973 年—1974 年间，7%的佩尔助学金被营利性学校的学生获得，而到了 20 世纪 80 年代末，该比例上升到接近 30%。

2. 规范资助管理

针对营利性高校在财务资助方面的欺诈行为，1992 年美国国会修订了《高等教育法》，加强了对高校产出质量的监控，导致营利性高校得到的资助数量大大减少，大批营利性高校破产。但是，这些措施推进了营利性高等学校的改革，使其更加关注教学服务的质量，提高了学生服务的水准，从而在一定程度上改变了公众对营利性高等学校的看法。

联邦政府对那些被调查出在办学中有违规行为的学校实行惩罚。如 2004 年，凤凰城大学被查出违反联邦规定将雇员工资与注册学生人数挂上钩，结果凤凰城大学被处以 980 万美元的罚款。教育部的调查报告认为，凤凰城大学的招生人员在巨大的商业促销压力下工作，因为学校只根据他们招收上来的学生人数决定他们工资的多少。调查报告还指出，许多招生人员认为，尽管凤凰城大学一度以学生的需求为中心，强调学生的品德行为，但现在的文化氛围已经转向关注学生人数、股票价格及华尔街的需要。面对联邦教育部的处罚，凤凰城大学虽然进行了尽力的辩护，但最后依然如数缴纳了罚款。教育部对贷款拖欠率提出要求，凡具有获取学生贷款资格的院校，贷款拖欠率必须连续三年低于 25%。通过这一系列举措，教育部对营利性高校经营活动的监控对规范营利性高校的办学行为和教育质量起到了有力的保障作用。

三、参与认证活动

1. 对鉴定机构进行认可

认证制度是美国高等教育领域一项重要的管理手段和质量保障模式。认证制度包括两个层次：鉴定和认可。“鉴定”是鉴定机构对高校合格标准的审查鉴定，而“认可”则是高等教育鉴定委员会（CHEA）及联邦教育部（USDE）对鉴定机构的资格认定。鉴定完全是一种民间行为，而认可由于有了联邦教育部的参与则带有官方色彩。教育部认可的鉴定机构的服务对象是要寻求联邦政府资助资格的高校或专业。二战后，营利性高校逐步争取到了鉴定机构的鉴定，尤其是经过联邦教育部认可的鉴定机构的鉴定。所以，教育部对鉴定机构的评审认可，实际上也是间接对营利性高校起到了一种管理规范作用。

联邦政府对鉴定机构的官方认可始于 1952 年，当时，为了纠正和防止联邦政府学生资助贷款的滥用及相关学校的欺诈现象，美国国会要求联邦政府教育专员公布“全国认可的鉴定机构名单”。第一份公布在联邦政府记录上的鉴定机构名单和认可标准，是略微修改后的全国鉴定委员会（NCA）制定的标准及其鉴定机构名单。当时，联邦政府认可名单上的鉴定机构只有 20 多家，而且，名单中大量的是专业鉴定机构。这是美国联邦政府第一次通过认可手段影响高等教育的发展。

20 世纪 60 年代前后，随着高等教育的迅速扩张和联邦政府对高等教育投入的增加，鉴定结果对于高校是否获得联邦政府资助项目的资格越来越重要。联邦政府也可以因此调整认可规则使认证机构符合联邦政府的利益。因此，也不再只是简单接受行业认可机构所提供的有关信息。1969 年，联邦政府公布了新的认可标准。由于一些新的鉴定机构试图借助华盛顿的顾问们按照标准准备书面材料而不是经过真正的鉴定实践来达到认可标准，为此，新的规则要求申请人必须有至少两年的鉴定实践并鉴定过六个左右的学校和专业后才有资格申请认可。1974 年，联邦政府再次修订规则，增加了鼓励实验和创新、聘请公众代表参与认证的决策过程等要求。此时联邦政府认可名单上的鉴定机构已有 50 多家。

1988 年 7 月，教育部公布了新的鉴定机构的认可标准。比较教育部和中学后鉴定协会（COPA）的认可标准，两者内容相同的部分已经从 20 世纪 80 年代初的 60%下降到了 20 世纪 80 年代末的 40%。1992 年 7 月，美国《高等教育法》修改生效，修改后的教育法把对鉴定机构的认可过程要求列入其中。一些原本被认可的鉴定机构由于不符合新的认可规定而未被列入教育部的认可名单中①。

认可通常每五年进行一次。认可步骤主要包括：鉴定机构提出申请并经过教育部审核、组织专家对鉴定机构进行实地考察、教育部将审核和考察结果推荐给国家高校质量和信誉咨询委员会（NACIQI）。该咨询委员会判定鉴定机构是否通过认可，最后将认可结果报告教育部部长②。

2. 进行认证改革

作为分权制的国家，美国传统的高等教育质量认证制度体现出鲜明的非政府、行业内部自律、重过程而非结果等特点，联邦政府是不介入评估事务的。但自 20 世纪后半叶以来，联邦政府对高等教育评估从间接介入发展到了直接介入，美国联邦政府开展的对高等教育认证机构的资格认证就是其对高等教育进行直接管理的重要环节。如果说 20 世纪 90 年代之前联邦政府对认证的涉足被认为是不合法的合法干预，与民间认证委员会还有一种合作意味的话，那么，20 世纪 90 年代之后乃至今天，民间认证则逐步变成了被改革的对象，联邦政府要大刀阔斧对传统认证制度进行改革了。正如认证委员会主席早在 1993 年所言："教育质量认证已成为一个有待解决的问题，而不再是一个解决问题的方法了。"联邦政府之所以将认证制度作为其高等教育管理改革的突破口，一是因为认证发挥着质量的裁判员和指挥棒的作用，确实能做到牵一发而动全身；二是因为传统认证制度在满足高等教育的发展和新需求方面已经变得不再充分，其不足之处已经凸显；三是因为联邦政府在认证领域已经积累了实践经验。

虽然美国联邦政府组织的高等教育认证工作时间并不长，但其意义不可小视，它让美国高等教育评估渗入了政府意志和色彩。可以说，美国高等教育评估正从民间主导向民间和政府共同参与逐渐过渡。

那么，联邦政府认证改革的思路、目标和举措是什么呢？联邦政府认证改革

① 王建成. 美国教育认证机构的行业认可和官方认可 [J]. 比较教育研究，2005 (6)：42-46.

② David Dunkerley，Wai Sum Wong. Global Perspectives on Quality in Higher Education [M]. Hants：Athenaeum Press Ltd.，2001：101.

的思路和目标主要体现在《领导力的考验：美国高等教育的未来规划》（A Test of Leadership：Charting the Future of U. S. Higher Education）① 报告中。该报告 2006 年由联邦教育部负责组织起草，报告在分析了国内外高等教育形势和美国高等教育取得的成就基础上，对美国高等教育存在的种种问题进行了深入剖析，这些问题主要集中在学生的学业成绩、教育成本和学生资助、绩效问责和透明度等。针对这些问题，报告提出了改革目标：扩大高等教育就学机会，不让学生因为经济问题上不起学；建立提高办学效率，加强成本管理的激励机制；建立有效的绩效问责制。这些目标涉及高等教育的方方面面，甚至涉及高等教育管理的根本制度问题。联邦政府的改革思路非常明确，它认为，当今的高等教育其公共性已经大大增强，高校有责任向政府、社会和公众说明自己的运行状况，并为自己的工作绩效负起责任，政府对公共事务管理进行改革创新也是合理的。它希望通过加强管理、提高办学效率，让公众接受物有所值的高等教育，增进公共利益，进而使高等学校为国力的增强作出应有的贡献。

教育部是这场改革行动的发起者和组织机构。以当时的教育部部长 Margaret Spellings 为代表的改革派深入阐释了认证改革的必要性、迫切性及改革的内容和目标。教育部要求高等教育认证委员会尽早改变认证标准和程序，总结具体的改革要求和举措，核心内容包括：将学生的学业成绩列入认证机构的评价指标体系中，并使不同学校学生的学业成绩成为可以比较的信息，同时以适当的形式予以公布；将高校的绩效列入认证机构的评价指标体系，成为重点认证内容，并以适当形式公开认证过程和结果；建立完备的高等学校信息数据库，为包括教育消费者在内的社会各界提供可以方便检索的高等教育信息。简言之，教育部要求认证机构从重视投入变为重视产出，对学生的学业成绩进行评估，并提供可在学校之间进行比较的数据。同时，要求认证结果公开透明，给政府、学生、研究者等提供可以参考的明确信息。

为快速推进改革，除了广泛宣传，凝聚共识，教育部还多次与认证机构代表、高校负责人、社会各界代表等就认证改革问题进行共同协商，并于 2007 年 3 月召开会议协商改革的具体行动方案②。2009 年 1 月接替 Margaret Spellings 成为教育部部长的 Arne Duncan 继续高举改革大旗，于 2010 年 10 月底出台了

---

① A Test of Leadership：Charting the Future of U. S. Higher Education. http://www.ed.gov.

② Kelly Field. Spellings Tries to Transform Panel's Ideas into Action [N]. The Chronicle of Higher Education，2007-3-30.

“最终的项目信誉规定”（Final Program Integrity Rules），计划于 2011 年 7 月 1 日生效。规定具体体现了联邦政府高等教育改革的意图。2010 年 12 月初，负责教育部高等教育认证事务的全国院校质量与声誉咨询委员会（NACIQI）召开会议，根据 Arne Duncan 的要求，该咨询委员会需要在 2013 年《高等教育法》重新授权之前提出认证的立法建议。本次是委员会自 2008 年以来首次会议，会议对认证机构提出的初次或重新认证申请进行了审议。

其实，这一改革动向在前几次《高等教育法》修正案讨论时就已经提出过。如 1992 年，国会在讨论《高等教育法》修正案时，就对认证机构提出要求，将学生的学业成绩作为认证的重要内容。1998 年，国会在进行《高等教育法》重新授权时，又将学生的学业成绩作为认证机构认证改革的重要环节①。联邦政府视“增加对学业成绩的评价”为改革高等教育管理的重要把手，认为学业成绩不仅代表着学校的教育成效，也代表着学生的学习成效，是教学质量的重要体现。这对传统认证理念和实践的挑战是前所未有的。

以高等教育认证委员会主席 Judith Eaton 为首的传统认证制度维护者，通过演讲、撰文、召开会议、游说国会等阐释和宣传传统高等教育认证制度的价值。他们认为，建立在自愿、同行评估和自我管理原则基础上的民间的行业内部质量认证是美国高等教育质量认证的核心价值，也是美国高等教育认证区别于别国的基本特点。认证制度为充满活力的高等教育系统的建立作出了巨大贡献。认证制度始终充当着高校与政府之间沟通的桥梁，让高校免遭政府不适当干预，保护了高校的自治和学术自由，并有效提高了教育质量。同时，传统的认证方式重特色和过程、不用一把尺子量天下的特点，更适合当今进一步多样化的高等教育发展。

同时，对政府过度介入认证制度的行为给予了有力抨击，对其中的种种弊端进行了深入揭示。他们认为，虽然联邦政府为了保障对高校经费支持的安全和有效，对认证机构进行认可可以理解，但法律并没有赋予联邦政府认可与联邦事务无关的认证机构的权利，所以联邦政府无权干涉认证机构的认证行为②。

关于政府对教学工作的干预，有文章从历史的角度分析了其危害。文章指

---

① Burton Blog. Spellings Wants to Use Accreditation as a Cudgel：She May Push for Changes in the Process as Part of Her Action Plan [N]. The Chronicle of Higher Education，2006-11-24.

② Cynthia Davenport. Letters to the Editor：The Federal Role in Accreditation [N]. The Chronicle of Higher Education，2007-2-2.

出，政治力量介入课堂教学的管理和评价工作是违背美国历史传统的，对教育产生的伤害是十分严重的①。

在这场面临被改革的危机中，高校与高等教育认证委员会一道为维护传统认证制度在积极行动，阻止政府掌控认证制度的发展。他们成功游说国会，让众、参两院在讨论高等教育认证事务时倾向于维护传统认证制度。前面提到的全国院校质量与声誉咨询委员会（NACIQI）是教育部进行认证的实施机构，其成员一直由教育部任命。经过认证机构和高校的游说，众、参两院决定限制该委员会的权力，其成员自 2008 年《教育法》修正案生效起改由议会、众议院和教育部共同任命。2008 年重新授权的《高等教育法》也要求教育部不要插手对学生学业成绩的评定。虽然这并不代表国会反对认证制度改革，而且，教育法禁止教育部插手学业成绩的评定，也并不与教育法要求认证机构增加对学业成绩的评定相矛盾，但却起到了放慢改革步伐的作用。

高等教育认证委员会在不断维护传统认证制度的同时，也在积极进行自身改革，在危机面前争取主动。

其实，早在 1993 年中学后鉴定协会解散而高等教育认证委员会尚未成立之时，就成立了一个由国家高等教育委员会、国家高等教育协会、区域质量认证机构的代表及数所高校校长组成的委员会，尝试对认证工作进行调整和改进，具体措施包括：采取更加严格和统一的、可测量的认证标准，尤其是需要证明在促进学生学习成效方面的具体绩效指标，如考试成绩、学生保持率、毕业率、就业率以及对校友和雇主问卷调查的结果等。但这一尝试受到了强烈批评，认为统一的绩效评价标准势必会影响到高校的自主权，破坏教育的育人功能。1995 年该尝试无果而终，改革之路并不平坦。

2008 年秋季，高等教育认证委员会发布了“高等教育认证委员会计划方案”(CHEA Initiative)。方案有两个目的：推进认证工作中的绩效改革；确定联邦政府的绩效要求和认证的学术工作的区别，并保持两者之间的平衡。依照该方案，在接下来的几年中，高等教育认证委员会围绕“认证的未来”展开了全国对话（National Conversation），也就是全国性大讨论，就影响认证制度乃至高等教育发展的重大问题进行深入讨论、协商和实地调研，以达成共识并形成协商一致的行动方案，为《高等教育法》下一轮再授权（预计 2013 年）做好准备。

---

① A. Lee Fritschler. Point of View：Government Should Stay out of Accreditation [N]. The Chronicle of Higher Education，2007-5-18.

到2010年底，高等教育认证委员会已召集32次会议，涉及全国高校数量达1500所。参会成员包括认证委员会旗下的认证机构代表及会员高校负责人、政府机构官员、学生代表、高等教育协会代表及公众代表等。对话涵盖八个问题：① 认证的价值；② 认证与联邦政府的关系；③ 认证与绩效；④ 认证与州政府的关系；⑤ 高校与认证机构的关系；⑥ 认证机构之间的关系；⑦ 高等教育国际化与认证；⑧ 营利性高等教育与认证。其中，最后两个问题是计划方案发布后第二年追加上的。

通过对以上八个问题的全国性大讨论，高等教育认证委员会全面搜集了高等教育利益相关者的意见和看法，在此基础上对现存认证制度进行了梳理和反思，并形成了对认证制度价值、现状、缺陷的基本判断。大讨论对传统认证制度的价值给予了充分肯定，并对联邦政府的强力介入表示担忧，但同时认为，忽视联邦政府对认证的改革要求是不合适的。在要求加强绩效评估力度的情况下，认证机构、高校及教育项目在实际工作中已经作了很多尝试，学生学习成绩作为绩效评估的核心，许多高校已经在学生学习成绩评估方面做了许多努力和工作。但对如何判断高等教育绩效的高低，讨论没有达成一致意见。关于州管理体制在认证工作中的作用，讨论更多指出了州际之间不同的高等教育管理要求给认证带来的困惑，如不同的认证标准给学分的转移和学生的转学造成了很大的障碍。随着对学习成绩评估要求的日益突出，以及认证机构与高校之间的关系出现了某些紧张迹象，需要在改革中逐步增进相互理解和支持。认证机构之间则需要加强信任和合作，以减少众多不同类型认证机构的认证给高校、教育项目等带来的不必要的时间、资源和精力的浪费。高等教育国际化和营利性高等教育问题是认证机构在今后认证工作中必须拓展的业务领域①。

从关于认证制度的大讨论我们可以看出，高等教育认证委员会为改革进行着积极准备。计划方案的第三年，高等教育认证委员会在前两年讨论的基础上，其工作重点已转入对行动方案的讨论和制定阶段。但我们知道，高等教育认证委员会的这些改革一定是在传统制度框架内进行的，这与美国联邦政府对改革的期待是有很大距离的。在教育系统内部产生的、民间主导的传统认证制度产生于美国的政治文化土壤中，已经在美国生存了一个世纪，其制度力量及传统惯性是强大的，要从根本上触动它是极其困难的。但可以预期的是，美国高等教育认证制度

① The CHEA Initiative 2008—2010：The First Two Years. Participants Speak Out：The Future of Accreditation. http://www.chea.org.

以民间主导、一家独大的局面将被打破，更加广泛的高等教育利益相关者共同参与的认证模式将逐渐形成。

四、通过认证改革加强对营利性高校的管理①

如果从质量认证的角度出发梳理联邦政府对营利性高校的管理历史，我们可以把它分为三个阶段。

第一阶段为1965年《高等教育法》的颁布至1992年《高等教育法》的修正：营利性教育发展新纪元。《高等教育法》的颁布是联邦政府首次明确要努力增加低收入家庭学生的入学机会，并为包括营利性高校在内的公立和私立中学后教育机构提供经费支持。同时，该法律还加强了获取联邦经费和鉴定的的关系，将鉴定作为获取政府资助的守门人。尽管这一关系早在1944年《军人机会法》的颁布就已确立，但关系一直比较弱，《高等教育法》的颁布激励高校积极寻求并获得鉴定机构的鉴定。《高等教育法》给了营利性高校获取联邦政府资助的机会，为获取进一步的合法地位。1965年3月，营利性高校的举办者聚在一起讨论建立全国性协会和鉴定机构的事宜，并于当年建立了全国职业技术协会(NATTS)，该协会既是行业协会又是鉴定机构，早期主要致力于鉴定工作。1967年，该协会作为经过联邦政府认可的一家全国性临时鉴定机构负责高校鉴定工作，其工作成绩得到了联邦政府的赞誉。该协会最初的鉴定标准也像其他许多鉴定机构一样注重投入指标，绩效指标虽然也是评估的内容之一，但不是核心要素。20世纪80年代初里根政府开始大量削减对高等教育的投入，以《国家处在危险之中》的发表为标志，高等教育进入绩效管理时代。这一时期也是营利性高等学校大发展时期，协会的鉴定任务也日渐繁重，从1980年到1985年，经过协会鉴定的学校从550所增加到了811所，到1990年则达到了高峰，增加到了1 257所。

回顾营利性高校的发展历史，可以说，在20世纪80年代及以前，对营利性高等学校的讨论及社会舆论大多是负面的。虽然在当时存在一些高质量的营利性高校，但人们对营利性高校的疑虑是广泛存在的。营利性高校首先在低收入学生密度高的地区发展起来，因为这些学生有资格获得佩尔助学金及有保证的学生贷款。但随之欺骗，拖欠贷款，低学成率、就业率和低工资接踵而至。如20世纪

---

① Guilbert C. Hentschke, Vicente M. Lechuga, William G. Tierney. For-Profit Colleges and Universities [M]. Virginia: Stylus Publishing, LLC., 2010: 111-140.

70年代中期，营利性高校学生的贷款违约率非常高，在25%～30%之间。伴随着20世纪80年代营利性高校的快速发展，联邦政府学生资助经费的滥用和学校的欺诈现象进一步增加，营利性高校受到批评，协会的鉴定标准和程序也遭到了质疑，一些人甚至建议取消联邦政府对营利性学校的学生贷款项目。美国联邦教育部对此问题进行了专门的调查研究，通过调查发现，高贷款拖欠率并非营利性学校本身的过错，而与学生的社会经济地位相关，尤其那些少数民族、家庭收入低及本人工资低的学生更容易拖欠贷款。一项研究报告总结道："简单地使用拖欠率作为是否具备申请学生资助资格的依据，极易惩罚到那些拥有容易拖欠贷款的学生人群的学校。这些容易拖欠贷款的学生主要包括少数民族学生、经济不利学生及攻读预期工资不高专业的学生。"①

同时，针对营利性高校在财务资助方面的欺诈行为，1992年美国国会修订了法规，严格了招收学生的程序，建立了更为严厉的鉴定标准，在这样的程序和标准下，大批营利性学校失去了原来拥有的资助资格，营利性高校的数量也大量减少。通过NATTS鉴定的营利性高校从1990年的1 257所下降到了1993年的968所，而到了1997年则进一步下降到了864所。相应地，营利性高校得到的资助数量也大大减少了，如斯塔福贷学金（Stafford Loans）在1988—1989学年有28%给了营利性高校学生，而到了1995—1996学年，该比例下降到了8%②。

1993年，NATTS让位于职业技术院校委员会（ACCSCT），与NATTS相比，该委员会不再履行行业协会的职责而专职于鉴定工作。

第二阶段为20世纪90年代：强调绩效评估。20世纪90年代是高等教育领域强调绩效的年代，1992年的《高等教育法》修正案要求职业院校的鉴定机构制定包括学生学业完成、就业及州执照考试通过率等情况在内的学生的学业成绩鉴定标准。1994年，联邦教育部对五家鉴定机构（其中包括ACCSCT）展开了审计，认为这些机构没有使用学业成绩标准去有效评价和提高教育质量。当ACCSCT寻求继续得到教育部的认可时便遇到了麻烦，虽然ACCSCT认为"一把尺子量天下"的评估标准不适合多样性的职业院校的实情，为坚持自身的传统

① Richard S. Ruch. Higher Ed, Inc.: The Rise of the For-Profit University [M]. Baltimore: The John Hopkins University Press, 2001: 104.

② 李明华. 美国营利性高等教育的兴起及对中国的借鉴意义 [J]. 高等教育研究, 2004 (5): 101-107.

鉴定标准，ACCSCT 于 1998 年召开了成员会议，同时积极与联邦教育部沟通，阐述自己的观点，但教育部关注学校产出的决心已定，无奈，ACCSCT 与 1998 年 7 月发布了学业成绩标准，要求每所院校提供学生的“成功学业成绩”和“毕业率”及“就业率”的数据。因此，ACCSCT 的鉴定标准的转变意味着职业院校今后发展重点的转变。

第三个阶段为 1998 年至今：鉴定以学生为中心。在联邦政府以产出为导向的认证改革背景下，ACCSCT 一方面制定和发布学业成绩标准，另一方面积极研究和探索量化评估和质性评估的结合途径，但鉴定工作必须要围绕学生发展这个核心理念开展。在以学生为中心的理念下，ACCSCT 开发出了“以学生为中心的评估模式”（见图 1）。

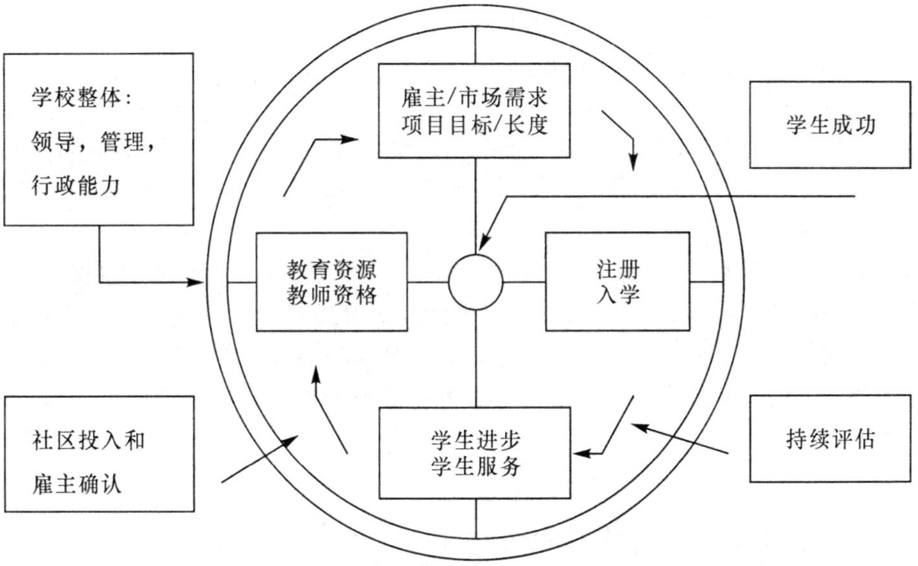

图 1　以学生为中心的评估模式

在以学生为中心的评估模式中，“学生成功”是中心，学校投入和各部门作为“轮辐”维持学校的动力、稳定和结构，同时，围绕“学生成功”这个毂或者核心结合在一起。该模式要求学校开展持续性、全方位的自我评估，以保证教育教学目标的有效实现。

第二节 州政府的作用

美国实行的是以州政府管理为基础和核心的高等教育体制。由于各州的社会、政治、经济和文化背景不同，各州高等学校的发展历史、学校布局、学校性质和类型、办学规模等方面存在较大差异，形成了多种多样的州管高等教育体制，很难笼统概括州管高等教育体制的特点，任何高度概括都不免有失偏颇。

各州对营利性高校的管理也各不相同，美国教育委员会（Education Commission of the States，简称 ECS）2000 年选择了 11 个州作为调查对象，考察州政府对有学位授予权的营利性高校的管理状况①。这 11 个州包括：亚里桑那州（Arizona）、加里弗尼亚州（California）、克罗拉多州（Colorado）、佛罗里达州（Florida）、佐治亚州（Georgia）、新泽西州（New Jersey）、纽约州（New York）、俄亥俄州（Ohio）、俄勒冈州（Oregon）、得克萨斯州（Texas）、华盛顿州（Washington）这 11 个州的选择是基于对营利性高校潜在的市场发展前景的分析。包括下列变量：人口及其增长率、高中毕业生上大学的比例、州税收对高等教育的支持以及州预算预测。11 个州的得分和排序就是基于这些变量。

美国教育委员会的调查分析显示，州的法令规章中并没有对营利性高校和非营利性高校进行明确的区分。绝大多数州在其政策文本中没有使用“营利性高等学校”的术语，而是经常使用“私营学校（Proprietary Institution）”指代包括有学位授予权和非学位授予营利性学校及职业学校在内的所有营利性学校。在 11 个州中，除了俄亥俄州外，其他 10 个州都没有把营利性学校和私营学校分别对待。

一、审批发放办学许可证

美国高等学校开办的审批权在州一级，州政府相关部门向符合条件的高校发放办学许可证。对营利性高校的办学许可证的发放也一样。有 6 个州的营利性高校的办学许可证由负责私立高校的部门发放，其他 5 个州是由管理私立高校的部门负责发放。具体负责发放许可证的部门如表 8 所示。

---

① Survey Analysis：State Statutes and Regulations Governing the Operation of Degree-Granting For-Profit Institutions of Higher Education. http://www.ecs.org/2005-12-17.

表8　11个州办学许可证发放机构

州　　名	办学许可证发放机构
亚里桑那州（Arizona）	私立中学后教育委员会
加里弗尼亚州（California）	私立中学后及职业教育局
克罗拉多州（Colorado）	克罗拉多州高等教育委员会
佛罗里达州（Florida）	州私立高校委员会
佐治亚州（Georgia）	非公立中学后教育委员会
新泽西州（New Jersey）	新泽西州高等教育委员会
纽约州（New York）	高等教育办公室及州教育部职业办公室
俄亥俄州（Ohio）	私营学校委员会
俄勒冈州（Oregon）	学位认可办公室
得克萨斯州（Texas）	得克萨斯州劳动力委员会
华盛顿州（Washington）	高等教育协调委员会学位认可处

亚里桑那州（Arizona）：私立中学后教育委员会（Board for Private Postsecondary Education）是该州唯一负责营利性（非营利性）高校管理及发放办学许可证的机构。委员会发放两种类型许可证：一种是职业项目许可证，另一种是学位授予许可证。一所高校必须拥有职业项目许可证才能启动职业教育项目。同样地，一所高校必须拥有学位授予许可证才能提供学位教育服务。

加里弗尼亚州（California）：私立中学后及职业教育局（Bureau for Private Postsecondary and Vocational Education）负责向营利性高等学校发放办学许可证并对它们进行管理。该局于1998年成立，隶属消费者事务部（Department of Consumer Affairs）。

克罗拉多州（Colorado）：私立中学后及职业教育局（Colorado Commission on Higher Education）负责规范所有的有学位授予权的高校，将营利性高校同非营利性高校以及外州经过许可在本州提供教育的公立高校一样对待。营利性高校可以授予学位，但必须达到和其他私立高校一样的要求，同时要经过联邦教育部认可的鉴定机构或其他相关机构的鉴定，达到合格标准。

佛罗里达州（Florida）：州私立高校委员会（State Board of Independent Colleges and Universities）负责向有学位授予权的私立高校发放许可证并对这些高校进行管理。其所制定的管理规章和标准之目的在于向潜在学生保证这些高校能够达到一定的质量标准。

佐治亚州（Georgia）：非公立中学后教育委员会（Nonpublic Postsecondary Education Commission）负责管理所有校园在本州的营利性高校。该委员会成立于1990年，致力于确保每所被许可开办的高校的教育质量及经费稳定。具体职责如下：一是向潜在及已注册的学生保证高校的教育及辅助项目能够达到基本标准；二是向潜在的雇主保证学校的毕业生拥有合适的技能；三是向一般公众、联邦和其他州机构保证项目达到基本质量标准。

新泽西州（New Jersey）：负责包括营利性高校在内的有学位授予权的高校的办学许可证发放和管理的机构是新泽西州高等教育委员会（The New Jersey Commission on Higher Education）。州法律明确规定，任何高校必须得到该委员会的认可并得到办学许可证后方能授予学位或其他证书。

纽约州（New York）：高等教育办公室及州教育部职业办公室（The Office of Higher Education and the Office of the Professions in the State Education Department）负责对本州所有高校的鉴定工作。根据州法律规定，对有学位授予权的营利性高校的管理标准与公立和私立非营利性高校相同。

俄亥俄州（Ohio）：私营学校委员会（The Proprietary School Board）负责向本州营利性高校发放办学许可证。营利性高校必须在该委员会注册。该委员会负责副学士学位项目的评审，而学士及以上学位项目的评审都由俄亥俄州董事会（Ohio Board of Regents）负责。私营学校委员会和俄亥俄州董事会在项目评审中并不联合工作，只是在私营学校委员会中有一个俄亥俄州董事会发言人的位置。

俄勒冈州（Oregon）：学位认可办公室（The Office of Degree Authorization）负责对包括营利性高校在内的有学位授予权的高校发放办学许可证及进行管理。

得克萨斯州（Texas）：得克萨斯劳动力委员会（Texas Workforce Commission）负责向在本州办学的所有私营学校（包括有学位授予权和没有学位授予权的所有私营学校）发放许可证。根据得克萨斯州教育条例第132款的规定，该委员会对私营学校的管理权自1996年3月1日起生效。

华盛顿州（Washington）：州负责有学位授予权的高校办学许可的机构是高等教育协调委员会学位认可处（Higher Education Coordinating Board Degree Authorization Agency）。根据学位许可法（the Degree Authorization Act）规定，该处的职责是确保在本州举办的有学位授予权的高校能够公平运作、保证质量，并保护公民免遭劣质的、带有欺诈行为的教育之害。

二、审批学位授予权

1. 基本要求

高校学位授予权的批准权在州政府。营利性高校作为私立高校中的一个类型，其学位授予权的申请与其他传统高校有许多类似的地方。营利性高校的学位授予权申请条件见表9①。

表9 学位授予权申请条件

	州										
标准	AZ	CA	CO	FL	GA	NJ	NY	OH	OR	TX	WA
按照要求提交许可证申请	√	√	√	√	√	√	√	√	√	√	√
交纳申请费	√	√		√	√		√	√	√	√	√
参与教育检查或实地考察	√	√	√	√	√	√	√	√	√	√	√
招收学生之前已经得到州有关机构的办学许可	√	√	√	√	√	√	√	√	√	√	√
课程的一致性和连贯性——课程内容及教学实施	√	√	√	√	√	√	√	√	√	√	√
教学总学时要求	√	√	√	√	√	√	√	√	√	√	√
对领导者、管理者及教师或教学人员的教育及经验等资格要求	√	√	√		√	√	√	√		√	√
项目及教学有充足的经费支持	√	√	√	√	√	√	√	√	√	√	√
有充足的图书馆藏及研究设备，或者与附近高校签订有校际图书馆/研究设备共享的正式协议，签协议之高校必须是通过了鉴定的或州政府许可的有学位授予权的高校		√			√	√	√	√	√	√	√
有足够的空间、设施、教学资料及教学人员	√	√	√	√	√	√	√	√	√	√	√
提供股东信息					√				√	√	√

注：AZ（亚里桑那州）；CA（加里弗尼亚州）；CO（克罗拉多州）；FL（佛罗里达州）；GA（佐治亚州）；NJ（新泽西州）；NY（纽约州）；OH（俄亥俄州）；OR（俄勒冈州）；TX（得克萨斯州）；WA（华盛顿州）。

① Survey Analysis：State Statutes and Regulations Governing the Operation of Degree-Granting For-Profit Institutions of Higher Educaiton. http://www.ecs.org/2005-12-17.

从上表可以看出，在 11 个州中，有 3 个州（加里弗尼亚、得克萨斯和华盛顿）要求申请学位授权的学校必须按照 11 项要求提供信息；有 2 个州（克罗拉多、新泽西）不要求学校交纳申请费；有 2 个州对申请学校的“领导者、管理者及教师或教学人员的教育及经验等资格”没有要求；有 3 个州（亚里桑那、克罗拉多、佛罗里达）对申请学校是否“有充足的图书馆藏及研究设备，或者与附近高校签订有校际图书馆/研究设备共享的正式协议，签协议之高校必须是通过了鉴定的或州政府许可的有学位授予权的高校”没有提出要求；有 7 个州（亚里桑那、加里弗尼亚、克罗拉多、佛罗里达）对申请学校没有提出“提供股东信息”的要求。

下面以其中 6 个州为例考察具体学位申请情况。

加里弗尼亚州（California）：所有的营利性学校都要提出在本州办学的申请。申请必须包括以下内容：明确的拟提供的学位项目、每个学科课程的详细信息、教师的任职条件、符合教学和学位需要的教学设备（包括研究和图书馆资源）。在申请批准之前，私立中学后和职业教育局（BPPVE）成员对申请学校进行实地考察，以对其拟提供的学位项目可行性进行评估。评估标准主要包括以下几个方面：课程的一致性和连贯性；教学总学时要求；教师资格；项目和教学的经费支持；图书馆藏及研究设备，或者与附近高校签订有校际图书馆/研究设备共享的正式协议，签协议的高校必须是通过了鉴定的或州许可的有学位授予权的高校。

对私立非营利性高校的评估有着类似的程序，只是标准和程序由区域鉴定机构——西部学校协会设定，而不是通过州法规条例来制定。

克罗拉多州（Colorado）：营利性高校申请学位授予权的程序与非营利性高校完全一样。在克罗拉多州新成立的高校必须向克罗拉多州高等教育委员会提交完整且完善的办学规划，以确保获得“州的初步批准”。高校在获得州的初步批准后，马上进入鉴定程序。如果鉴定机构认定该高校完成的初步信息是令人满意的，那么，该校就可以招收学生、进行教学、提供学分和学位了。之后，该校有义务保持持续进步，直到成功通过鉴定。

佐治亚州（Georgia）：1990 年州制定的非公立中学后高等教育机构法要求，在本州办学或做广告，必须首先申请并获得“学位授予权”的资格。非公立中学后教育委员会（NPEC）必须对每一个学位项目授权。首次授权之后，学校的证书必须每年更新一次，否则将受到民事处罚。以下类型的高校不受非公立中学后教育委员会约束：传统私立高校、公立高校和公立技术学院。它们与私立非营利性高校的程序相同。

俄亥俄州（Ohio）：根据俄亥俄州法规修正案，学位授予权由俄亥俄州董事会（Ohio Board of Regents）批准。董事会成员挑选一名协调顾问及三名外部评审员组成一个评审小组，对申请学位授予权的高校进行考察评审。协调顾问的工资由申请学校支付，外部评审员是接受评审的学科领域中的专家。经过资料的审阅以及一次实地校园考察，评审小组向董事会提出评审的建议结果（建议批准、在一定条件下的批准、在一段时间之后批准等）。董事会依据评审小组的建议以及整个相关资料对学位项目作出最后判定。

俄勒冈州（Oregon）：在本州申请办学的程序相当精细，对营利性高校的基本要求标准与非营利性高校相同。不同之处也是源于两类高校之间不同的本质特性，例如由于营利性高校拥有股东，申请程序要求该类高校提供股东信息。

得克萨斯州（Texas）：根据得克萨斯州协调委员会条例规定，不论营利性高校还是私立非营利性高校，执行同样的学位授予权申请程序。该条例还规定，申请应用型副学位的私营学校，其教学和课程标准与本州公立社区和技术学院相同。

由于私营学校不接受州的经费资助，在申请程序上就存在一定的灵活性。例如对私营学校不强调它们的预算信息，也不禁止它们扩大现有项目的规模。此外，私营学校不仅要交申请费，而且在今后运营过程中所有学位项目都要交费。

2. 20世纪90年代以来的新趋势

20世纪90年代以来，随着教育大背景的变化，州政府对营利性高等学校的管理出现了一些的新变化，但变化还没有全面展开，主要集中在以下6个州。

加里弗尼亚州（California）：州条例修正案要求私立中学后和职业教育局（BPPVE）只负责评审营利性高校新开设的学术项目。

新泽西州（New Jersey）：目前执行的许可证法是1998年2月修订的。修订内容适合于所有有学位授予权的高校，没有任何专门针对营利性高校的特别修订。

俄勒冈州（Oregon）：学位授予条例办公室（ODA）制定的与私营或营利性高校相关的条例没有大的变动，今后变动的可能性也不大。但该办公室正关注并寻求对包括营利性高校在内的高校中的远程教育项目进行监督。

得克萨斯州（Texas）：1992年以前，管理营利性高校的责任在得克萨斯州教育处（the Texas Education Agency），1992年之后，改由得克萨斯州教育协调委员会（THECB）承担。协调委员会要求有学位授予权的营利性高校必须采纳与公立社区和技术学院一样的课程和教学标准。管理规则的变化是逐步达成的，协调委员会制定的管理条例及政策性文件的制定与发布，也是经过了与得克萨斯州职业院校咨询委员会的商讨后作出的。该咨询委员会之所以受到协调委员会的重视，是因为它的组成人员是私营学校的财产所有人，是私营学校财产所有人的一个商务协会，该协会还定期公开发布评论。

三、经费资助

二战后，在营利性高校的争取下，在 11 个州中，有 9 个州对本州的营利性高校提供学生资助项目。营利性高校认为，它们的学生也应该得到像其他高校学生一样的所有利益。其背后的依据是：营利性高校和非营利性高校一样给人们提供了就学机会，也为满足全州的社会政治需求作出贡献。

在被调查的 11 个州中，除得克萨斯州和俄勒冈州外，其他各州对就读于或有意向就读于营利性高校的学生提供不同形式的经费资助。下面以其中 7 个州为例说明具体情况。

亚里桑那州（Arizona）：该州向学生提供联邦教育资助项目（the Leveraging Educational Assistance Partnership，简称 LEAP）的配套经费，LEAP 是所有州参与提供配套经费的联邦项目。该项目的服务对象只包括在本州取得办学许可的且经过了认证的鉴定机构鉴定的公立和私立中学后教育机构。另外，亚里桑那州私立中学后教育学生经费资助项目（the Arizona Private Postsecondary Education Students Financial Assistance Program）的服务对象是有意进入私立中学后教育机构的社区学院毕业生。

加里弗尼亚州（California）：州学生经费资助项目主要包括三个类型：加州助学金 A、加州助学金 B 和加州助学金 C。加州助学金 A 主要以优秀为标准，兼顾需要；加州助学金 B 主要以需要为标准，兼顾优秀；加州助学金 C 主要以职业为目标的学生需要为标准。只要有资格申请联邦佩尔奖学金的营利性高校都有可能申请三类加州助学金中的任何一类。只是要申请加州助学金 A 的高校必须提供有两年以上的学位项目。大多数在营利性高校就读的学生申请的资助主要来自加州助学金 B 和 C 两类。

佐治亚州（Georgia）：该州只要营利性高校满足以下条件，就有资格申请学费配套资助：有学士学位授予权；通过了经美国教育部认可的区域鉴定机构的鉴定；不是教会学校（或者在研究生院一级，不是神学院）；招收的学生拥有高中文凭、GED 证书或者经过鉴定的中学后教育机构的学位；其学生有资格申请联邦佩尔助学金；在本州办学时间超过十年。

新泽西州（New Jersey）：在该州三所有学位授予权的营利性高校——Berkeley 学院、DeVry 学院及 Gibbs 学院（曾经的 Katharine Gibbs 学校）中，就读于经过批准的学位项目的学生有资格申请州助学金和奖学金，而且之后还可以申请州附加贷款。但是，在这三所高校中，就读于证书项目的学生却无资格申请州的经费资助。

纽约州（New York）：在本州所有高校就读的学生（包括营利性高校）都有资格申请以下类型的州学生经费资助：学费资助项目、越南退伍军人奖学金及兼职学习资助。

俄亥俄州（Ohio）：俄亥俄教学奖学金项目（the Ohio Instructional Grant Program）是面向中低收入家庭学生的以需要为本的学生资助项目。俄亥俄学术奖学金项目（the Ohio Academic Scholarship program），提供的则是竞争性的、优秀优先的经费资助，面向进入高校（包括营利性高校）全日制学习的优秀高中毕业生。

华盛顿州（Washington）：州政府对营利性高校学生的经费资助项目包括：州政府提供的州助学金项目（the State Need Grant Program）及新的希望奖学金项目（the Promise Scholarship Program）。希望奖学金主要奖励那些成绩优秀、来自中低收入家庭的高中毕业生。

州政府根据州的法规条例对营利性高校发放办学许可证，并对其进行管理。营利性高校没有被排除在州政府的管理程序之外，它们执行与私立非营利性高校一样的申请程序（营利性高校只增加了一项对股东信息的提供）。尽管绝大多数州为营利性高校的学生提供某种形式的经费资助，但与公立及私立非营利性高校相比，州政府对营利性高校的资助还有很大差距。

过去有不少州政府对营利性高等学校抱有成见。随着营利性高等学校在现实生活中的作用日益凸显，州政府开始转变其态度，当然，对营利性高等学校态度的转变是需要时间的。当前，州政府对营利性高等学校的态度大致处在平淡漠视到积极友好之间。有些州甚至不知道本州有多少学生在营利性高校注册，更不知道营利性高校开设有什么样的教学项目。有些州则将有学位授予权的营利性高校看作高等教育大系统的一个组成部分，在政策制定和规划活动中吸纳营利性高等学校的代表。不论在政策制定及规划中是否考虑到营利性高校，营利性高校的存在都将在市场需求旺盛的知识领域直接或间接地为实现州政府的高等教育目标作出贡献。

有不少有学位授予权的营利性高校在国内外开办有分校。有些营利性高校在几个州甚至几十个州开办有分校。由于州与州之间的管理模式不同，甚至相互冲突，这种情况的存在给营利性高校的管理造成了极大的不便。多个州定期开展合作，对高校进行流水作业式评审。虽然参与合作的州同意采纳统一的申请表或者采取联合实地考察，但还缺乏有力的协调服务机构，所以，效果并不理想。

由于许多州对营利性高校的审批标准是基于传统高等教育的模式，营利性高校采用的新的教学管理模式给管理者和政策制定者提出了挑战。营利性高校采用的深受学生喜爱的教学方式，如加速式课程安排、从业者教师及模块式课程，如果利用传统评价标准对其进行评价势必出现问题，尤其当用量的标准而非质的标准时问题就更加突出。

第三节　民间机构的认证

民间组织对美国高等学校的管理起着举足轻重的作用，是美国高等教育发展中不容忽视的力量。它们通过联合协调同类或不同地区的高校达到影响高等教育政策、资源共享、提升高校地位之目的；通过制定专业标准、评估认证高校达到高等教育质量保障之目的；通过不同类型的捐款给予高校经费支持，并促进高等教育多样化发展；在维护高校自主和学术自由方面充任高校与政府之间的缓冲器等。其中有四类民间组织，即高校协会、认证机构、跨地区组织和基金会①。其中，认证机构不仅对高等教育起着直接的质量监控作用，对营利性高等学校的生存和发展也起着越来越重要的作用。

美国高等教育认证制度是影响美国高等教育发展的一个重要因素，也是美国高等教育管理的重要方式之一，它为美国高等教育高质量、多样化的发展提供了保障。该制度包含两个层面的内容：一是鉴定（Accreditation），指鉴定机构对高等学校和专业的基本质量的评估认证；二是认可（Recognition），指认可机构对鉴定机构资质的评估认证。联邦政府通过参与认可工作发挥其对高等学校的管理作用。参与认可工作的还有民间机构高等教育鉴定委员会（CHEA），对鉴定机构做出的是行业认可。认可工作是对高等学校质量的一种间接管理，而鉴定工作则是一种直接管理。

---

① Philip G. Altbach, Robert O. Berdahl, Patricia J. Gumport. American Higher Education in the Twenty-first Century [M]. Baltimore: The Johns Hopkins University Press, 1999: 241.

一、对高校和专业的鉴定

1. 鉴定机构的发展简史

高等教育鉴定机构迄今已经走过了一个多世纪的历程。对于美国高等教育而言，19 世纪末是一个不安定的时期。原因有以下几个方面：一是传统必修课程衰落，选修制开始推行；二是新的学术领域得以发展并取得合法地位；三是为满足发展中的社会需求，新型学校开始崛起；四是中等教育的扩张及其与高等教育的重叠引发了对大学定位问题的讨论；五是大学入学及毕业标准不统一的问题开始突出。

为解决上述问题，密西根大学于 1871 年派遣教师深入中学，录取持有密西根大学承认的中学文凭的学生进入该大学就读。此后不久，各地区都面临解决上述问题、建立大学统一入学标准的压力。于是，教育界人士纷纷在各地组织私人、自愿团体商讨对策。新英格兰院校协会（New England Association of Schools and Colleges）就是在这种背景下于 1885 年成立的。高等教育的国际交流与文凭的相互承认也推动了美国高校评估鉴定运动的发展。德国的柏林大学于 1905 年通知美国大学协会（AAU），凡美国大学协会成员的毕业生可以在柏林大学攻读高一级的学位。于是美国的高校纷纷要求加入美国大学协会。美国大学协会决定成立一个专门委员会来制定高校的准则与分类办法，并对申请入会的学校进行鉴定。

此后，全美又陆续成立了五个区域鉴定协会。即 1887 年成立的中部各州院校协会（Middle States Association of Colleges and Schools）、1895 年成立的南部院校协会（Northern Association of Colleges and Schools）、1895 年成立的中北部院校协会（North Central Association of Colleges and Schools）、1917 年成立的西北部院校协会（Northwest Association of Schools and Colleges）、1923 年成立的西部院校协会（Western Association of Schools and Colleges）。由此奠定了影响美国高等教育发展的六大区域鉴定机构的基本框架。由于获准加入这些协会就成为通过鉴定的学校，因此，各区域协会对于入会标准和条件都有正式规定。中北部院校协会于 1913 年首先公布“鉴定学院”名单，之后，南部协会于 1919 年、西北及中部协会于 1921 年、西部协会于 1949 年、新英格兰协会于 1954 年先后实施了鉴定行动。由于这类鉴定机构最初的会员只限于一般性的普通高校，不包括专业性学校，于是催生了专业性鉴定机构。

第一个针对专业进行鉴定的机构首创于医学界，其标志是 1847 年成立的美国医学协会（American Medical Association）。由美国医学协会的医学教育委员会与医学院校协会共同对医学各专业进行鉴定评审，然后公布通过鉴定的专业名单。美国医学协会推动了医学院等级分类，依据其制定的认证标准，将接受认证的 160 所医学院评定为三级：32 所被列为“C 级”（不通过）；46 所被列为“B 级”（有待观察）；82 所被列为“A 级”（通过）。但是，医学协会这一鉴定分级做法最初遭到了强烈抨击。由卡内基教学促进会（Carnegie Foundation for Advancement of Teaching）资助，弗莱克斯纳（Abraham Flexner）与考维尔（N. P. Cowell）对继续经营的 155 所医学院（5 所已经倒闭）进行了对后世影响深远的调查研究。他们经过详细调查，于 1910 年撰写出著名的弗莱克斯纳报告（Flexner Report）。报告指出，医学教育作为营利的商业投资，多数医学院教育质量不高。绝大多数的医学院完全没有医学实验室的教学，是不负责任的文凭贩卖店，制造出了许多没有学识、没有训练的医生，使得各城市乡镇医生太多而能诊断治疗的专家太少；155 所医学院中，132 所不合格；应该出资大力扶助一些最好的医学院，使它们成为世界一流的医学研究中心。他们的调查报告引起了美国医学教育的改革运动。到 1915 年，医学院减少了 40%。经过医学协会多年的努力，虽然导致了许多学校的倒闭，但是大幅度提高了医学院的办学质量和效益，从而极大保证和提高了医学专业的质量和效益。此后，模仿该模式的专业协会纷纷成立。1914 年至 1935 年间，专业协会涉及的专业包括商业、牙医、法律、图书馆学、音乐、工程、造林、饮食及与医学相关的专业等。1935 年至 1948 年，更多的专业协会成立，专业涉及建筑、艺术、化学、新闻、神学等。1948 年至 1975 年，专业协会的数量仍在持续快速增长，涉及的专业更加繁杂多样，从社会服务到研究生心理学、从建造教育到丧事指导等不一而足。1975 年以来，专业协会的增长速度相对缓慢下来①。

2. 鉴定目的及主要步骤

鉴定目的主要包括以下五个方面②：

第一，证明质量。一所高校被鉴定合格就等于向学生和公众传递这样一个信息：这所高校在师资、课程、学生服务及图书馆设施等方面已经达到了最低标

① Philip G. Altbach, Robert O. Berdahl, Patuicia J. Gumport. American Higher Education in the Twenty - first Century [M]. Baltimore: The Johns Hopkins University Press, 1999: 250-252.

② David Dunkerley, Wai Sum Wong. Global Perspectives on Quality in Higher Education [M]. Hants: Athenaeum Press Ltd., 2001: 91-101.

准。第二，帮助获取联邦经费，同时也为其他部门或基金会资助高校提供依据。美国高校要获得联邦政府的经费必须通过鉴定机构的鉴定。第三，为学生校际流动和学分转移提供便利。如果学生要转学或转移学分，那么，他们的学分要受到接收他们的高校的严格审查，以保证学生的学分是在一个通过鉴定的合格高校中获取的。当然，这些高校对学生所在高校的其他方面也会进行考察。尽管鉴定合格这个条件并不能确保转学和学分转移的成功，但它却是接收方高校考察内容的重要方面。第四，帮助薄弱学校确立自我改进的目标，并促进其不断提高办学质量。第五，增加雇主信心。雇主在判断一份毕业生工作申请时，一定会重视毕业生所在高校的鉴定状况。同样，当员工希望到高校接受继续教育，向雇主提出学费申请时，雇主一定会先考察一番高校的质量，然后决定是否给予员工学费资助。鉴定需要由高校首先提出申请，然后按照一定的鉴定步骤进行。鉴定专家组在最终报告中对接受鉴定的高校作出评判，由鉴定机构正式通知被鉴定的高校。

鉴定活动主要包括三个步骤①：第一，学校或专业的自我评价。这是一项根据预先的鉴定标准或目标来检测其日常工作情况的综合性活动。自评要考虑各方面的、有广泛代表性的意见，包括学生、教师、行政人员、校友、大学理事会以及社会各界人士等。自我评价要形成详细的书面报告。自评报告在每次鉴定前或申请鉴定时提交给鉴定评审机构。第二，同行专家组的现场考察。同行专家组由鉴定评审机构负责组织选派，人员包括教育专家、按学校或专业选出的专家以及代表特殊公众利益的成员。同行小组根据学校或专业的自评报告，从外部观察者的角度出发，对鉴定评审对象达到标准的程度做出判断并提出修改意见。第三，评审委员会作出鉴定结论。鉴定委员会对高校是否通过鉴定进行判定。把自评报告、同行小组的报告以及被评学校或专业就该报告提出的意见、材料一并送交鉴定委员会进行审议，并就院校或专业是否通过鉴定作出结论。对于鉴定结论不予通过的情况，学校或专业可以在改进的基础上再提出申请参加二次鉴定。二次鉴定依然未通过的院校或专业还可向鉴定机构提出上诉。院校鉴定的有效期为10年，专业鉴定的有效期为3年～6年不等②。鉴定机构有权对其会员学校或专业随时进行鉴定，并有权对学校的一些重大改革措施进行鉴定，学校也可就一些重大的改革措施随时向鉴定组织提出鉴定评审的申请。

---

① 李晓群．高等教育质量评估的比较研究 [J]．中国高等教育评估，1995 (3)：53-56.

② 李晓群．高等教育质量评估的比较研究 [J]．中国高等教育评估，1995 (3)：53-56.

通过院校鉴定的学校，各专业鉴定机构才对其进行专业鉴定。在美国的高校鉴定评审体制中，这两种不同内容的鉴定互为补充：院校鉴定时，专业及实施状况要作为学校工作的一部分接受检查，但没有专业鉴定那样详尽；而专业鉴定时，院校的整体情况也要作为背景加以考虑。两种鉴定对于单科性院校来说是很难分开的。院校鉴定最终结果的通过与否关系到高等学校是否能够得到社会认可，它不仅包括对学校的目标以及保证目标的实现条件的鉴定评审，而且包括对诸如行政管理、对学生提供的服务、财政状况、质量保障与改进的措施以及学生毕业时所应达到的水平等全方位的鉴定评审。而专业鉴定则是为了保证该专业的毕业生质量。通过鉴定的专业，其毕业生才会得到社会的承认。例如，医学、法律、牙科等专业，通过了鉴定，它们的毕业生才能获得允许开业的资格①。

二、对鉴定机构的认可

与高等教育鉴定相比，美国高等教育认可的历史要短许多，只有 50 多年。随着学校数量的快速增长，鉴定机构也在大量增设中。鉴定机构在确保高等教育质量方面作出了贡献，但同时也暴露出不少问题。比如，由于鉴定机构完全属于民间组织，是否接受鉴定也完全出于学校的自愿，而且，鉴定机构的设立甚至比高等教育机构的设立还要容易，因此，鉴定质量受到了威胁。为防止伪劣鉴定，确保鉴定工作的基本质量，产生了高等教育认可制度——对鉴定机构的鉴定。

美国高等教育认可机制主要包括两部分：民间的行业认可和联邦教育部的官方认可。

1. 民间的行业认可

对鉴定机构的全国性民间的行业认可始于 1949 年成立的全国鉴定委员会 (National Commission on Accrediting，简称 NCA)，这是美国历史上第一个制订鉴定机构认可标准和程序的全国性组织。在原来的鉴定联合委员会的基础上，由七个设在华盛顿的全国性教育组织发起成立了全国鉴定委员会（NCA）。同时，美国区域鉴定机构于 1949 年联合成立了区域鉴定委员会联合会（Federation of Regional Accrediting Commissions，简称 FRACHE）。FRACHE 和 NCA 于 1975 年合并成立中学后鉴定委员会（Council on Postsecondary Accreditation，简称 COPA)，该委员会为全国的高校鉴定机构和专业性鉴定机构提供认可服务，公布认可机构名单和认可规则与程序，促进了鉴定机构的规范化和相互合作与协

① 李文兵．90 年代美国高校质量鉴定体系新发展［J］．大学教育科学，2003（2）：90-93.

调。之后，COPA于1993年底解散。为继续这一认可工作，1994年1月1日，一个组织精简的民间机构——中学后入学资格鉴定委员会（Commission on Recognition of Postsecondary Accreditation，简称CORPA）成立。

从1994年到1996年间，高等教育界一直在讨论如何在CORPA之外设立更加有效的全国性评估机构。1996年，由来自各类高校的25位校长组成的鉴定工作小组发起成立了高等教育鉴定委员会（Council for Higher Education Accreditation，简称CHEA)。CHEA将CORPA归入自己的组织。

1998年，CHEA制定了新的对鉴定机构的认可政策和程序①。CHEA制定了五项认可标准，即提高学术质量、体现绩效、鼓励改进、鉴定与政策程序合理和改进鉴定水平。高等教育鉴定协会要求至少每十年进行一次评审，并且五年提交一份中期报告。该协会的认可委员会由高校代表、鉴定者及公众代表组成，对鉴定机构的评审是以鉴定机构的自评为基础，也对评审对象进行实地考察，然后对被评审的鉴定机构做出是否通过认可的结论。这与鉴定机构对高校的评审过程类似。

2. 官方认可

官方认可是指联邦政府对鉴定机构的资格认定，这个问题已在本章第一节有所涉及。目前获得认可的高等教育质量鉴定机构有80多个，依照鉴定对象的特点和地域分布，这些鉴定机构可分为四种：一是区域鉴定机构，其主要负责鉴定有学位授予权的非营利性高等学校，包括两年制和四年制的公立和私立高等学校；二是全国宗教性质高等学校鉴定机构，其主要负责鉴定宗教性质的、非营利的并有学位授予权的高等学校；三是全国职业高等学校鉴定机构，其主要负责鉴定单科的、职业性的营利性高等学校，包括有学位授予权的和没有学位授予权的高等学校；四是项目鉴定机构，其主要负责鉴定具体项目、专业和独立性学院，如法律、医学、工程及健康专业②。

三、鉴定和认可构成了高等教育质量认证体系

美国高等教育鉴定是一种非政府活动，而且高校和专业是否接受鉴定也完全出于自愿。鉴定机构与高等院校的关系是十分清晰的。鉴定机构是为院校所承认

---

① 王建成. 美国教育认证机构的行业认可和官方认可［J］. 比较教育研究，2005（6）：42-46.

② Judith S. Eaton. An Overview of U. S. Accreditation. http://www.chea.org/pdf/2009.06-Overview-of-US-Accreditation.pdf.

的，鉴定的标准和程序也是院校与鉴定机构共同合作制定的，双方都要遵守。鉴定机构的经费也由所属会员院校提供。鉴定活动实际上是院校委托鉴定机构来做的。虽然鉴定机构最后要对鉴定对象作出评判，但鉴定活动不能直接介入学校的日常事务。如果院校对鉴定结果有异议，可以进行申辩和上诉。尽管不排除双方会有冲突，但鉴定机构和被鉴定院校的根本关系是合作性的，鉴定的结果符合双方共同制定的标准和程序，并对高校的发展起到促进作用。

教育部参与对鉴定机构的认可体现了联邦政府对高等教育的间接管理和控制。CHEA 和教育部是负责高等教育认可的两大权威机构，CHEA 为民间机构，教育部为政府机构。它们都是通过认可鉴定机构确保鉴定的质量，它们之间不存在管理与被管理的关系，虽然教育部开展认可工作之初，与民间认可机构认可标准有重合之处，但很快就有了自己的一套标准，其标准与 CHEA 制定的认可标准相辅相成，既不重合也不矛盾。CHEA 对那些为提高服务对象的学术水平的鉴定机构更有吸引力，而教育部对那些为帮助服务对象取得联邦经费资助资格的鉴定机构更具吸引力。鉴定机构可以自愿选择接受其中一方或者双方的认可。到 2004 年 8 月，接受 CHEA 或教育部认可的美国高等教育鉴定机构有 85 家。实际上，认可是对鉴定的再鉴定，或称元鉴定。教育部对认可工作的参与是政府与非政府组织合作确保高等教育质量的一项重要举措，也是高等教育日益走入社会中心的必然结果。

鉴定和认可构成了完整的美国高等教育质量认证体系。高等教育的基本质量就是在认可机构、鉴定机构、高校和专业的动态网络关系中得到保障和提高的。

四、鉴定的标准及核心价值

我们以美国最大的区域鉴定机构中北部院校协会（NCS）为例，其鉴定标准包括五大项，每一项包括三项核心要素：标准声明、核心内容、证据列举。标准声明中要说明接受鉴定的学校的特点。接受鉴定的学校必须符合鉴定标准。每项核心内容都要提供合理的有代表性的证据，列举的证据要能准确反映核心要素。为使鉴定具有普遍适用性，鉴定标准的制定原则上，适用于不同类型的高校，同时，确保指标的明确和质量。下面我们列举五项鉴定标准的具体内容：

标准一：使命与诚信。为确保完成使命，学校通过由董事会、管理者、教师、员工和学生等全员参与的组织和程序进行诚信运作。

① 学校的使命文本清楚地向公众说明其承诺。

② 使命文本反映出学生的多样性、学校其他服务对象及更广的服务范围。

③ 对使命的理解和支持成为学校的共识。

④ 学校的管理结构可以有效提高领导力，全方位支持学校各系统通力完成学校使命。

⑤ 学校坚持和保护诚信原则。

标准二：为未来做准备。学校的资源分配和评估规划程序能够保障使命的完成、教育质量的提升及迎接未来的挑战和机遇。

① 学校切实为迎接多元化的未来社会做好准备。

② 学校的资源基础能够支撑其教育项目，保证维持和提升质量的规划的顺利实施。

③ 学校的评估程序提供可靠的证据证明学校在持续提高战略上的有效性。

④ 各级规划与学校的使命相一致，从而提高完成使命的能力。

标准三：学生学习和有效教学。学校提供学生学习和教育有效性的证据证明能够完成教育使命。

① 清晰表述每个教育项目的学生学习成果目标，并说明有效的评估措施。

② 学校重视并支持有效的教学活动。

③ 学校的学习资源能够支持学生学习和有效的教学。

标准四：获取、发现和应用知识。学校采取各种符合使命要求的措施，推进学校教师、管理者、员工和学生的学习生活，培育他们的探究和创新能力、实践精神和社会责任感。

① 通过董事会、管理者、学生、教师、员工的行动证明学校重视学习生活。

② 学校证明其教育项目能够成为其知识和技能的获取，以及知识探究的训练的载体。

③ 学校对所开课程的有效性进行评估，以提高学生适应全球化、多样性、技术性社会的能力。

④ 学校为确保教师、学生和员工获取、发现和负责任地应用知识提供支持。

标准五：参与与服务。按照使命要求，学校为它的服务对象提供对双方有利的服务。

① 学校对服务对象进行研究，并对自己达到服务对象期望值的服务能力进行分析。

② 学校有为服务对象和社区服务的能力和承诺。

③ 学校有响应其服务对象要求的机制。

④ 内部和外部服务对象都能重视学校提供的服务。

从以上的评估标准我们不难看出，评估标准在兼顾高等教育三大基本功能的同时，将重点放在对学生学习和教学有效性上。评估重视的是学生踏入社会后的适应能力和创造力，目的是促使学校从管理、课程、教学、内部评估等全方位确保教学质量的持续提高。

美国高等教育鉴定是一项由非政府团体开展的私人活动。鉴定机构属民间机构，尤其在私立高等教育部门，情况更加如此。不论公立高校还是私立高校，传统的鉴定活动，其过程都不是公开的，只要求鉴定机构公开高校鉴定的最终结果。

在长期的实践中，美国高等教育认证的标准、程序、规范等已经制度化。高等教育认证在成就美国高等教育的辉煌上发挥了举足轻重的作用。传统上，鉴定是一种通过高校自评达到提高教学和科研能力及增加资源之目的的活动。高校则是鉴定的主动参与者。鉴定是在同行之间进行，其性质是形成性的行业评价。鉴定一直发挥的是咨询建议价值。认证在其百年的发展历程中，经历了多次变迁，但其非政府、行业内部自律、自愿、重过程而非结果等特点一直是认证组织认可和坚守的核心价值。

鉴定虽然是民间活动，且政府部门对高等学校从来没有接受鉴定的硬性规定，但高等学校对鉴定的热情从来没有减弱过，因为它们知道，没有通过鉴定机构的鉴定，即学校教学质量没有达到最低标准，意味着学校将无法得到学生、家长、政府、捐赠机构、雇主等利益关系人的信任，进而失去赖以发展的资金来源，甚至威胁到学校的生存。历史上的营利性高等学校之所以一直没有起色，其没有得到鉴定机构的鉴定是一个重要原因。

新一代的营利性高等学校为了自身的发展壮大，积极寻求鉴定机构的鉴定。以几所新型上市的营利性高等学校为例，它们经过努力通过了不同的区域鉴定机构的鉴定，如凤凰城大学、阿格西教育集团（Argosy Education Group）、教育管理公司（Education Management Corporation）通过了中北部院校协会的鉴定；斯垂尔教育公司（Strayer Education Inc.）则通过了南部院校协会鉴定。在这些机构的网站中，通过区域鉴定机构和其他鉴定机构鉴定的信息被放在了醒目的位置，便于公众查询，也说明它们十分看重鉴定机构的质量鉴定。凤凰城大学在其年度报告中都会对学校及相关课程的鉴定状况进行公布，表 10 就是凤凰城大学 2010 年年度报告中公布的鉴定状况信息，包括首次通过鉴定的时间、后续确认的时间以及下次鉴定的时间安排等。

表 10　凤凰城大学鉴定情况

学校/项目	鉴定机构及鉴定年份	现状
凤凰城大学	—中北部院校协会高等教育委员会(The Higher Learning Commission of the North Central Association of Colleges and Schools)；1978 年，再确认于 1982 年、1987 年、1992 年、1997 年及 2002 年。	—高等教育委员会计划于 2012 年进行下次全面评估访问。 —中北部院校协会可能要求在全面访问期间进行主题集中的访问作为持续的常规性联系。
—商业项目	—大学商学院协会（Association of Collegiate Business Schools and Programs)；2007 年。	—预计 2017 年进行下次确认性访问，我们需要在 2011 年上报中期焦点报告。
—护理学学士学位	—大学护理教育委员会(Commission on Collegiate Nursing Education)；2005 年。 —之前通过了全国护理鉴定委员会联盟（National League for Nursing Accrediting Commission）的鉴定；从 1989 年到 2005 年。	—2010 年是接受大学护理教育委员会再次鉴定的时间，现场评估已经完成，报告还未公布。
—护理学硕士学位	—大学护理教育委员会(Commission on Collegiate Nursing Education)；2005 年。 —之前通过了全国护理鉴定委员会联盟（National League for Nursing Accrediting Commission）的鉴定；从 1996 年到 2005 年。	—2010 年是接受大学护理教育委员会再次鉴定的时间，现场评估已经完成，报告还未公布。
—社区咨询硕士学位(Phoenix and Tucson, Arizona campuses)	—咨询及相关教育项目理事会(Council for Accreditation of Counseling and Related Educational Programs)；1995 年，再确认于 2002 年及 2010 年。	—再确认访问预计在 2012 年进行。
—精神健康咨询硕士学位(Salt Lake City, Utah campus)	—咨询及相关教育项目理事会(Council for Accreditation of Counseling and Related Educational Programs)；2001 年，再确认于 2010 年。	—再次确认预计于 2012 年进行。
—中小学教师教育学硕士学位	—教师教育鉴定理事会（Teacher Education Accreditation Council)；2007 年。	—再次鉴定将于 2012 年进行。

资料来源：http://www.apollogrp.edu/Annual-Reports/Apollo2010AR.pdf.

五、营利性高校向鉴定活动提出的挑战

虽然在是否营利上早已有了两类高等学校的分野，但历史上鉴定机构在质量鉴定标准上并没有给营利性高等学校特别的考虑，而是与非营利性高等学校一视同仁。原因有二：一是因为鉴定传统所致；二是因为营利性高等学校长期处于教育领域的边缘。发展起来的营利性高等学校为了进一步得到社会认可，主动谋求鉴定机构的鉴定。为达到鉴定标准，它们一方面努力达标，另一方面积极与鉴定机构沟通，说明自己提供教育方式的特殊之处。

营利性高校除了具有产出导向的办学模式、信息化教学活动比重较大、跨区域办学、跨国办学等特点外，它们与传统高校不同的特点还包括教师兼职化、教材标准化、课程实用化、企业经营模式等。这些特点给鉴定工作提出了更大的挑战。加之 20 世纪 70 年代之后整个高等教育领域发生的巨大变迁，美国高等教育鉴定制度遇到了前所未有的挑战。

1. 产出评价导向

传统鉴定标准关注的主要是高校的投入质量，如教师质量、学生入学成绩、获得的经费资助数量、教学设施等。当今，公众及政府越来越强烈地要求高校尤其公立高校说明绩效，鉴定机构面临产出导向的评价压力。在这一背景下，营利性高校注重产出的管理方式进一步推进了鉴定机构产出导向改革的进程。营利性高校注重的是学生满意度、学生毕业成绩、学生就业率、毕业生的工资水平等，这些指标在公立或私立非营利性高校评价中还没有受到足够的重视。

作为回应，鉴定机构开始从“产出”或学生成绩角度重设高校鉴定标准。鉴定机构不仅自身对此作出努力，也帮助高校在这方面进行努力。所以，有些州开始要求公立高校提供学生学业成绩信息作为申请公共经费的条件。美国议会和教育部 1998 年在对《高等教育法》的重新授权中，将学生学业成绩作为质量的一个决定性因素。

为此，高等教育鉴定协会（CHEA）开发了“能力标准项目”，它是一项基于学生学业成绩的鉴定评审活动，其核心内容包括学生成绩、高校为提高学业成绩提供的支持、为提高学业成绩作出的组织变革。

2. 日益增加的信息化教育

随着学生人数的增加及信息技术的发展，营利性高校开始越来越多地提供信息化教育。与公立和私立非营利性高校相比，营利性高校对信息化教育的依赖更多一些。在这一环境下，如何保证教育质量是时代向鉴定机构提出的一个重要课

题；高校也希望自己提供的信息化教育服务质量能有所保证；学生和公众也想知道自己花钱和时间接受的信息化服务是否物有所值；联邦和州政府也想搞清楚公立高等学校是否将纳税人的钱用在了质量有保障的教育上。

鉴定机构与高校一道探索远程教育的特点及符合这些特点的质量评审鉴定机制，包括修正已有的鉴定标准或制定新标准，尤其对网络大学或虚拟大学而言，它们比传统的有校园的大学更重视学生的学习成果。鉴定机构和高校同样有责任向政府证明，对传统高校有效的质量评审同样适用于信息化环境。鉴定机构和政府都需要重新思考信息化环境下的学生资助和贷款政策问题。

3. 跨国教育服务

大型营利性高校设立的海外分校，以及世界范围的网上教学，是原本就处于上升阶段的跨国教育服务中的一个重要组成部分。由于海外分校属于本国高校的分支，但又不在本国，其最基本的质量如何保障，是鉴定机构必须面对的问题。远程教育让学生可以通过网络在世界范围内搜寻所需的教育资源，而远程教育的提供者则可以自由地传播他们的教育软件，要在如此广阔的范围内对这类教育进行评审，是鉴定机构面对的又一个问题。同时，世界范围内的学分转移、学位互认等都必须建立在基本的质量保障基础上，这也给鉴定机构提出了新要求。

目前，鉴定机构对国外高校开展的鉴定评审业务还十分有限。1999 年，有 56 个鉴定机构对 355 所高校进行过鉴定，几乎都是在海外开办的美国高校。美国鉴定机构正与其国际同行一起寻求与质量保证机构的合作，联手收集更多更好的国外高校运作的质量信息①。

面对国际教育的挑战，美国鉴定机构除了需要在高校评审机构之间协调国际质量评审标准外，更需要对美国独自承担国际评审的条件和环境进行深入研究。在这个过程中，扩大美国鉴定机构与世界高等教育质量保证组织的交流与合作越来越重要。

4. 区域鉴定机构面临在全国范围鉴定的压力

美国每个鉴定机构负责具体几个州的高校评审。由于跨区域的多校区高校的出现，使得长期存在的区域鉴定体系是否应该让位于全国性的鉴定体系成了需要解决的问题。严格的区域鉴定方法面对高校的跨区域办学局面已经显得落伍。

多校区高校的出现，既存在于公立大学系统，也存在于营利性高校系统。具

---

① David Dunkerley，Wai Sum Wong. Global Perspectives on Quality in Higher Education [M]. Hants：Athenaeum Press Ltd.，2001：102.

体到营利性高校系统，由于鉴定机构需要在不同校区进行实地考察评审，不仅增加了鉴定成本，还要面临各州不同的高教管理法律法规。比如，由于营利性高校的营利性，一些州要求在本州开办的营利性高校在购买了其图书馆藏的版权后，方可用于复印或教学参考。对于非营利性高校则没有此项要求。

六、鉴定机构的应对

鉴定机构在尽力保持核心价值的基础上，对鉴定标准进行调整。针对营利性高校办学特点，区域鉴定机构当前的思考和做法主要有①：

(1) 对营利性高校鉴定的整体原则与传统高校保持一致。

(2) 在具体鉴定标准方面，有两个区域鉴定机构（西部院校协会 WASC、南部院校协会 SACS）制定了专门针对营利性高校的鉴定标准。

西部院校协会要求申请鉴定的营利性高校另外提供学校净资产及近三年的纯收入信息。除此之外，还要提供下列信息：近三年分配给股东的现金、占学校总收入的百分比、占学校净资产或纯收入的百分比；法人的税后利润及向州和联邦政府所交纳税款、与资产关系密切的官员、雇员及董事会成员名单。

南部院校协会要求申请鉴定的营利性高校必须提供与全美院校财务人员协会（NACUBO）或美国会计师协会（AICPA）公告相一致的收支报告，形式可以是独立的审计报告，也可以是审计报告中的补充数据。如果学校有母公司，还必须另外提供利润分配计划资料，包括公司向州和联邦政府详细的纳税情况，以及分配给股东的红利信息。

(3) 尽管多数鉴定机构没有制定特别针对营利性高校的鉴定标准，但在具体操作上会有所变通。尤其涉及对管理和经费部分的鉴定时，由于营利性高校有着自己鲜明的特点，鉴定机构给予了充分的考虑。

(4) 在董事会问题上，鉴定机构给予了公众代表更多的关注，保证其独立于首席执行官和股东。

(5) 在经费问题上，鉴定机构关注的是重新投入到教育基础建设中的利润以及利润在股东中的分配情况。

(6) 营利性高校的鉴定小组应当包括那些有营利性高校工作经验或熟悉营利性高校的成员，这样可以避免对营利性高校鉴定过程中的偏见。

---

① Education Commission of the States. "Report from the Regions: Accreditors' Perceptions of the Role and Impact of For-Profit Institutions in Higher Education". http://www.ecs.org,2000-08.

（7）管理问题是对营利性高校鉴定中的一个棘手问题。

（8）营利性高校为满足消费者需求不断改变教学项目，但鉴定机构调整鉴定程序需要两年时间，两者之间容易产生冲突。

鉴定作用的悄然转变成为一股重要的变革力量，通过对质量的鉴定，为公众评判高等教育新的提供者及新型学生的就学方式提供基础，进而促进高等教育提供者及学生就学方式向多样化方向发展。远程教育、营利性高校、日益增多的非学位导向的课程项目，所有这些都需要鉴定机构对其质量进行评审。

尽管认证活动遇到了多方面的挑战，但认证这一独特的教育管理与质量保障模式将仍然继续发挥其不可替代的作用。

第四节　外部质量保障的主要特点

一、保障主体：多元并举，三方共管

与非营利性高等学校外部质量保障体系一样，营利性高等学校的外部质量保障体系虽然以民间鉴定机构为主体，但其构成也是多元化的，包括民间鉴定机构、州政府和联邦政府，同时还包括股东、证券交易委员会、联邦贸易委员会、司法部等。有学位授予权的营利性高校要接受州政府和联邦政府的管理协调；接受鉴定机构的评估审查，同时，还要接受投资者的详细审视。投资者对营利性高校的一举一动都保持高度警惕，生怕影响到他们的股票价值。比如，只要联邦学生经费资助项目出现风吹草动，也许就使股票价格出现波动。而当新的分校得到办学许可或通过了鉴定，对股东们可能产生积极影响，也可能产生消极影响。可以说，即使州政府有关机构对一所高校进行常规评估或调查，不论结果如何都会对该校经费状况产生影响。

在多元化的外部质量保障体系中，联邦政府、州政府和民间鉴定机构是三股最重要的力量，鉴定机构在其中扮演着主体作用，它的鉴定结果关系着高等学校在学生、家长、雇主中的声誉，也关系着能否获取联邦政府和州政府的资金支持。尽管对鉴定机构的认可由于联邦政府的参与而带有政府色彩，但这并不影响鉴定机构的非政府组织性质。非政府组织的性质让其能够独立地行使质量评价权力。产生于高等教育领域的背景又让其评价行为具有权威性。重过程而非结果的评价导向促进了高校的自我改进和自我约束机制的完善。对营利性高校的评价标准与其他同层次的中学后教育机构虽略有不同，但从教育质量的角度出发，并没

有本质的差别。州政府对高等教育行使直接管理权，负责高等学校的准入、学位授予权和经费投入、保护教育消费者的权利等，尽管有些州在管理中并没有严格区分高等学校的营利与非营利性质，但许多州还是制定了针对营利性高等学校的管理办法。联邦政府通过政策、法律的制定和经费支持的手段引导高等学校的质量发展，宏观性和间接性是联邦政府对高等教育管理的主要特点，对营利性高等学校的管理也不例外。

二、保障态度：开放包容，积极扶持

从州政府制定的高等学校开设标准中我们可以清楚地看到，美国高等教育有着宽松的准入制度，该制度虽然让高等教育机构良莠不齐，其中不乏真正的“文凭制造商”，但它却提供了各种不同类型学校和不同类型教育生长的土壤。这种制度同样也让营利性高等学校有了充分尝试和自由发展的机会。在发展中，非政府鉴定机构对院校的鉴定维持着基本的教育质量，并不断促进教育质量的改善。它们对高校不划等级，并且为高校留出不断改进的空间。联邦政府与鉴定机构相互配合对高校进行规范和管理，在对营利性高等学校的管理中，扶持性政策强过制裁性政策，对营利性高校的发展总体上是持积极扶持态度。

三、保障趋势：与时俱进，不断完善

营利性高等学校的外部质量保障体系正处于探索和建设阶段，它脱胎于非营利性高等学校的保障模式，与非营利性高等学校质量保障模式有着千丝万缕的联系。对营利性高等学校质量鉴定和管理的逐渐重视，体现在鉴定机构、州政府和联邦政府不断制定和完善的针对营利性高等教育的政策法规和质量标准。如随着营利性高等学校突飞猛进的发展，1972 年的《高等教育法》修正案将营利性高等学校纳入政府资助的范畴，针对高等学校发展过程中对效率的轻视和资金滥用现象，1992 年的《高等教育法》修正案要求教育部为高等学校建立财务责任标准。

四、保障重点：高校的自身责任和主动性

由于源于美国高等教育自治传统，所以其高等教育质量保障不是一个强制性的体系。外部质量鉴定也主要以确保基本质量标准和诊断为主，帮助学校查找教育教学过程中的不足，并提供改进和提高的建议，在办学思想、目标、教学、科研、服务等领域作出引导性要求。高等学校本身对提高教育教学质量负有核心责

任，对提高质量具有内在需求和主动性。

第五节　小　　结

本章讨论的是对营利性高等学校的外部质量保障体系。在市场经济体制的美国，对高等学校产生规范、管理和监督作用的除了联邦政府和州政府以外，民间中介机构发挥着非常重要的作用。在这类机构中，区域鉴定机构对高等教育机构的影响最直接、最强大，它是包括营利性高等学校在内的美国高等学校外部质量评估的主体部分。

营利性高等学校作为以企业模式提供教育服务的机构，可以说，它们是教育与经济的混合体。在教育领域被划分为“营利性高等学校”，在经济领域则被看作普通的企业部门。它们既要接受来自教育管理机构的管理监督，又要接受来自企业管理机构的管理监督。本章主要讨论来自教育管理机构对营利性高校的质量管理。

由于科研活动不是营利性高校的主要工作，因此，联邦政府对营利性高校的质量管理具体表现在政策的扶持及对学生的资助上。联邦政府对营利性高校的学生资助经过了一个曲折发展的过程。

州政府对营利性高校的质量保障模式呈现出多样性，对营利性高校的态度从怀疑、冷淡、观望到扶持，但总体趋势是从消极转为积极，对营利性高校的发展是有利的。

民间鉴定机构在近三十年来遇到了巨大的挑战，一方面来自非营利性高校的变革，另一方面来自新型的营利性高校的鉴定需求。而传统高校的变革方向与营利性高校的经营模式具有一定程度的相似性。因此，对营利性高校的鉴定评审不能再完全套用传统的鉴定标准和方法。区域鉴定机构面对新形势正在积极反思传统评价标准，探索新的鉴定模式。

第七章　内部质量保障

——以凤凰城大学为例①

营利性高等学校被人们质疑的原因很多，而教学质量是首当其冲的。同一切教学机构一样，教学质量是保障营利性高等学校长期营利的生命线，如果质量得不到有效保障，营利性高校的生存注定是短命的。外部管理是营利性高校得以生存的宏观制度保障，而外部保障必须通过内部质量保障体系的建立和完善才能发挥作用，内部质量保障才是关键。

作为美国营利性高等学校的一个代表，凤凰城大学的教学和管理模式既有营利性高等学校的共性，也有其独特之处。通过对凤凰城大学经营模式的考察分析，我们可以看出营利性高等学校内部质量保障体系的结构及其特点。

第一节　凤凰城大学的基本概况

凤凰城大学隶属于阿波罗集团，阿波罗集团成立于 1973 年，其创办人约翰·斯博林（John Sperling）是一位经济学家和历史学家。集团麾下有四个高等教育机构，最初建立的是职业发展学院。凤凰城大学规模最大，注册学生占整个集团的 90%。

约翰·斯博林曾于 20 世纪 60 年代中期任教于加里福尼亚圣琼斯（San Jose）州立大学，在此期间承担了一个联邦资助的有关开发 12 年级经济学课程的项目。正是该项目将斯博林引向了教育学领域，进而开展成人教育项目，并开始在圣琼

① David W. Breneman. The University of Phoenix: Poster Child of For-Profit Higher Education. http://www.ncspe.org/publications-files/breneman.pdf.

斯州立大学筹划设立在职成人教育项目。努力受挫后，他转向一所濒临倒闭的私立大学——旧金山大学（USF）。在旧金山大学，斯博林建立了职业发展学院，学院运转顺利，经费盈余用于旧金山大学的办学。正当学院蒸蒸日上之时，负责鉴定旧金山大学的区域鉴定机构——西部院校协会（WASC）向斯博林提出警告，并威胁说，若职业发展学院不关闭，它们将撤回对旧金山大学的鉴定。鉴定机构之于大学的重要性是不言而喻的，失去了鉴定机构的认可，大学失去的不仅仅是获得联邦学生资助的资格，失去的将是生存和发展的最起码条件。因此，斯博林与其团队其他成员只好另谋他途。

他们来到了亚里桑那州的凤凰城，负责该州高校鉴定工作的是中北部院校协会。这次，斯博林没有再与非营利性大学联系，而是直接新建了一所独立的营利性大学，凤凰城大学就这样于 1976 年诞生了。经过努力，凤凰城大学于 1978 年通过了中北部院校协会的鉴定，之后，凤凰城大学迅速向美国各州及世界各地拓展。凤凰城大学以每年两个州的速度向美国各地进军，而在线课程则已经遍布了 50 个州，并已遍及 46 个国家，其发展势头强劲。

值得一提的是，凤凰城大学不仅通过了中北部院校协会的鉴定，而且已经得到了一些专业鉴定机构的鉴定，如国家护理联盟（NLNAC）、美国咨询协会（CACREP）。到 2002 年，学校已经在 26 个州领取了办学许可证。由于其母公司——阿波罗集团已正式上市，所以学校同时受到证券交易委员会（SEC）的管理和监督。

阿波罗集团 1994 年开始发行股票，其在股市上的表现也是不同凡响。集团股票在 1994 年 12 月 6 日上市时的股价是 0.72 美元（按照分股以后调整），而在 2003 年 9 月 5 日收市时的股价是 62.37 美元。不到九年，股价增长了 87 倍。2002 年，凤凰城大学收入 9.5 亿美元，净收入 1.6 亿美元；在线部分收入 3.3 亿美元，净收入 6 400 万美元，给投资者带来了丰厚的报酬①。

约翰·斯博林认为："我们努力要做到的工作，是让学生掌握生存于社会的技能，这也正是我们的责任——让他们在这个世界上成功。你必须首先认可你所处的世界，不能说：'我们必须教给学生超越现实的道德观。'我认为，如果教给

---

① 李明华. 美国营利性高等教育的兴起及对中国的借鉴意义 [J]. 高等教育研究，2004（5）：101-107.

他们这类观点和态度，只会使他们日后的生活道路更加坎坷。”① 凤凰城大学授予的学位包括学士、硕士和博士。学生平均年龄 35 岁，平均家庭收入 5 万美元至 6 万美元。凤凰城大学的服务对象集中于在职成年人，而非传统的 18 岁～22 岁的全日制学生。因此，它的使命与传统非营利性大学也有所不同：凤凰城大学主要为在职成年人提供服务，帮助他们增进知识和提高技术能力，以实现其职业目标，提高他们所在组织的生产力，进而为当地的社区服务。凤凰城大学以实用课程为主，在实用知识的基础上兼顾对学生人文精神的培养。凤凰城大学的总体教育目标包括以下几个方面：增强学生在不同环境下应用知识解决问题的能力；提高学生与自然、社会和文化环境相处的主动意识；培养学生终身学习的爱好和精神；提高学生成功完成学术研究项目的能力②。

凤凰城大学的教师主体是兼职的各行业的从业专家，具有硕士或博士学位，并在所教授的专业领域从业至少要达五年以上的时间，实际平均时间为 16 年。教师中的女性人数占到了教师总数的一半以上，从 2009 年的 49%上升到了 2010 年的 53.5%③。

凤凰城大学的课程设置主要集中于商务管理和信息技术类。其中，商务管理的本科生注册人数占整个学生的 43%，商业的研究生注册人数占 20%，信息技术的学生注册人数占 14%。其他课程包括：通识和专业课程（17%）、教育（4%）、健康护理（4%）、咨询和服务（3%）。课程设置不像传统大学那样广泛，凤凰城大学只开设有限的人文和社会科学课程作为对入学时学分少于 60 的学生的通识教育中的一部分。学生的求学动机主要是职业的提升。

课程的教授主要安排在晚间，时间也比较短，如本科课程一般需要五周，而研究生课程一般需要六周。教师每周到课堂上一次课，课程安排对这些实际从业者的专职工作并不产生太大的影响。

有人误认为凤凰城大学是一所虚拟大学，所有的教学活动都通过网络进行。其实，凤凰城大学于 1989 年才开展网络远程教育，绝大多数课程是通过面对面的课堂形式进行的。班级规模比较小，一般为 15 人到 20 人。教学形式不仅有面授学习，也有在线学习，还有面授与在线相互配合的学习。课堂形式主要以讨论为主。在网络教学中，教师联系的学生数很少，通常为 12 人以下，平均为 9 人。

---

① Gary A. Berg. Lessons from the Edge [M]. New York: Praeger Publishers, U. S., 2005: 65.
② Gary A. Berg. Lessons from the Edge [M]. New York: Praeger Publishers, U. S., 2005: 158.
③ 2010 Academic Annual Report. http://www.phoenix.edu.

2002年在线学生为45 000人，这是凤凰城大学增长速度最快的一部分①。

小组学习是凤凰城大学的一大特色。学习每门课程的学生都被分为三到五个小组，小组每周聚一次，每次四个小时，共同研究和讨论教师布置的作业，并在下一个课堂教学中宣读团队研究报告。在为期五周的课程中，与教师的接触时间为20个小时，而小组的团队学习活动则有40个小时。这一独特的教学形式是凤凰城大学人很感骄傲的，他们认为该方式培养学生适应现代工作需要的团队工作精神和技能，而不像传统学校那样强调学生的独自工作和竞争能力。

凤凰城大学每门学科学费为800美元到900美元之间。由于其学生主体是在职的成年人，他们的家庭收入平均在5万美元到6万美元之间，所以，比起服务于低收入的全日制传统学生的高校，凤凰城大学在学费问题上障碍不大，而且，将近60%的学生受到他们雇主在学费上的资助，这个比例甚至大大高于非营利性高校。凤凰城大学属于通过了区域鉴定机构鉴定的高校，所以有资格申请联邦政府和州政府的学生资助。

校园设施是非营利性高校的主要支出项目，而凤凰城大学则尽量避开了花费昂贵的设施，凤凰城大学没有学生宿舍，没有运动场，甚至因为没有开设实验科学课程，连科学实验室也没有。它们只有每间容纳20名～25名学生的教室、行政管理区、计算机室、学习资源中心（数字图书馆）以及供教师使用的有限空间等。为了节约支出，学校大量租用建筑，或改造已有建筑以适应新的需求。采取租赁方式也让凤凰城大学能够轻装上阵，迅速开拓新的校区。比如凤凰城大学没有自己的实体图书馆，代之以数字图书馆。每个教学点都设有一个学习资源中心，中心的工作站和工作区提供数字图书馆的支持系统。数字资源与学校开设的课程相配套，学生可以从多种数据库得到这些资源，这些资源包括报纸和期刊。学生可以通过现场图书管理员或在线管理员获得帮助找到自己需要的资料。凤凰城大学还通过与非营利性高校签订合同，使凤凰城大学的学生共享它们的图书馆资源，以弥补本校在线资源的不足。在线资源的开发主要是教学导向而非研究导向的，充分体现了在昂贵的教育领域中效率优先的思想。

又如凤凰城大学依照规格设计自己的场地并且进行出租。其建筑看上去像传统的办公楼，通常靠近高速公路，有大面积的停车场。教室依然是传统的教室，多数设施都配有计算机室，供各种教学活动之用。管理部门和招生部门现场办

---

① Judith A. Pirani. Supporting E-Learning at the University of Phoenix [OL]. http://www.educause.edu/it/library/pdf/era0303/ca/eca0304.pdf,2003-04.

公。这里没有非营利性高校校园中的学生服务设施——餐厅、大型书店、健身馆及其他娱乐场地、运动场等，而且也不需要。由于上课时间主要集中在晚间，所以，一般白天教室闲置，只有行政管理部门在运作。总之，凤凰城大学的基本建设以提供在职成年人的简明而舒适的需求为目的，绝不铺张奢华。

第二节　内部质量保障

作为第一所得到区域鉴定机构认可的有学位授予权的营利性高等学校，凤凰城大学在建立之初饱受来自传统教育领域的不理解和责难。消费者需要的是质优价廉的商品，同样地，营利性高校的学生看重的是学校的教学质量，他们需要物有所值的教学服务。营利性高校几近开放的入学门槛，对学校的质量提出了更高的要求。凤凰城大学只要求本科申请者具有高中文凭和 GED 证书，所以，凤凰城大学在努力控制成本提高效率的同时，像其他高校和企业一样，经过多年不断的探索和努力，凤凰城大学逐步建立和完善着内部质量保障体系。下面从教师质量、课程质量及质量监控三个方面探讨这一保障体系。

一、教师

教师作为教育服务的具体实施者，他们的质量高低成为学校教学质量的关键因素之一，其重要性无论如何强调都不为过，他们是连接课程与学生、学生与社会的纽带。凤凰城大学当前拥有教师 3.2 万多人，他们由两部分构成：一部分为核心教师（Core Faculty），另一部分为合作教师（Associate Faculty）。其中核心教师大约占教师总数的 5%，是专职教师，他们的职责包括指导和课程监督。合作教师则负责日常的课程教学工作，他们是兼职教师。凤凰城大学的专职担任教学工作的是兼职教师，而专职教师其实在学校中只是兼职教学人员，他们一半时间承担教学任务，一半时间担任校园主任（Campus College Chair，简称 CCC）的职务。凤凰城大学每个主体校园的每个教学项目基本上都设有一名校园主任。校园主任的作用类似非营利性大学中的系主任，他们负责协助招聘兼职教师、指导课程评审及系里的一般管理工作。在教学型大学，尤其在像凤凰城大学这样的走读的、以成人学生为主的学校里，教师的重要性显得更为突出。

凤凰城大学要求教师具备激发学生发现问题、争论观点、质疑成规、分享知识和批判性思维能力的素质，并能够创造性地开发适合学生学习的教学方法。不论在实体教室还是虚拟教室，教师们都要做到以学生为中心开展教学工作。

凤凰城大学执行着严格的教师聘用标准和程序。要想成为凤凰城大学的教师必须经过三个阶段的程序，时间为三到五个月。

申请阶段：申请人提交申请表达意愿，凤凰城大学对照当前课程需求检查申请者资格，通过检查的申请人接受每个校区的核心教师的面试，对申请人的背景及专业知识进行评估。面试通过后，学校将申请人的所有证书进行归拢并核实。试讲环节要求申请人在教室展示自己的教学能力和水平，由校区教师进行评估。

获取教师资格阶段：一旦通过了申请阶段，申请人就成了凤凰城大学的教师候选人。候选人随即进入获取教师资格阶段，该阶段是一个扩大知识面、提升竞争能力、技能培训和评估的过程，其内容包括：方便成人学习的方法、提高课堂教学技能、满足学习目标的方法、分类和评估方式、熟悉凤凰城大学所提供给学生和教师的资源、凤凰城大学的政策和制度。本阶段持续四周，有专门的学校教师充当培训者，其间对候选人的评估还将持续，而且对他们的教学能力和人际交往能力还要做进一步深入全面的评估。同时，还开展有专项培训，所有候选人每周接受一次培训者进行的评估。本阶段的整个过程也让学校教师经历了一次类似于学生们在凤凰城大学的学习过程。教师们被要求使用各种设施和工具完成布置下来的各种任务，这个过程不仅让教师熟悉了工具的位置，而且在什么时候、如何使用更有效也做到了心中有数。同时，这个过程也让凤凰城大学的教师候选人切身体会到了学生们在一步一个台阶的学习环境中的学习经历。

接受指导阶段：成功完成获取教师资格阶段后，每一位候选人还要继续接受筛选过程，这个阶段需要候选人在一名教学导师（学校有经验的教师）指导监督下进行教学。教学导师给候选人提供持续的意见反馈，并在指导课结束时依据对候选人的评估结果向教学事务部（Academic Affairs）提交推荐意见。如果推荐意见是积极的，候选人将受教学事务部领导邀请正式加入凤凰城大学教师团队。

经过三个阶段的考察和筛选，最后只有大约30%～40%的申请者成功被聘为凤凰城大学的教师。由于凤凰城大学教师主体是兼职的各行业从业专家，担当一线教学任务的也主要是兼职教师，而且凤凰城大学不设终身教职，所以，兼职教师并没有像在非营利性高校那样有二等公民的感觉，他们都是学校里的平等的主人。

凤凰城大学为教师的持续发展提供不同类型的培训项目，定期的培训活动通过实体教室和网络两个途径开展，不断促进教师在教学、评估和专业技能方面的进步。教师评估也在持续进行，包括校园教学层面的评估和中心管理层面的评估两个方面，并形成以下几类评估报告——分级别报告，课程结束时的学生调查，课堂问题追踪报告（该类报告可由学生、教学顾问或管理者提供）。此外，教师还要接受其他类型的检查评估，如新开课教师的资料需要定期检查；接受教学事务部主任、项目经理或校园主任进行的随机课堂观察；至少每两年一次接受经过评估技术培训的同行评估①。

教师们没有固定的课程任务，兼职教师一般每年教授六门课，专职教师平均为九门。因为研究生课程只有五周时间，所以，每个教师每门课程只需上五个晚上，总共 20 个课时。每一课程学生付费 1 000 美元到 1 600 美元。研究生课程需要六周，或 24 小时的师生互动时间，收费相应更高一些。实际上，教师们与其说是为了挣钱，不如说为了与成人学生互相学习，在成人学生那里寻求所教领域的灵感。

前面已有说明，凤凰城大学聘用的教师主体为兼职，他们是各行业的专职从业者，晚间在凤凰城大学做兼职教师。担任为期五到六周的课程，可获 1 000 美元到 1 600 的美元的酬金，若按照钟点计算这个报酬还是不错的，但若专职做就显得缺乏吸引力。兼职教师之所以选择这项职业，除了经济原因以外，还有一个重要原因，那就是这些从业者可以在教师这一职位上，通过与职业发展处于中途的成年人的交往，及时把握本行业和研究领域的发展前沿；其次，在凤凰城大学这样的营利性高校中，兼职教师们有一种归属感和自豪感，他们不必在终身教授面前感到自卑，因为，营利性高校没有终身教授制度。

在凤凰城大学的每门课程中，教师只需要三到四个学分时数，相当于非营利性高校 40 小时到 42 小时的一半，即 20 小时到 21 小时。在公立和私立非营利性高校中，教师有义务抽出一定的额外时间对教学大纲规定活动的增减或变更进行讨论。

对教师五周（或者说 20 个小时）的工作要求是凤凰城大学成功经营的关键。若没了这个标准，教师的劳动量或将大大减少，而且劳动成本也会上升。如果一个班级有 20 名学生，每一名学生交纳学费 800 美元，收入为 16 000 美元。如果支付教师工资 1 600 美元到 2 000 美元，那么就有至少 14 000 美元来弥补所有其他开支以及利润。

有部分州要求大学教师必须做满与学生接触的传统时数。遇到这种情况，凤

① 2010 Academic Annual Report. http://www.phoenix.edu.

凰城大学能够做的就是维护产出评价方式，论证偏重输入而非产出的教育质量评价方式的缺陷。对教育质量评价的重视不仅是教育的需要，也是经济的需要。

二、课程

非营利性高校中的课程深深打上了教授个人特点的烙印，课程的个性化特点比较明显，这也是教师自治的必然结果。但营利性高校的课程开发更多体现的是共性和标准化特点，凤凰城大学也不例外，这个特点时常被非营利性高校的教师讥讽为“麦当劳化教育（McEducation)”。统一的标准化课程的开发是基于以下几个原因的考虑：为保证在不同校园提供的同一课程的质量，采取了标准化措施；据估计，美国每年有16%的人搬家①。学生在求学过程中不论迁移到哪个州，都可以不费力地继续学业；兼职教师不负责开发课程，只需按照课程要求发挥自己的传授能力，让学生更容易、更有效地理解和领会，将课程知识推销给学生消费者。随着时间的推移，一些经验丰富的兼职教师开始定制他们所教授的课程，当然，这种定制是在保证不偏离教育目标基础上的考虑。

1. 课程大纲

凤凰城大学的课程大纲是集体开发的，凝聚了教师们的心血。凤凰城大学教师队伍若从科层角度看，从上至下包括以下几个层次：校园主任（CCC)、助理系主任（ADC)、教师课程协调员（FCC）及从业者教师。其中只有校园主任属于专职教师。课程大纲一经采用，经验丰富的教师在使用过程中就有了更多的灵活性，他们可以根据自己的经验和学生的具体情况采取不同的授课方式。

新教师在使用统一的课程大纲之前必须在其他教师指导下先熟悉一下课程计划。我们前面已经提到过，统一课程的采用有利于学生从一个校园转入另一个校园后无障碍地继续其学业。统一课程还意味着凤凰城大学取得了相当的规模经济效益，极大提高了凤凰城大学对图书的购买力，出版商们对出版凤凰城大学各学科教材热情高涨。

2. 在线课程

实际上，凤凰城大学的网络课程本质上与实体课堂教学差别不大，他们采用相对低技术的方式进行授课，主要依赖电子邮件和网址。由于通过邮件与学生进

---

① Gay, Keith. The Age of Knowledge: The Growing Investment Opportunity in Education. Corporate Training and Child Care. San Francisco: NationsBanc Montgomery Securities, November 25, 1998.

行充分交流比起实体课堂交流要耗时得多，所以，网络班级通常比较小，平均九人。除了网上交流，教师每周做的报告也被做成印刷品发给学生。课程也分为同步和异步两类，同步课程是借助小组合作软件让学生与教师之间的实时研讨成为可能。涉足网络远程教育的组织不少，但很少有像凤凰城大学这样做得如此成功。很多组织不是因为在产品上投入太多，就是高估了远程教育的需求量。

2010 年，亚里桑那质量联盟（Arizona Quality Alliance）授予凤凰城大学卓越奖（Showcase in Excellence），以表彰凤凰城大学在提高教学质量过程中做出的努力和成就。亚里桑那卓越成就奖项目对凤凰城大学的评估使用的是包德里国家质量项目标准（Baldrige National Quality Program Criteria），获得该奖项的组织机构必须在规划、资源配置、学习及协调发展等方面表现优秀，并做出出色成就。评奖委员会认为，凤凰城大学的项目开发进程体现着包德里质量项目倡导的核心价值，即消费者驱动、快捷和绩效管理。凤凰城大学通过研究、理念设计及保持与外部认证标准的一致性等努力，满足学校利益相关者对教学活动和效果的要求。

三、专业管理和质量监控

凤凰城大学为什么能够在非营利性高校的教育活动需要大量补贴来维持运转的时候，从教育活动中创造如此可观的利润？学费的差异不是问题的答案。非营利性私立高校的学费甚至比凤凰城大学还高，凤凰城大学的本科生一年的学费大约 8 000 美元，比很多私立高校低。凤凰城大学没有资格收取慈善捐款，也没有获取研究经费的资格，所以它只能靠学费生存，而学费也并不比许多需要补贴的非营利性高校高，所以，答案只能从成本那里找。

若将非营利性高校与凤凰城大学做一个简单的比较就可以发现，四年制非营利性高校为满足全日制传统住宿学生的需要而设立的许多设施在凤凰城大学都没有。传统大学肩负多种使命：教学、科研和社会服务。为完成这些使命需要大量投入，如学生宿舍、学生组织、图书馆、实验室及运动设施等。传统大学如同一座小型城市，要承担起一系列的活动和组织的费用。而凤凰城大学只经营在职成人的教育服务，不必对很多高成本的基本建设进行投入。此外，凤凰城大学还从范围经济和规模经济角度出发，在数百个教学点进行课程组织和开发，获益匪浅。在获利的同时如何保证其教学质量，需要从简洁灵活的专业管理和完善的质量监控两个方面进行考察。

1. 专业管理

如果说非营利性高校更注重行政管理（Governmental Administration）的话，那么，凤凰城大学实行的则是专业管理（Professional Management）。行政管理和专业管理的差异见表11。凤凰城大学是一个营利性教育服务公司，主管董事会（Board of Directors）制定政策和商务战略。管理层负责实施。教师及其学术管理组织，会同学生和教职工监督教育服务质量。教师和学生共同打造最基本的教学过程。

表11　专业管理与行政管理

专业管理	行政管理
绩效	指派
团队	委员会
冒险	求稳
风险资本	分配
职业灵活	职业稳定
政策集权/局部自治	自治
课程统一	课程由教师决定
兼职教师及数年合同	终身制

资料来源：Gary A. Berg. Lessons from the Edge [M]. New York：Praeger Publishers，U. S.，2005：110.

凤凰城大学创造性地构建了由两种权力构成的平行结构。一种是学术权力，主要由教师、校园主任、系主任、院长掌握；另一种是财政权力，主要掌握在负责商务的部门。在这两种权力的相互制衡中，学术问题不会因为轻易让位于对经济利益的考虑。如在对待专业鉴定机构要求增加课程而不需加强州规定的开业条件时，权力的双方展开博弈，学术权力一方施压坚持鉴定标准，而财政权力一方则要求改善管理方式、提高管理效率。不论哪方最终取胜，凤凰城大学的学校组织结构都支持这种争论。从学术观点来看，这关系着学校的声望问题，因为它们知道，不从短期的经济效益角度来决定一切学术问题事关学校的长期利益。

非营利性高校对教师质量的投入成本颇高，为保证教学和研究工作的学术自由，为教师岗位提供了各种各样的保护性措施，如终身教授制度等。凤凰城大学却没有这些。批评家常常认为传统高校以教师为中心，而不是以学生为中心。虽然这种说法有些夸张，但也不是没有道理。非营利性高校之所以以教师为中心，是因为学校的声望和地位主要靠教师的声望和教学、科研成果来奠定，学校有了声望和地位，才能吸引到高质量的学生、科研资金和合同、校友的馈赠和捐款等。凤凰城大学主要靠学费进行经营，所以“学生消费者至上”成为必然。如果哪位教师的工作受到了学生不满意的评价，这位教师只有离开。教师是凤凰城大学的雇员，没有终身制。非营利性大学中耗时耗力的管理问题在凤凰城大学却十分简单。

在这里，学生被视为消费者，基于“消费者至上”的理念，凤凰城大学的组织行动主要围绕学生的利益展开。为他们提供便捷的服务是学校的宗旨，校园开设在高速路旁，开阔的停车场极大地方便了学生的出入；全年的任何一周入学都可以开始学习，这样的安排大大节约了学生的时间。

课程的安排以学生为中心，学生随时入学，随时都可以找到合适的开班时间，且课程周期短，只有五到六周。一年中的每个星期都在循环开班，这与非营利性高校有着很大不同。这是凤凰城大学消费者中心思想的具体体现，一切以学生的需求和方便为中心，保护学生的知情权、选择权和监督权。

将学生视为消费者并不意味着学校与学生之间只是简单的商品或服务的买卖和交换关系，或者为取悦消费者放弃教育应有的核心价值。实际上，快速对学生的需求作出反应并为学生提供高质量的服务是凤凰城大学消费者导向服务的宗旨。像其他营利性高校一样，由于凤凰城大学的经费来源主要靠学费，没有捐赠或政府科研投入等经费来源可以依靠，所以，学生的需要是它们的生命线，它们必须树立“学生消费者至上”的观念，并付诸实施。

凤凰城大学组织结构扁平，议案的讨论覆盖面大，可以在任何时间、任何地点同任何人进行讨论，是具有超前思维的一种参与式管理模式。组织决策快，付诸行动也快，注重实效。作为组织中的一员，你必须勇往直前，向可测量的目标一步一个脚印地快节奏前进，不能停歇。你必须有抱负、富于激情、勇于创新，具有创业精神。目标的坚定性并不影响人们对策略的灵活性的运用。所谓条条道路通罗马，你可以采用不同的方法，采取不同的途径，但你必须到达罗马。图 2 是凤凰城大学的决策过程勾勒图。

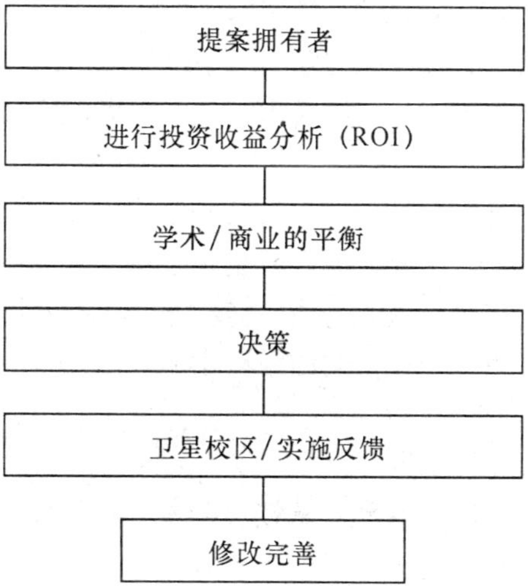

图 2　凤凰城大学的决策过程

资料来源：Gary A. Berg. Lessons from the Edge. New York：Praeger Publishers，U. S.，2005：139.

2. 质量监控

凤凰城大学除了从管理层面在教师的入职及培训、课程的设置特点等关键环节确保质量以外，还开发了大量的评估工具对各个教学环节进行质量监控。

（1）跟踪全程的学习咨询服务

以学生和教学为中心是凤凰城大学等营利性高校的工作法则，学校定期收集学生对提高教育与服务质量的建议信息，作为决策和修改完善改革议案的依据。它们对学生的测评是全方位的，不仅包括认知领域的发展，还包括情感世界的变化等。单从对学生的学习咨询服务来讲，凤凰城大学可谓工作仔细且深入，并贯穿学生入学到毕业的全过程。

学校组建有包括入学顾问（Enrollment Counselor）、经济资助指导者（Financial Advisor）和学术顾问（Academic Counselor）三类人员组成的团队，专门负责为学生在申请入学和课程学习过程中提供咨询服务，在各个阶段提供不同的帮助。学生学习的各个环节都被纳入服务和监督的范围，不仅有利于动态管理，更主要的是拉近了学生与学校的关系，学生遇到的问题可以随时得到帮助和解决，从而减少学习困难，降低辍学率。

入学顾问接近 900 人，打算申请入学的学生首先接触到的就是入学顾问，顾问们负责向这些学生解释入学程序、学习程序、课程结构、学习方式、所需费用、缴费方式、技术要求以及对已有学习水平的测评等内容。

经济资助顾问负责与前来咨询的学生们联系，确认学生是否需要经济资助，以帮助他们克服经济上的困难，让他们顺利入学并完成学业。

学术顾问由240人组成，学生学习第一门课程的时候，由入学顾问为学生分派学术顾问。在学生注册入学后和毕业之前的这段时间里，与学生之间主要的人际接触工作都由学术顾问来完成，他们鼓励学生请教任何问题，帮助学生完成课程的选择、学习进度的安排、理解学校制度等，同时，定期检查学生的学习进展。学术顾问和学生之间有比较多的联系，学术顾问是联系学生和教师及学校的重要纽带。

(2) 完善的质量监控体系①

凤凰城大学像其他成功的营利性高校一样善于广泛使用学生学业成绩评估及项目评估方式，这是营利性高校决策的中心环节。学校设有专门负责内部质量保障的部门，即学校研究与效率办公室（Office of Institutional Research & Effectiveness)。该办公室主要通过两个比较完善的质量监控系统来保障教学质量和学习效果，一个是教学质量管理系统（Academic Quality Management，简称AQM)，另一个是成人学习效果评估系统（Adult Learning Outcomes Assessment，简称ALOA)。教学质量管理系统是为成人学生提供当前学习技能和能力的信息，包括入学到毕业时的学习能力。成人学习成果评估系统则是针对在职成人学生的认知和情感领域的综合评估。

① *教学质量管理系统*

该系统为凤凰城大学就教育质最与运作流程方面提供持续改进的反馈意见，它由一组精心设计的测评工具和手段组成，用于监督日常的教育系统（包括学生、全体教职工、课程开发以及行政工作人员的服务等）的运行情况。

第一，注册报名时的学生调查。在注册过程中，要求学生提供基本的背景信息。这些信息一是用于人口统计学分析，如年龄、性别、人种、工作经验、职业、收入等；二是为了了解学生注册凤凰城大学的动机，如确定主要的职业目标、选择凤凰城大学而不是其他学校的影响因素，什么方法是帮助他们获取知识的最佳方法等。此外，这些信息还有助于了解学生如何评价凤凰城大学、他们如何支付学费、他们居住的地方及环境、他们的雇主的支持度和对凤凰城大学的

① 蒋成凤，等. 美国凤凰城大学的学习支持及质量管理探究［J]. 开放教育研究，2007（2)：100-104.

认识。

第二，课程结束时的学生调查。任何课程结束时，学生必须完成该调查，主要调查学生对课程、教学效果、学习小组、时间安排、学校图书馆、行政管理人员的支持服务、教学设备、教师的教学技能等的评价。这项调查在诊断凤凰城大学的教学活动方面具有非常重要的价值，能够判断是否满足了学生的需求。

第三，课程结束时的教师调查。由于教师被要求具有在所教授的领城内有很深资历，他们在评价课程方面具有无价资源的作用。同时教师在帮助学校判断学生是否从他们的教育过程中获益的时候，也是最重要的资源。任何课程结束时，教师必须完成该调查，该调查主要集中在课程评估、教学效果、时间安排、行政人员的支持服务、设备和技术的使用方面。

第四，教师评价。准确而公平地评估学生的学业表现是保证教学有效性的重要手段，也是教师评价的重要依据。等级差异的评价结果对学校和教师个人来说是自我进步的重要推动力。

第五，毕业生调查。学生在毕业时需要完成该调查，该调查要求毕业生评估他们在凤凰城大学的所有经历，比如他们所接受的教育、技能和知识的质量，在工作中的实际应用情况以及对职业发展和提升的作用等。相关研究人员可以据此对课程、教学、学生服务以及整个学校的运作进行改进或加强。

第六，校友调查。通过这项调查，了解校友完成凤凰城大学的学习后，在长期的工作过程中是如何将所学的内容与职业的要求以及个人职责整合起来的。校友还要回答他们选择凤凰城大学的影响因素、个人和职业发展目标、教育的实际效果、教学模式在帮助他们达到既定目标方面的实际效果等。

第七，雇主调查。该调查用于了解雇员经过凤凰城大学的学习后，是否为雇主和组织带来了收益。雇主的认可不仅为学生带来利益，也为凤凰城大学带来更多的生源。

第八，纵向调查。该调查用于探索发展趋势、潜在问题，以便为决策提供依据。这些研究内容涉及注册人数、保持率以及毕业率、学生性别、人种、班级大小等。调查的重点放在检验学生在注册入学、课程学习、毕业以及持续的职业发展过程中，其教育需要和目标是否得到了满足。

第九，其他的研究支持。这些研究包括学院政策、流程及组织的有效性、市场策略等，用以支持领导层的决策。

② 成人学习效果评估系统

成人学习效果评估系统包括前测试和后测试两部分，内容涉及四个方面：认知评估、职业和教育价值观评估、批判性思维及交流能力评估。这些评估测试一方面让学生对自己入学时的技能水平做到心中有数，另一方面也让学校对学生的情况进一步了解，为测量评估学习和教学结果做准备。该系统是一个针对在职成人学习者的关于认知和情感方面的、全面的评估系统，它要实现两个基本目标：一是在成人学习者注册入学前和毕业时，为他提供有关当前教育技能，如认知、情感、交流和批判性思考等方面的有用信息；二是为凤凰城大学提供有关程序运作有效性方面的信息，以保证所采取的措施能做到持续、有效。测量结果为以下两个目标服务：保证学生达到预期的学习目标；对学生个人和职业生涯产生可测量的、客观的影响。该系统由以下几个部分组成：

第一，认知测评。该测评针对不同的领域设计，在学生毕业时进行。测评结果反映学生经过凤凰城大学的学习在不同领域认知能力的变化。测评结果为学院的决策提供依据，以决定进一步的课程设计和评估流程。同时，测评结果还要反馈给学生本人。

第二，职业与教育价值评估。学生在职业与教育价值方面要接受前测和后测，主要集中在评估学生对职业知识与技能的价值方面的重视程度，如对协助与合作中需尽的义务、自信心、首选的学习方式、自我效能感、教育目标、职业价值、职业成功因素等的评价。这些评估以主观经验为导向，可测量，也可分等级。

第三，交流沟通技能测评。在正式开始一门课程之前，学生通过测试了解自身的沟通技能（如写作、表达和群体交往能力）。到毕业的时候，学生再次对自我的交流能力进行测试，同时，教师也要对学生这方面的能力进行测评。通过比较两者的测评结果，判断学生的交流沟通能力是否得到了提高。

第四，批判性思维能力测评。批判性思维能力的测评也包括前测和后测两个部分，分别在课程开始前以及毕业时进行，其目的是测评学生利用批判性思维解决问题的能力较以前是否有了提高。

凤凰城大学开发了许多用于质量保障的评估工具，教学质量管理系统和成人学习效果评估系统是其中覆盖面最广的两个系统性工具。其他的评估方法如基于网络的高效评估体系（Proficiency Assessment System）经过实践证明对本科生在写作能力、数学能力和评判性思维的形成和提高作用显著。该体系辅之以大量的帮助学生提高技能的支持服务系统，如在线写作中心（Online Writing Center）和在部分校园开设的周六数学/统计学实验室（Saturday Math/Statistics Labs）。凤凰城大学还利用 ETS 主修课实地测试（即商业专业实地测试 The Major Field Test in Business）项目以检测本校毕业生与参加同一测试的全国其他类型学生的比较结果。在学分转移方面，凤凰城大学对学生已有学分的转移持开放态度。学分转移包括两种类型：一类是从经过区域鉴定机构认可的学校获取的学分；另一类是通过凤凰城大学先前学习测评项目（the University's Prior Learning Assessment Program）获取的学分。其中凤凰城大学先前学习测评项目依据学生参加职业培训、参加像 CLEP 一样的标准化考试及实地学习（Experiential Learning）的情况给学生记录学分。学校会尽力将学生已有的学习和工作经历转化为学习的基础。要获取经验性学习的学分，必须首先修一门课程，根据这门课程准备一组报告，报告经过测评合格才能获得学分。测评项目（共三项活动：职业培训、标准化考试和实地学习）中的单项活动不能超过 30 学分，三项相加不能超过 60 学分。凤凰城大学对学分转移中通识教育的 60 学分的重视程度远远低于专业学习阶段学生获得的学分。1992 年，中北部院校协会曾对凤凰城大学缺少严格的通识教育提出过批评，虽然通识教育至今仍然是学校的薄弱环节，但凤凰城大学增设了通识教育系，并逐步增加了对该领域的投入。

第三节　内部质量保障的特点

一、保障理念：以消费者为中心

质量之于营利性高校，就如食物之于生命。质量是营利性高校的生命线，没有质量就不会有学生，没有学生就不会有收入，没有收入就不可能生存，这一简单的逻辑推断解释了营利性高校的质量保障理念。以学生消费者为中心，或称消费者至上的质量保障理念是凤凰城大学生存的必由之路。从课程设计、教师聘用、课堂教学到各环节的质量监控无不体现着这一理念，凤凰城大学力争使消费者购买到物有所值的、上乘的教育服务。

二、保障方式：多样性和立体化

凤凰城大学开发的质量评估工具数量多，而且覆盖面大。从学生打算入学到毕业之后，从学生到教师，从课程到教学，从教学到管理，从学生认知能力到情感发展，从雇主到校友，包括了办学活动的横向和纵向两个方面，构成了一个无所不至的质量评估和监控的立体网络。该网络与外部质量认证标准保持一致，并对外部质量认证要求作出积极响应。

三、组织结构：扁平化

与传统非营利性高校组织相比，凤凰城大学管理幅度更宽，组织结构趋于扁平化，决策前的意见收集面大，但决策时却迅速而集中。教师权力与行政权力两者在学校相对独立，权力界限比较明确。学校不设终身教职，教师去留完全由学生的满意度来决定，从根本上保证了学生权利。

四、教学方式：标准化

标准化的教学方式有利于管理和评价，但凤凰城大学实行的标准化教学方式主要体现在不同校区课程的标准化和模块化，授课方式也通过教师培训建立了相对标准的规范，但这并不意味着凤凰城大学的教师像作业在流水线上的工人一样，没有自己的自主性和创造性。教师们在基本方式的规范下，依据自己的知识储备、工作经验和对学生的了解，在教与学的互动中发挥自己的主动性和创造性。

第四节　小　　结

本章以凤凰城大学为例探讨了美国营利性高等学校的内部质量保障模式。与非营利性高校相比，营利性高校更关注质量，因为，在这里质量就意味着利润，没有质量就没有学生，没有学生就没有利润。质量直接关乎它们的命运，不论是当下的生存还是长远的发展。所以，质量无时无刻不成为营利性高校的关注重心。本章从学校整体运作的视角介绍了营利性高校的内部质量保障，从教学模式、管理模式到具体的质量监控方式。凤凰城大学作为新一代成功的营利性高校的代表，其内部质量保障模式有一定的代表性，我们可以从保障理念、保障方式以及组织结构和教学方式等关键环节的设计看出凤凰城大学内部质量保障的特点。以消费者为中心的保障理念将学生的利益放在了学校工作的中心位置；多样化和立体式的保障方式和手段是落实理念的工具；扁平化的学校组织让消费者为中心理念能够在决策中得到合适的组织结构的保障；教学方式的标准化和模块化让学生消费者清楚了解自己的需要和教师的要求，同时，也使得质量监控相对易于操作。

第八章 发展展望及对中国的启示

第一节 发展展望

探讨美国营利性高等学校的发展及其质量保障体系，是为了能够对我国高等教育的发展有所借鉴。我国 2010 年颁布的教育《规划纲要》首次正式明确了“积极探索营利性和非营利性民办学校分类管理”的要求，并且已经开始了对两类民办学校分类管理的试点工作。但我们十分清楚，中国民办高等学校分类管理的路程不会是一帆风顺的，还有许多困难和挑战需要克服和面对。美国营利性高等学校作为世界营利性高等学校体系中的一个组成部分，其发展势头强劲，对中国民办高等学校的发展提供了借鉴参照。中国不仅要参考和借鉴美国营利性高等学校的发展经验，还要放眼世界，将营利性高等学校的发展放在更大的范围内进行考察，分析展望世界营利性高等学校的发展趋势。

一、世界营利性高等学校的发展现状

从世界其他国家来看，与美国营利性高校一样，营利性高等学校也并非是一个新生的概念。早在 19 世纪中期，英国在伦敦大学创办时期就已经采用向市民转让股份、把股份转让收入投入大学设置的先例。此外，在二战后的菲律宾也出现了类似的事例。当时，由于升学需求的急速上升，高等教育的供给出现明显不足。与此同时，无论是人才、办学经验，还是大学设置所需的资金，都出现了大量短缺。为了改善现状，以提供一定利益回报为诱因来吸收商业资本投入的方案得到了采纳。其结果是，股份公司参与大学设置得到认可，并且其股票在证券交易所上市。菲律宾的营利性学校已有很长历史，有一些学校在证券交易所上市也已有许多年。拉丁美洲的大多数国家不允许创办营利性高等学校，但是至少有一

些新学校似乎对创收很感兴趣。其他国家也出现了类似趋势，其中包括韩国和马来西亚。

如果把上述的营利性高校定义为第一代营利性大学，那么近年出现的营利性高校可以界定为第二代营利性大学。美国以凤凰城大学为第二代营利性高校的代表。在日本，目前已有三所营利性高校开始了试点运作。即使在韩国，类似首尔数码大学（Seoul Digital University）的网络大学也作为营利性大学开展教育活动①。

私立高等教育机构正逐步分化为营利和非营利两种类型。营利性学校中虽然有些表现出多功能的特点，但这些学校更多的是在工商管理、计算机或其他市场需求旺盛的相关领域有所专长。营利性高等学校依靠所在国的法律规定而生存。到目前为止，仅有少数几个国家的法律明确允许高等教育机构营利。在多数国家，通过教育赚钱在文化和法律上都不被接受，如在波兰、葡萄牙、俄罗斯、坦桑尼亚、乌拉圭等国家，法律或者明确规定不允许营利性高等学校的存在，或者对此含糊其词。实际上，目前我国对营利性高等学校的态度亦属于含糊其词的阶段。因此，一些新学校就通过规避现行法律来达到营利目的。有些国家只允许在非学历教育领域进行教育营利性活动，如智利。

第一代营利性高等学校是在公共教育体系没有完全成熟的环境中产生的。与此相反，第二代营利性高等学校的特征在于，它是在被公共教育体系所忽视的“缝隙”中产生的。美国的一部分营利性高等学校聚集在不存在设置前办学许可制度而只有设立资格鉴定制度（Accreditation）的州内。这是因为资格鉴定制度是以私立高等教育机构制度为前提的一种学校同行间相互评估的制度，并不设定明确的评估指标。这种制度特征从某种程度上为营利性高等学校的创办与运作创造了一个理想的生存环境。此外，一部分营利性高等学校采用了以接收经营陷入困境的私立高等教育机构的形式进入高等教育市场，这种方式可以帮助营利性高等学校摆脱办学许可制度的困扰。在日本，营利性高等学校是在政府积极推行减缓政府行政干预的背景下出现的。与修改和放宽高等教育机构设置基准的改革相配套，营利性高等学校是作为政府改革的一个环节出现的，目前设立在几个政府控制力度被大幅削减的实验性特区（日语中称为“结构改革特区”）内。在韩国，由于学校教育法中明确规定私立高等教育机构必须由学校法人设置，营利性高等

① ［日］金子元久．营利性大学：背景·现状·可能性［J］．北京大学教育评论，2005（4）：17-22.

学校尚未得到政府的承认。但是，营利性高等学校却巧妙地利用了依据《生涯教育法》设置的教育机构拥有学士学位颁发权这一制度空隙，以生涯教育机构的身份顺利地进入了高等教育市场。

现实中营利性高等学校的运营管理模式也同样存在着多样化的趋势。多数美国营利性高等学校是由母公司所有，高等教育机构内部设有董事会，但董事会成员由母公司任命。与此相反，日本营利性高等学校只是母公司的一个营业部门，高等教育机构内部并不设立董事会。而在韩国，多数营利性高等学校则利用社会捐资设置小规模的财团，并由该财团委托营利性公司对高等教育机构进行运营管理。这样的运营管理模式将有效地确保效益的产生与提高①。

如果抛开营利性高等学校出现的相似原因，美国营利性高等学校是本国宽松的办学许可制度及强大的成人职业教育需求的产物；日本营利性高等学校是被政府作为减少行政干预的象征而推上高等教育舞台的；我国营利性高等学校则将是政府放权及高等教育经费严重不足的一种选择。虽然营利性高等学校规模有限，但它对公立、私立非营利性高校以及整个高等教育体制将带来巨大的冲击。

二、营利性高等学校的未来发展

美国新型高校挑战高等教育的事情已经不是第一次发生了。一方面为了扩大高校的招生人数，另一方面为了传授农业和工程技术等实用课程，19 世纪中期创办的学费较低的赠地学院造就了如爱荷华州立大学和俄亥俄州立大学等美国公立高校的发展。20 世纪五六十年代，在高等教育需求日益增长的刺激下，社区学院蓬勃发展。当年《退伍军人法》颁布的时候，芝加哥大学校长罗伯特·赫钦斯（Robert M. Huthins）在 Collier 杂志上撰文警告说，如果《退伍军人法》通过，大学将可能变成“流浪汉出没的教育场所”。但后来的事实却证明，各类公立高等学校为退伍军人学生的学习、发展作出了巨大贡献，事实也证明，退伍军人学生的表现同样令人尊敬，他们中间出现了许多优秀人才。此后六十年间，高等教育的重点从吸收弱势学生群体转变到了吸收在职成人学生，这一转变像当初的二战退伍军人被吸收到学校一样巨大。如今，营利性大学进一步推开了高等教育的大门。

---

① ［日］金子元久. 营利性大学：背景·现状·可能性［J］. 北京大学教育评论，2005（4）：17-22.

1. 21 世纪高等教育的使命

教学、研究及社会服务是当代高等教育使命的具体分解，或称为高等教育的三大职能。营利性高等学校的加入，不仅没有改变它的功能，而且进一步佐证了这些功能的现实价值。可以说，对应高等教育的三大功能，研究型大学注重的是研究功能，同时兼顾教学和社会服务功能；营利性高校注重的是通过教育直接为社会服务；介于两者之间的高校主要从事教学，同时兼顾研究与社会服务。

高等教育通过教学、研究和社会服务推动着人类的进步和社会的发展，在政治、文化和经济领域中体现其价值。传统高等教育更多体现的是政治和文化的价值，对经济发展的贡献常常是通过首先实现其政治和文化目标而间接实现的。营利性高等学校则通过营利性高校这一经济实体对经济的发展作出直接的贡献，而同时，通过教学服务对国家的政治目标和文明进步作出间接的贡献。

于是，21 世纪的高等教育并未因为营利性高等学校的崛起而受到损害，却因为它的崛起而变得更加丰满。也就是说，不论以认识论、政治论还是资本论为依据的高等教育，尽管所采用的方式和手段各不相同，但其终极目标是一致的——通过高深学问促进人和社会的全面发展。高等教育理念的核心价值已经沉淀为人类文明的一个不可分割的组成部分。

1998 年在巴黎召开的联合国教科文组织世界高等教育会议，发表了《二十一世纪的高等教育：展望和行动世界宣言》，该宣言对高等教育的使命和职责做了如下阐释①：

(1) 教育、培训及开展研究。

保持、加强和进一步扩大高等教育的基本使命和重要作用，特别是促进整个社会的可持续发展和进步的使命，即

① 培养合格的毕业生和能够满足人类各方面活动、各方面需要的负责任的公民，为此，应采用不断地根据社会现在和未来的需要予以修改的课程和内容，使他们获得兼有高水平的知识和实际技能的资格，包括职业培训。

② 为接受高等教育和终身教育提供各种机会，使学生有各种选择及入学和退学时间的灵活性，以及个人发展和社会流动的机会，以便从放眼世界的角度培养公民意识和促进学生积极参与社会生活，促进自身的能力建设，本着公正原则加强人权、可持续发展、民主与和平。

③ 通过研究去发展、创造和传播知识，作为其社会服务的一部分，提供有

① 杨东平. 二十一世纪的高等教育［A］. 杨东平. 大学之道［C］. 上海：文汇出版社，2003.

关的专门知识，帮助社会、文化和经济的发展，促进科技发展和社会科学及人文科学与创造性艺术方面的研究。

④ 帮助在文化多元化和多样性的环境中理解、体现、保护、增强、促进和传播民族文化和地区文化以及国际文化和历史文化。

⑤ 通过对青年进行奠定民主公民意识之基础的价值观培养及提供有助于探讨战略方案和加强人道主义观点的批判性的和公正的看法，保护和增强社会价值观。

(2) 保持伦理、自治、责任和预测功能。

根据教科文组织大会 1997 年 11 月批准的“关于高等教育教学人员地位的建议”，高等学校及其师生应当：

① 通过在各项工作中坚持严格的伦理准则和严谨的科学态度和学风，保持和发挥自己的重要作用。

② 能够完全独立和充分负责地就伦理、文化和社会问题坦率地发表意见，成为社会所需要的知识权威，以帮助社会去思考、理解和行动。

③ 通过不断对新出现的社会、经济、文化和政治趋势进行分析，加强自己的批判和前瞻能力，成为预测、警报和预防的中心。

④ 发挥智力和道德影响力，捍卫和积极传播被普遍接受的价值观，包括教科文组织《组织法》中提到的和平、正义、自由、平等和团结。

⑤ 享有作为自己的权利与义务的充分的学术自由和自主权，同时对社会充分尽职尽责。

在帮助确定和解决影响社会、国家和全球福祉的问题方面发挥作用。

21 世纪的今天，在美国，高等教育的这些使命和职责是由公立高校、私立非营利性高校及私立营利性高校共同承担的。实际上，在世界其他许多国家，随着私立非营利性高等学校及私立营利性高等学校的出现和发展，高等学校的构成也在向“公立、私立非营利性及私立营利性”三位一体的结构发展。不同类型的高校共同维护着高等教育的基本使命，担负着高等教育日益扩大的职责。营利性高校在检视高等教育使命与自身特点的过程中，将社会责任与市场目标融合在一起，努力做到教育目标清晰，并通过为消费者服务促进高等教育多样化，利用现代技术提高服务的便利程度，重定学科重点以增强其教育的针对性，促进学习型社会的形成。

2. 营利性高校在高等教育领域取得了一席之地

虽然到目前为止，营利性高校的大部分收益都是来自那些无法进入非营利性高校的学生，但是，营利性高校也正在越来越多地吸收原本可以进入非营利性高校的学生。从长远来看，营利性高校似乎还将在某些领域内挑战非营利性高校的垄断地位。营利性高校追求的主要目标是经济效益，社会效益不是它的主要目标，但是，经济目标必须符合社会利益才能更好地得到实现。成功的营利性高校很好地证明了这一点。

在营利性高等学校发展的过程中引起了许多的争论，有人认为，它代表了美国高等教育改革和发展的方向，也有人并不认可它。但随着它的壮大以及传统高等教育的改革，成功的营利性高等学校的办学模式得到了越来越多人的认可和称赞。而且新的大学分类方法也因此呼之欲出。除了以是否营利将高等学校分为“营利性”和“非营利性”两大类以外，传统分类方法也受到了挑战。如美国联邦政府教育部前部长芬恩（Chester E. Finn Jr.）撰文建议，传统大学分类应该改变只按学术任务划分的做法，而应以大学面向的“大学市场”来定位并进行分类。他推荐以斯坦福大学为基地的全美中学后教育改进中心提出的大学分类观念和方法，即将所有中学后高等教育机构分为三类：名牌大学（Brand-Name Campuses）、大众大学（Mass-Provider Institutions）和便利大学（Convenience Institutions）①。名牌大学是指那些选择性的、地位高、费用也高的学校，为传统学生提供以校园为基础的教育，如哈佛大学、加州大学伯克利分校等。大众大学是指那些费用低廉但课程计划相对传统，招收的学生最多的高校，如地方性大学及社区学院等。便利大学是指那些以学生消费者为中心的、以商业模式提供范围广阔的教育服务的教育机构。凤凰城大学等营利性院校应该被归入便利大学类型，它们积极反映人才市场的变化。它们既不像名牌大学那样推崇和追求传统的学术价值，也不像大众大学那样追求生源的多样性和平等的入学机会。

有人担心营利性高等学校的成功会使学生失去传统意义上的大学经验，但值得注意的是，如果传统高等教育不能够让弱势群体付得起、进得去，那么，这样的高等教育就不能说是成功的。在批评别人在自己做得不好的地方取得成功的同时，也要检查一下传统高等教育自己内部的不足之处。

随着营利性高校的不断发展，它们也许会迫使部分实力较弱的非营利性高校改善自己的教学方式或是走向倒闭。但无论走哪条道路，受益的依然是高等教育本身。

3. 营利性高等学校不可能取代传统高等学校

尽管一些学者极力倡导把高等教育交给市场来调节，但事实上，没有国有化

---

① 乔玉全. 21世纪美国高等教育［M］. 北京：高等教育出版社，2000.

的学校，就不可能提供被认为是对社会稳定所必要的共同的价值标准①；其次，私人办学是极不稳定的，一旦完全进入市场，经营学校如同经营企业一样要承担一定的风险，然而，大学本身是难以承担这一风险的，因为教育是不允许后悔和失败的事业，也是不能走回头路的事业，失败的代价不仅是巨大的，而且是无法补偿的；第三，提高高等学校的经营效率的根本途径并不是彻底转换所有权，而是有效地发挥竞争机制的作用。从高等教育改革与发展的过程来看，私有化只是促进政府对高等教育管理手段改革的一个方面，公立、私立大学的共存更有利于竞争。就世界各国高等教育发展的历程来看，尽管私立大学的学校自治、学术自由比公立大学更加充分，但是，从来没有一个国家把所有的大学交给私人团体或企业来经营，把高等教育彻底地交到市场的手中。毕竟高等教育和国家的关系太密切，即使经济学家也认为，高等教育若走上完全市场化和私营化之路，并不能使社会整体得到最大的利益②。

教育包括高等教育的公益性并不会在市场化的浪潮中消失，在一定的历史时期内或者说相当长的历史时期中，其公益的属性仍将存在。伴随着社会生产力和人类自身的发展，教育的公益性仍然是教育追求的终极目标。从这个意义出发，只能把高等教育市场化理解为高等教育发展过程中的一个历史阶段，或者说是教育进程中的一个必然阶段③。

市场对教育的介入并不意味着削弱了政府对高等教育的监控功能。经济学的研究表明，公共物品、准公共物品和边际成本为零的物品，需要由政府集中决定它们的供给，或者由政府协助组织它们的供给，自由放任的、分散的供给方式是无效的。政府干预的必要性和其主旨就在于弥补市场的不完善，矫正市场失灵。事实上，在高等教育的发展过程中，市场和政府都会有失灵的情况，因此二者应当是一种相互补充和交替发挥作用的关系。政府的监控是需要成本的，只有政府干预的成本小于自由市场交易的成本，并且也小于由干预所带来的社会收益时，政府的干预才是有效的。

虽然为提高对高等教育需求日益增加的反应能力，美国一些州开始采取市场模式，尝试流水作业式的管理程序。对于政策制定者而言，问题在于究竟在多大

① ［美］米尔顿·弗里德曼．资本主义与自由．http：//www.ebook007.com.

② 戴晓霞．高等教育与市场导向：新世纪的挑战与展望［A］．两岸大学教育学术研讨会论文集［C］．厦门：厦门大学出版社，1998：95.

③ 邬大光．市场化：中国私立高等教育的选择与响应［A］．戴晓霞，等．高等教育市场化［C］．北京：北京大学出版社，2004：247.

程度上可以依赖市场的力量规范质量及减少不合格高校。但是，高等教育不是完善的市场，它接受着纳税人的补贴，不管这种补贴是直接交给学校的经费，还是通过州或联邦学生经费资助项目的形式间接补贴给学校。

营利性高等学校是市场经济的典型产物，同时，通过考察美国营利性高等学校的历史和现实我们不难发现，由于经济发展阶段及营利性高等学校自身的局限，只有极少数营利性高校有较高声望，它们中的大多数是一些规模较小的职业学校，许多无权授予学位。无论如何，它们提供的服务在现实中需求量很大，而且收益不菲。

营利性高等学校取代非营利性高等学校的可能性是极为有限的，但作为高等教育系统的一个组成部门将会长期存在下去。

第二节　对中国的启示

在很长一段历史时期内，我国的高等教育作为一种公共物品，由政府垄断生产提供，市场力量和社会力量很难介入。政府对高等教育投入的有限性是高等教育面临困境的直接原因。我国政府的公共财政能力比较弱，在财政支出结构中的比例也有待提高。"发达国家的公共财政职能偏向于政府消费和公共消费的性质，政府的经常性开支通常占财政支出的90%以上，与我国政府财政职能更多倾向政府投资的性质完全不同。我国政府使用财政资源，不仅是为了满足公共需要，也是履行一个生产投资者的角色。"①政府既充当大学的投资者，还作为大学的管理者和举办者②。

国务院1993年在《中国教育改革和发展纲要》中明确提出，要逐步提高国家财政性教育经费支出占GDP的比例，在20世纪就要达到4%，但至今仍未能实现这个目标。即使实现了这个目标，也仍然低于世界平均水平。单靠政府投入的高等教育，很难实现我国高等教育大众化目标。民办高校成为实现我国高等教育大众化的一支重要力量。但是，我国民办高等教育的发展必须首先解决"能否营利"及"产权"等问题才能真正得到发展。虽然，目前这个问题还没有得到明确的解决，但是，民办高等教育已经在强有力的市场需求的推动下蓬勃地发展

① 吴开俊. 高等教育如何走出困境［J］. 教育发展研究，2003（1）.

② 王卓君，赵顺龙，陈同扬，等. 中国大学外部经济关系研究［M］. 北京：北京大学出版社，2005.

起来。

民办高等教育在我国的发展道路是曲折的，与美国的营利性高等学校的发展一样，我国民办高等教育的存在长期以来一直处于主流高等教育之外。谈到营利性高等学校在我国发展的可能性，就必须对我国民办高等教育的发展现状做一简要介绍。

一、我国民办高等教育的发展现状

中国的民办高等教育源远流长。不同的时期及不同的文献中对这类教育有多种提法。中国古代有“私学”之称，与官学相对；近现代有“私立教育”、“私立学校”的称谓，外国在中国创办的“教会学校”也是一种私立教育机构；当代在政府的有关法律、条例、规定等条文中，有“社会力量办学”、“民办高等教育”等概念。民办高等教育在改革开放前曾经销声匿迹 20 多年，改革开放之后重新崛起并蓬勃发展，成为我国教育体系中的重要组成部分。

在中华人民共和国成立初期，全国有高校 227 所，其中，私立的高校有 69 所，占总数的 39%。政府为大力发展公办学校，于 1951 年将教会大学全部收为国有。1952 年，又将其他私立高校全部改为公立。直到 1978 年，我国第一所民办高校——湖南中山进修大学（原中山业余大学）成立，标志着我国民办高等教育在经历了 20 多年的沉寂之后又重新登上了历史舞台。伴随着我国改革开放和现代化建设的进程，经过 20 多年的发展，我国民办高等教育从无到有，从小到大，不仅在数量上已经达到了相当的规模，而且在质量上也逐步得到了不断的提高，形成了一定的结构、层次和办学特色，逐步成为我国高等教育的重要组成部分，在我国高等教育迈向大众化的进程中发挥了重要作用。据 2011 年全国教育事业发展统计公报显示，2011 年全国高等教育总规模 3 167 万人，全国共有普通高校（含独立学院 309 所）和成人高校 2 762 所。其中民办高校（含独立学院 309 所）698 所，在校生 505.07 万人。民办的非学历教育机构 830 所，各类注册学生 88.14 万人。高等教育分类管理的条件基本成熟。

如果从举办者、资金投入来源的角度分析，当代中国民办高等教育的发展可以分为三个时期，每个时期遇到的理论问题都不同①：

第一个时期，举办者多为老干部、老教师。投入方式：一是人力资本。这些

① 潘懋元. 对接资本市场 [J]. 教育发展研究，2004 (3)：15-16.

老干部、老教师把自己作为劳动力投入到办学中；二是收取学费。当时所收的学费低，资金少，部分学校采用的是滚动发展方式，艰难地前进。初期粗放型的民办高等教育发展所遇到的理论困惑是“姓社姓资”的问题。

第二个时期，20 世纪 90 年代以来到现在。随着邓小平南巡讲话的发表和党的十四大的召开，我国社会经济发展与改革的步伐加快，民办高等教育也进入一个空前活跃和大发展时期。举办者多为私人或私法人。学校初具规模，有的已具相当规模，也得到社会和政府的初步认可，但也遇到许多新的困难。理论上的困惑是所谓“公益性”与“营利性”的矛盾。

第三个时期，已露端倪的可能是以进入资本市场为筹资重要渠道的时期。美国已有，中国实际上也有，但只做不说。举办者已不是某一个或几个私人或私法人，而是教育集团、投资公司、股份制（其中条件比较充分的已上市）。也可以是多形式、多渠道的，如国有民营，公办转民，民办转公，公、民合办。遇到的困惑可能是因产权不明晰，导致海内外投资者的犹豫、徘徊。

依据不同的标准，我国教育理论界对民办高等教育的发展模式有多种不同的分类方法。

有学者依据学历标准将民办高校分为四种类型：其一，传统的学历教育学校，具有颁发国家承认的学历资格。其二，文凭考试教育学校，属于高等教育学历文凭考试试点学校。其三，自考助学教育学校，属于高等教育自学考试助考辅导机构，不具有颁发国家承认学历文凭的资格。其四，技能培训学校，不具有颁发国家承认学历文凭的资格。学校一般没有长期稳定的办学层次，多是依据社会和市场的需求，满足学生更新知识、接受继续教育的要求。

按办学的运行机制将民办高校分为四种发展模式：其一，注入式。这种模式是以市场机制作为配置教育资源的基础性手段，以大型私营企业、企业集团或个人的投资为依托，以高质量办学水平换取市场信誉，通过教育与资本联姻，获取民办高校运转与发展的资金和教育市场的份额。其资金的注入方式主要有中外合作式、股份合作式、教育集团运作式、企业集团投资式等。学校的内部管理实行企业化运行管理模式。其二，改制运作式。这种模式是在保持原学校国有性质不变的前提下，实行学校财产所有权与学校办学法人财产所有权的“两权分离制”，即校董分离的董事会领导下的校长负责制。其三，附属再生式。这种模式是利用原国有高校（母体）在多年办学中积淀下的无形和有形资产，利用国家对民办高校的优惠政策，采取民办高校市场化的运行机制，独立于母体高校自主办学。其四，滚动式。这种模式是单纯依靠收取学费来维持民办高校正常的运转和发展①。

由于中国特有的文化、体制传统对“营利”的忌讳和蔑视，营利性教育从来没有自己的席位，没有哪一个办学者称自己在营利，不论事实上他是否在营利。但是，这种状况正在悄然发生着转变。营利性高等学校的发展在中国已经具备了生长的土壤。

二、我国营利性高等学校生存的条件

1. 制度环境——市场经济体制的建立和不断完善

市场经济体制是营利性高等学校存在的最基本条件。在市场经济的发展过程中，高等教育与之也从最初偶发的、松散的联系，逐步走向了比较固定和密切的联系。美国之所以出现成功经营的营利性高等学校，与其拥有比较完善的市场经济体制密切相关。

中国严格意义上的高等教育形成于社会主义制度确定以前的半殖民地半封建社会，深受自然经济半自然经济观念的熏陶。1949 年后，中国政府便对旧有高等教育在办学方向和性质、教育体制和内容等方面都进行了彻底改造，但这些改造又是在产品经济观念下进行的。这样，实质上使得没有历史机会经过市场经济这个社会经济发展必由阶段的中国高等教育，又在超阶段的产品经济思想观念指导下运转起来。结果，相对独立性比较强的高等教育活动，在社会主义时期，一方面仍然带有大量的自然经济时代的色彩，另一方面，却又掺进了许多现阶段不可能达到的未来成分。高等教育领域内的一些思想和实践，形似公有制计划经济的必然结果，实际上却很大程度上是自然经济意识在新的历史时期的残存表现。在摸索了 30 多年后，社会主义中国终于认识到，市场经济是任何所有制形态的社会经济发展都不可逾越的阶段，处于初级阶段的社会主义经济是公有制基础上的市场经济，计划调节与市场调节相结合，是社会主义经济管理体制和经济运行机制的基本原则②。

过去 20 多年来，我国在建立市场经济体制方面取得了重要进展。自加入世贸组织以来，我国政府一直在努力争取国际贸易各国承认中国的完全市场经济地位。获得市场经济地位将有利于我国外贸进出口的发展。据中国商务部统计，到

① 叶军. 我国民办高等教育发展现状与分析. http://www.edu.cn,2004-3-4.

② 陈列. 市场经济与高等教育［M］. 北京：人民教育出版社，1998：203-204.

2011 年 9 月，全球已有包括俄罗斯、巴西、新西兰、瑞士、澳大利亚在内的 81 个国家承认中国的完全市场经济地位①。但是，包括美国、欧盟在内的许多西方国家至今仍没有正式承认中国为市场经济国家。这里面原因很多，但是，有一点可以肯定，虽然建立完善的市场经济体制尚需时日，但我国已经从计划经济迈入了市场经济阶段。

经济体制必然影响着高等教育的发展。在计划经济体制下，高等教育作为公共物品由政府提供，高等学校没有自治权，与市场隔绝。在市场经济条件下，高等教育逐步接近市场，受到市场力量的调节，高等学校成为独立的法人组织，国家政府的干预定位在宏观的指导、监督和咨询的层面。市场经济制度虽然不是营利性高等学校产生的充分条件，但却是必要条件。

2. 思想观念——对教育产业属性的认可

进入工业社会以后，教育就不再是纯粹的消费性活动，而是具有滞后性但却具有持久回报效应的投资性活动，这种投资活动的经济回报率还相当高。这一点在人力资本理论建立以后，就已经没有多少人怀疑了。但是，在其本质上，在教育是事业还是产业这个问题上，20 多年来，我们一直争论不休。在大量的文献中，对教育的事业性和产业性都有充分的、有说服力的论证。这对我们加深认识教育的复杂性和政府制定符合时代要求的教育发展政策具有深刻意义。到目前为止，在讨论有关教育的产业性和事业性的文献中，尤其是在 20 世纪 90 年代以后，几乎没有一篇文章完全否认教育的事业性或产业性，只是在强调教育事业性或产业性的表现、重点、阶段、途径上有所不同。当然，也在强化教育的事业性或产业性的态度上有所不同。人们不再是非此即彼地看待教育的特性，而是认识到教育具有事业性和产业性共生的特性②。

在一国的教育系统中，既有教育公益性的运作方式，又存在教育产业性的运作方式，只是二者作用的范围和方面不同。改革开放以来，我国教育运作的模式由单一逐步走向多元。目前整个教育活动充分体现了教育产业性与公益性共存的特性。这种共存主要有三种体现：一是在不同教育系统（如军事教育与普通教育）或不同教育类型（如公办教育与民办教育）中采用不同的教育运作模式，分别体现出教育的公益性或产业性；二是在同一教育系统或教育类型的不同的教育

---

① 入世十周年“关键词”：81 国承认中国市场经济地位. http://finance.sina.com.cn/roll/20111110/070710787755.htm.

② 袁振国. 发展我国教育产业政策研究［M］. 长春：东北师范大学出版社，2002.

层次（如公立基础教育与公立高等教育）上采取不同的运作模式，从而使教育的产业性或公益性在不同的教育层次有不同的体现；三是在一个教育机构不同的教育活动层面（教学工作、管理工作与后勤工作）上，采取不同的教育运作模式，从而使教育的产业性和公益性在不同的教育层面有不同体现。如学校教育中核心部分即与人才培养直接相关的方面如教学、德育等方面的活动应遵循教育的公益性原则来安排，而离教育内核较远的后勤领域可以充分发挥教育产业化运作的优势。总体上可以做出这样的判断：在教育的不同层次，其事业属性和产业属性的成分和比例是不同的。义务教育阶段强调的是教育的事业属性，而学前教育、职业教育以及高等教育则产业属性比例更大一些。当然，这种教育产业性与公益性作用范围的划分并不是绝对的，而是在教育产业性与公益性作用强弱的比较中得出的一个相对的划分，旨在提供一种理论研究与解释问题的框架。

教育产业属性在我国现阶段的彰显是教育在现代社会中的作用不断得到加强的结果，是政府对教育重要性不断提高的认识力、教育规模不断增长的扩张力、市场向教育不断趋近的渗透力彼此推进、共同作用的结果。在“科教兴国”和高等教育大众化的时代背景下，政府教育投入无法完全满足教育发展尤其是高等教育发展的要求，这就决定了非国家财政资金进人教育的必然性和必要性。由于非国家财政与国家财政具有不同的性质，其投入教育后的运作模式就必然与国家财政不同①。

由此，将引起一次教育范式的转型：教育的产业性将日益凸显，教育事业和教育产业同步发展。国务院也于 1992 年颁布的《进一步加快我国第三产业发展》的文件中，明确地把教育定位为“具有全局性、先导性和基础性的产业”。

3. 世界贸易组织——对高等教育服务贸易活动的推动

2001 年 12 月，我国正式加入世界贸易组织（WTO），但我们对教育服务的承诺是部分承诺，承诺的具体内容如下：

（1）国家规定的义务教育（我国实施九年制义务教育，包括初等教育和初中教育两个部分）和特殊教育服务（如军事、警察、政治和党校教育等）不包括在教育服务中。

（2）对跨境交付方式下的市场准入和国民待遇均未作承诺。

（3）对境外消费方式下的市场准入和国民待遇没有限制，即不采取任何措施，限制我国及其他 WTO 成员国的公民出境（入境）留学或者接受其他教育

---

① 庞振超. 教育产业属性的彰显 [J]. 理工高教研究，2004（6）：1-3.

服务。

(4) 在教育服务的商业存在方面，不允许外国机构单独在华设立学校或其他教育机构，在市场准入上允许中外合作办学，并允许外方获多数拥有权，但没有承诺给予中外合作办学以国民待遇。

(5) 在自然人流动方面，若外国个人教育服务提供者入境提供教育服务，必须受中国学校和其他教育机构邀请或雇佣。

在我国对教育服务贸易的承诺范围内，与所有 WTO 成员国进行平等的国际贸易竞争。高等教育是我国承诺加入 WTO 服务贸易体系的一个部分（其他部分包括学前教育、高中阶段教育及成人教育等）。美国等高等教育发达国家的高等学校瞄准我国高等教育发展中供不应求的巨大商机，不仅非营利性高校积极抢占中国市场，赚取可观利润，营利性高校近年来更是如鱼得水，不仅在本国高等教育市场开疆拓土，开拓国外市场更是不遗余力。此外，在高等教育领域，如果仅仅计算学生出国留学的费用，据经济合作与发展组织（Organization for Economic Co-operation and Development，简称 OECD）初步估计，1999 年 OECD 国家的教育服务贸易额将近 300 亿美元，这就相当于 OECD 国家当年整个金融服务贸易额，占 OECD 国家服务贸易总额的 3%。

我国已经走进了教育服务贸易的国际市场，进入市场就必须尊重市场规律。我们没有退路可以走。虽然我国高等教育发展还很落后，但是，我们在世界高等教育市场却不能永远充当输入国的角色。大力扶持我国高等学校，包括营利性民办高校是一条现实的选择。

4. 实践状况——营利性高校的现实存在

在我国，一部分高校的营利行为和营利性民办高校已经成了一种现实存在。不少投资办学者利用政策的模糊性，通过各种方式取得学校的举办权或经营权，成功实现了对学校财权的控制，以各种方式获得回报。

民办高校中的非学历教育机构以及职业培训机构，主要由私人或私营企业投资举办。在这种情况下，要求投资办学者以社会公益或慈善目的而不以营利为目的显然不现实，也不可能。因此，营利是这部分高校的生存和发展的目的。

一些国有企业、政府部门以及公办高校也同样举办营利性非学历教育和培训活动。

由国有企业投资举办的民办高校主要有以下类型：一是完全由企业投资举办的高校，如高职学校、公办高校二级学院（该类学院发展很快）；二是由国有企业控股和参股举办的高校。

由政府部门举办或参与举办的高校包括：公办高校二级学院或分校等，但以民办高校的名义运作。

由公办高校举办的民办学校包括：分校、二级学院等；与国外企业或营利性教育公司联合举办的专业学院等①。

高等教育与资本市场的结合在我国也已有了十多年的时间，而且发展势头很足，实践模式也多种多样。概括来讲，大致包括以下四种模式：其一，大学高科技产业进入资本市场，如北大方正等；其二，以“借壳上市”的方式与其他产业“捆绑上市”，如英豪科教；其三，以教育服务产品为主体介入资本市场，如科利华；其四，已经在资本市场上的上市公司把举办高等学校作为一个新的投资方向。就以上四种模式而言，高校借助自身科技产业进入资本市场无疑占最大比例，也最具中国特色，可谓我国高等教育介入资本市场的实践原型。

据统计，1996 年—2001 年，高校企业经营收入年增长率超过 30%。高校企业与资本市场的关系也越来越密切。1993 年初，第一家高校控股的上市公司——复旦复华在上海证券交易所挂牌。截止到 2002 年 11 月，全国 20 所高校或高校全资、控股企业作为第一大股东的上市公司共 40 家，其中，沪市 20 家，深市 12 家，香港主板两家，香港创业板 6 家。与此同时，高校参股的上市公司还有几十家。

值得注意的是，尽管从数字来看，上市的高教公司发展迅猛，但仍然无法说这种模式就是成功的。截至目前，当大学神秘的光环消失后，高校“概念股”已开始下滑。与之相应，随着国务院体改办、教育部会同国家经贸委、财政部等八个部委共同制定的《关于北京大学、清华大学规范校办企业管理体制试点指导意见》的实施，“除学校资产经营公司外，今后其他校办企业原则上不得冠用校名”；“对现有冠用校名的企业，学校应抓紧组织清理”，“学校清理社会企业擅用校名有困难的，可报请教育部会同国务院有关部门和地方人民政府进行处理”。对此，教育部也明确表态，大学校名是宝贵的无形资产，为了保护高校声誉，保护高校利益，原则上不应将高校校名用在企业冠名上。这也就意味着上市公司的名称和股票简称中都不能出现高校名称。展望将来，随着校企改革的进一步深入，校企分离的趋势已渐趋明朗，上市的高教公司将成为独立的社会企业。在这种意义上，可以说高校概念股将面临新的挑战，或者说公立高校通过校办企业

---

① 邵金荣．非营利组织与免税：民办教育等社会服务机构的免税问题［M］．北京：社会科学文献出版社，2003：227-230.

(上市公司) 介入资本市场这条路也将面临新的挑战①。

与高校概念股的衰落相反，在与资本市场的结合上，我国民办高等教育开始了新的探索。一批上市公司进军民办高等教育领域，或说是“投资办学”。根据中国证券报的相关报道，目前国内上市公司进军教育产业，兴办民办高校的近四十家。

除了上市公司进军教育产业外，国内民办高校还通过“海外上市”，从而实现曲线融资与营利的“高等教育介入资本市场”的模式也开始进入人们的视野。2002 年 8 月 28 日，重庆海联学院与澳大利亚阿姆奈特（Amnet）上市公司正式在澳大利亚成功上市，海联学院以校舍和土地等资产作价 3.4 亿元，占新上市公司 51%的股份②。

5. 民间资金不足与捐赠制度的不完善——投资教育的客观存在

在美国文化中，人们提供自愿捐助主要受其宗教信仰的影响。慈善捐赠是人们的自愿行为，继而成为大力提倡的社会文化传统。随着第一批移民来到北美新大陆，他们将慈善捐赠的传统也带到了新的社会环境。同时，联邦政府和州政府为了鼓励企业、慈善机构和个人资助高等教育，制定了专门的税收法律。法律规定，凡是向非营利机构（其中主要是教会和高等学校）捐赠基金、款项、设备和不动产等的机构和个人都可享受一定比例的所得税优惠，这样就大大促进了非政府机构和个人资助高等教育的热情。慈善捐赠促进了美国非营利性私立高等教育的发展③。即使在民间捐赠资金雄厚、捐赠文化浓厚的美国，亦不能遏制营利性高等学校的发展。

在我国，慈善捐赠在教育中的比例非常低。中国自愿性捐赠还非常不足，原因有三：一是与国内捐赠文化有关；二是与国内捐赠制度缺位有关；三是与中国民间慈善组织公信度不高有关④。而且，在我国这样民间资金并不宽余，更缺乏像美国那样的实力雄厚的各种公益性社会基金，所以，单纯靠民间捐资来发展民办教育是不现实的。中国教育市场明显供不应求，蕴藏着极大的投资价值，只有

---

① 邬大光. 对高等教育介入资本市场的反思. http://www.china.org.cn/chinese/zhuanti/tqzggx/659540.htm.

② 邬大光. 民办高等教育与资本市场的联姻——国际经验与中国道路选择 [J]. 教育研究，2003 (12).

③ 张旺. 慈善捐赠与美国私立高等教育的形成与发展 [J]. 比较教育研究，2005 (5).

④ 唐均. 慈善事业还是“第二次分配”. http://yaojiaxiang.chinavalue.net/showarticle.aspx?id=11459.

允许办学者获得回报，才能激励民间资金。在多元化的教育提供中，更加需要以投资形成的营利性学校。如与美国相比，2000 年，美国人均 GDP 达 32 848 美元，而同期我国人均 GDP 只有 801 美元。美国 1990 年全国慈善捐款即达 1 226 亿美元。非营利性机构就业人口占总就业人口的 6.8%，在慈善花费中教育占 23%。由于经济发展阶段等原因，我国非营利机构的捐助来源及募款能力非常有限，2001 年慈善捐款总计只有 7 亿元人民币。发展一部分营利性高等学校成为可能性的现实选择。

6. 办学中的盈余——营利的可能性

盈利是指从经济上看收支相抵还有结余的情况。只要总收入大于办学的机构成本，民办学校就可以实现盈利。从理论和实践上看，这一点是完全有可能的，这种可能性源于以下方面①：

（1）学费水平有可能高于平均培养成本。

从理论上说，家长或受教育者本人选择某种教育服务时，并不会考虑这种教育的培养成本，而是主要考虑受教育可能带来的收益（尤其是个人收益）。只要接受某种教育为个人带来的（经济的和非经济的）终身收益等于或大于为接受这种教育所付出的成本（包括直接成本和机会成本），人们就有可能选择接受这种教育。也就是说，从需求的角度看，学费主要与受教育者的收益有关，而与学校办学成本并无直接的关系。从供给的角度看，学校在制定学费水平时，不仅仅考虑办学的成本，同时必须考虑学生可能的支付能力。由于学费只是教育供求双方都愿意接受的一种“交易价格”，学校就有可能在高于培养成本的学费水平上招收到学生，并由此带来盈利。由于教育影响的复杂性、滞后性和长久性，受教育者很难准确估计教育可能为自己终生带来的收益，因而教育消费也有可能是非理性的。有些家长只要自认为“值得”，就愿意支付高昂的学费让子女接受民办教育，这也为民办学校高于成本收费提供了可能。

（2）学费水平有可能高于办学的边际成本。

边际培养成本是学校每增加一名学生所需要额外增加的成本。在我国，许多民办学校依附于公办学校或利用公办学校的资源发展。比较典型的是公办学校举办的民办分校，或公办大学举办的民办机制的“独立学院”。对这些具有民办性质的学校而言，由于公办学校已经为其提供了基本的师资、教学场地、仪器设备等办学资源，它们的培养成本实际上可被视为一种边际成本。其他民办学校也或

---

① 文东茅. 论民办教育公益性与可营利性的非矛盾性［J］. 北京大学教育评论，2004（1）.

多或少地会利用公办教育的资源，如聘请公办学校的退休教师、在公办学校聘请兼职教师，由于公办学校已经为这些教师支付了基本的工资、住房、养老保险等，民办学校只需要为这些教师支付“额外”的劳动报酬，因而可以节省大量人员性开支。这样，民办学校的办学成本就可能会低于往往可以实现收支平衡的社会平均办学成本，此时如果按社会平均成本收费，民办学校就可能产生盈利。

(3) 学费与政府补贴及社会捐赠等收入可能高于学校培养成本。

由于教育具有公益性，世界上多数国家的政府都以不同的形式向私立学校提供经济上的补助，各种社会组织和个人也通过不同方式向私立学校提供捐赠和资助。根据1994年的统计数据，OECD国家平均有10%的公共资金用于私人管理的学校。政府和社会给私立教育的补贴方式除直接的经费资助外，往往还包括奖学金、助学金、学生贷款贴息、减免税收等间接补贴。我国《民办教育促进法》规定：“县级以上各级人民政府可以采取经费资助，出租、转让闲置的国有资产等措施对民办学校予以扶持。”尽管目前我国民办学校经费来源还主要依靠学费，但也有一些学校从不同渠道获得了一些政府资助和社会捐赠。根据前文所述，即使完全靠学费收入运转，民办学校尚且存在盈余的可能，如果有政府补贴和其他无需偿还的资金来源，民办学校盈利的可能性自然会更大。

实际上，根据上述分析思路，在公立学校，如果政府给予的资助总额高于学校的支出，或者是学校总收入（包括政府资助、学杂费、赞助费及其他收入）高于其办学支出，这些学校也同样可以产生盈余。可见，可盈利性是民办学校和公办学校共有的特性，只要学校有收支行为，就有盈利的可能性。

7. 教育法规——从“不得营利”到可以“取得合理回报”

从1949年中华人民共和国成立之初到1978年改革开放以前，学校教育大权一直由政府牢牢掌控，社会力量办学成为“禁区”。甚至直到1997年7月国务院颁布的《社会力量办学条例》中仍然有诸如“国家严格控制社会力量举办高等教育机构”这样不利于民办学校成长的字样。而在教育方面的政策法规，也一直将民办教育机构的性质统一界定为“非营利组织”。1995年通过的《中华人民共和国教育法》第25条规定，“任何组织和个人不得以营利为目的举办学校及其它教育机构”；《社会力量办学条例》第6条也规定，社会力量举办教育机构，“不得以营利为目的”。其第37条还规定，教育机构的积累，只能用于增加教育投入和改善办学条件，不得用于分配，不得用于校外投资。

相对于1997年颁布实施的《社会力量办学条例》，2003年9月1日开始实施的《民办教育促进法》是历史上第一个专门针对民办教育的法律。条文中不再有“不得以营利为目的”的提法。《民办教育促进法》允许出资办学取得合理回报。法律规定，民办学校对举办者投入民办学校的资产、国有资产、受赠的财产以及办学积累，享有法人财产权。又规定，民办学校在扣除办学成本、预留发展基金以及按照国家有关规定提取其他的必需的费用后，除了允许出资人从办学结余中取得合理回报以外，还使得民办学校可以享受国家规定的税收优惠政策等。此举标志着制约中国民办教育发展的瓶颈——营利问题将在政策和法律层面上获得重大突破。

《民办教育促进法实施条例》进一步区分了两类民办教育机构，即一类是“不要求取得合理回报的”学校，另一类是“要求取得合理回报的”学校。条例对这两类学校做了不同的政策考虑。而这两类学校的不同不是体现在注册类型的不同，而是要求在学校的章程里写出是否要求取得合理回报，注册的仍然都是民办非企业单位。

另外，我国《个人所得税法实施条例》以及《营业税暂行条例》允许一部分社会服务机构作为营利性组织运作，其中包括一部分教育培训机构。这些法规为明确营利性高校的法律地位起到了推动作用。

8．教育研究——学者的呼吁

对分类管理的认识是伴随着我国民办高校的发展而逐步深化的。早在《民办教育促进法》颁布以前，许多专家学者就提出应对民办学校实施分类管理。我国长期以来将民办教育机构视为“民办非企业”单位，非营利性是其显著特征。然而，并没有充分的证据显示“不得营利”的非营利性机构就是一种理想的制度安排。非营利性这种制度安排，甚至也不能保证学校经费收入不被中饱私囊，因为学校办学者完全可以通过提高工资、福利等方式提高办学支出，减少办学盈余或做到“收支平衡”，即使有办学盈余，也完全可以通过奖金等方式发放到个人手中。一些公办学校就在通过各种办法“创收”，并将这种收入主要用于职工工资、奖金的发放。此外，有学者指出，由于教育是非营利的，因而往往不是那些具有最高文化水平的人的工作选择，从而导致在整个社会文化水平普遍提高的情况下，教师的相对水平下降，进而使教育质量不能随社会要求的提高而提高①。由于非营利性，也必然会大大减少社会资金投资于教育，从而减少整个社会教育服务的供给。

有学者从三个方面指出了我国民办高校分类的必要性：一是非营利性与营利

① 季苹．美国公立学校的发展研究［M］．北京：高等教育出版社，2002：275.

性教育机构并存是我国民办教育发展的客观现实。我国民办院校大部分依靠投资举办，投资者从办学中不同程度地取得回报，为国家政策所允许又是普遍存在的事实；二是不区分非营利性与营利性学校遗患严重。目前我国对民办学校基本实行一视同仁的优惠政策，这不仅打击了公益性法人办学或社会捐资办学的积极性，而且造成许多高校以公益之名兴营利之实情况的发生；三是有助于规范公办学校的办学行为。分类管理既利于规范公办学校扩招中的高收费营利行为，又利于推动公办院校的办学体制改革。随着民办高等教育的发展，对分类管理的要求逐渐升温。有学者认为，我国民办教育的现行法律法规和一整套政策是基于民办学校的非营利性而设计的。由于非营利性和营利性民办高校都享用同样的法律法规，“这样的‘游戏’规则必然存在很多模糊区域，导致营利性和非营利性民办高校相互‘搭便车’的现象十分普遍，再加上政府尚没有严格有效的监管措施，其结果是更多的民办高校打着‘不营利’或‘少营利’的招牌却行‘获取暴利’之实。从法律的源头重新界定民办高校，有利于促进营利性与非营利性民办高校在目标、市场与政府监管上的分野，从而实现民办高校的分类调整与规范”①。

据全国人大教科文卫委员会的一项调查表明，只有10%投资办教育者出于公益性的目的，不要求回报，而90%的投资者要求回报。

三、我国民办高等学校分类管理试点工作展望

在我国，关于教育领域是否允许营利性机构的存在，《规划纲要》已经明确表示了肯定，并提出了民办学校分类管理的要求。试点工作已经展开，浙江省被列为民办教育综合改革试点。“积极探索营利性和非营利性民办学校分类管理办法”被认为是民办教育综合改革的突破口，但这并不意味着争论已经结束。

尽管分类管理在世界许多国家的高等教育管理中已经是一种通行做法，但在我国，分类管理的改革却遭遇到了不同意见，甚至是抵制。从教育部2010年5月下发《关于组织申报国家教育体制改革试点的通知》至今已过去两年多，而对于什么是分类管理、怎样分类、什么时候分类管理、如何引导合理分流等问题，在民办教育界仍未达成一致意见。即使在被定为试点的上海、浙江和深圳等地，因为对分类管理认识的不同，试点探索推进缓慢。

2011年6月，上海建桥学院民办高等教育研究所会同中华全国工商联民办高教协会、上海市工商联民办教育协会、江苏省工商联民办教育协会向部分民办

① 徐绪卿. 关于民办高校分类管理讨论与实践的思考［J]. 教育发展研究，2010（12）.

学校举办者就分类管理的态度进行问卷调查和访谈。

调查显示，近 20%的受访者认为，现在对民办学校进行分类管理是有必要的，有近 80%的被访者“不赞成”分类，认为“时机不成熟”。

同样，上海教科院民办教育研究所一份最新的《民办学校法人分类管理问题研究》课题报告表明，有关分类管理各界尚未形成广泛共识，仍存在较大意见分歧。

课题组对民办教育较为发达的上海、浙江、广东三地 134 所民办学校进行了问卷调研，结果显示，多数民办学校举办者不赞成对学历教育进行分类管理。而且，关于分类管理也存在着较大的地区差异。在上海地区，72.31%的人认为时机成熟，而在浙江，这一比例只有 21.82%，广东则更低，只有 7.14%。同时，在问卷调查中，当被问及如果强制推行分类管理学校该如何选择时，民办教育发达的广东地区有 35.71%的人选择了“退出教育领域”。

问题的焦点主要集中在以下几个问题①：

首先，分类管理的时机问题。目前对于分类管理，大多数人认为是需要的，关键在于什么时候开始，现在开始是否适宜。有研究者在经过对部分举办者的问卷调查后认为，当前开展分类管理的时机尚不成熟。开放营利性学历教育的生态环境尚未形成，普遍推行民办非营利教育的捐资办学基础也相对薄弱。如果在这种条件下硬性推进这一试点，可能会削弱社会对民办高校的投资热情，甚至引发部分举办者退出，从而影响民办高等教育的发展。这一观点在民办高教研究者中具有典型性和代表性，得到较多的民办高校举办者的支持。当然，也有人从另一个角度提出分类管理的“不成熟性”，认为“根据现有法律，教育都应该归属公益事业，根本就不应该让营利性民办学校存在，营利或变相营利即违法，应追究营利者责任，分类管理就是纵容违法行为。持上述观点的人以非教育界人士居多，《教育法》是其最有力的‘武器’。有的专家对分类管理的观点更加犀利，提出应该尽快开展分类管理，认为“尽管法律严禁民办学校举办者营利，但由于政府监管不到位，许多表面风光的民办学校，实际已面临被掏空之虞，一旦生源锐减，马上可能引发社会性事件。一些举办者之所以敢置法不顾，公然把学校做‘提款机’，主要是看清了政府的‘软肋’。正像有专家所言，‘与其说现阶段实施分类管理还早了点，不如说有人钱还没赚够’”。

其次，如何界定民办高校的营利性和非营利性的问题。许多人认为，民办高

① 徐绪卿. 关于民办高校分类管理讨论与实践的思考 [J]. 教育发展研究，2010 (12).

校的营利性和非营利性，首先是看它是否捐资办学。在一些已经出台的试点方案中，也明确提出非营利民办学校“举办者投入属于捐资，对投入学校的财产不保留或者享有任何财产权利，学校注销后的剩余财产由主管部门转赠给其他学校继续用于办学或其他公益性、非营利性活动”。其次，将是否谋取“合理回报”作为分类的第二个标准，意见也难一致。对于谋取合理回报的民办高校，能否作为非营利民办学校，争议很大。虽然《民办教育促进法》明确了可以取得合理回报，在《教育法》等重大法律“任何组织和个人不得以营利为目的举办学校”的规定中开了营利性办学的一个突破口，但是在实际工作中由于缺乏配套政策的支撑而不具操作性。在办学实践中，由于政策不明晰，许多民办高校的合理回报是在羞羞答答和混混沌沌的状态中进行的。应该说，合理回报是《民办教育促进法》所允许的，社会对部分民办高校中获取“合理”回报也是有承受力的。只要“回报”是在“合理”范围内，许多人认为也应属“非营利”办学，许多人都能理解。但是，合理回报是需要有严格的“度”的界限的。“现阶段对合理回报的认识和实践，还没有完全统一到《民办教育促进法》的立法本意上。民办教育确实需要找到合理回报的理论边际，到底谁是参照系，以谁为基点来确定什么是合理回报，什么不是合理回报，合理回报是百分之多少?”目前还没有政策明确。但是确实有一部分举办者想法太贪，拿得太多，拿得不明不白。比如，对提取合理回报的方式和数额，“有 52.3%的人认为可从办学结余中提取，其比例为结余的 10%～80%不等；有 33.3%的人认为，可从学费总收入中提取，其比例为当年学费的 20%～30%不等”。如果按照这个比例来操作，就江浙沪一带的民办高校来看，以在校生 15 000 人计算，则回报额为每年 5 000 万至 8 660 万元之间，这完全是获取暴利，这样的暴利企业界少有，世界少有。如果这样的“回报”也能算非营利，也要享受非营利学校的优惠政策，笔者估计无论如何都难以得到社会的认同和支持。另外，普遍认为合理回报的基础是投资办学，其回报应以实际投入为基数，但是我国大量的民办学校并没有实际投入或少有实际投入，这样的合理回报，相当一部分主张“合理回报”或营利的民办学校举办者难以认同。而将学校资产增值部分作为合理回报的基数，社会也难以接受。

第三，分为几种类型的问题。借鉴国外已有经验，最简单的分类无非是营利性与非营利两类，非此即彼。这样的分类能不能完全涵盖现有民办高校的办学实际？有学者依据我国民办高校整体上形成了捐资办学、投资办学和混合集资办学三种筹资形式的状况，认为应将民办高校区别为准营利、营利和非营利三种。捐资举办的无疑是非营利办学。投资举办学校中，依教育服务类型和学校盈余分配，可分为准营利和营利性两类。准营利型民办高校“不以营利为目的但可获得适当回报。营利型民办高校，特指以营利为目的实施各种教育培训服务的机构，盈余由学校内部解决”。浙江省部分民办高校领导在讨论中主张，非营利学校的界定包括两种模式，一是捐资办学，二是出资保值办学，即举办者放弃合理回报和办学资产结余，但对出资投入的资本保留权属并要求保值。非营利组织机构有一个国际公认的内在规定性，这样去“设计”非营利民办学校，是否合乎国际惯例值得大家关注和讨论。当然，我国民办高校投资主体多元，办学动机多样。对于产权和回报的态度至少有四类：第一类为“举办者不求所有权的民办高校”。举办者不追求所有权，也不求回报。第二类为“举办者要求所有权的民办高校”。举办者不求回报，学校的所有办学结余都用于学校的继续发展，但是并不放弃对学校资产的所有权，也不放弃对民办高校的控制权。第三类为“举办者要求合理回报的民办高校”。举办者不仅不放弃所有权和控制权，而且希望得到“合理”的回报，但是不以营利为目的。第四类为“营利性民办高校”等。在制定政策时，如何科学合理地制定分类标准，值得深入思考。

当然，产权归属和获取回报只是界定民办高校的两个主要内容。要使界定的标准更加科学合理，在实际工作中还要考察学校法人产权完整性、举办者是否享有办学结余资产的所有权、办学结余是否全部用于教育以及学校终止办学时剩余资产是否用于发展教育等相关因素。

以上这些争论说明了我国民办高校办学过程中的复杂性。面对改革中的种种争论和困惑，我们该如何看待？不可否认，每一项改革都意味着要克服一系列困难、解决一系列困惑，民办高等教育改革也一样。分类管理是改革方向，但改革的路途需要谨慎探索。

首先，需要小范围试验积累经验。《规划纲要》要求“积极探索营利性和非营利性民办学校分类管理”，同时设立了探索试点。规划的用意很明确：一项重大政策的出台需要审慎的态度，争取将风险降到最低，先小范围试点，积累经验，充分讨论，当时机成熟时再推广。但许多地区出台的本地区《规划纲要》几乎都将“积极探索营利性和非营利性民办学校分类管理”作为其中的重要内容，甚至有些地区尚未进行探索性试点就正式下达结论性文件。如果不经过试点，就贸然全面推广营利性与非营利性民办学校分类管理，不仅可能导致民办教育宏观管理的混乱，如设置审批、法人登记、过程监管等无法同步跟进，容易出现管理上的真空地带，还可能导致民办教育举办者及办学者产生政策性恐慌，不利于现有民办学校的健康发展和潜在社会资金进入民办教育领域。

其次，需要加快配套政策的研发。当前民办教育所面临的问题是否通过分类管理就能解决？分类管理只能是民办教育发展中的一个抓手，中国民办教育面临的众多困境和制约，不是只靠分类就能解决。进行分类管理，只能解决定位问题，不能全面解决民办教育的平等地位问题。如果实行分类管理，则需要对《促进法》进行修订，重新定义民办教育，将营利性和非营利性的民办学校的管理条文写进法律。有关民办教育所面临的法人属性、教师身份、税收优惠、财政资助等问题，都不能只依靠分类管理来解决。

对民办学校举办者来讲，目前在没有切实可行的配套政策情况下就推广分类管理方式可能会让他们陷入两难境地：如果选择营利性，那么民办学校就成了“企业”法人，其行为也属企业投资行为了，不仅要按照企业交税，而且可能得不到民办教育政策优惠，学费不能无限上涨，招生数额计划不能随意扩大，最后的结果是投资与营运成本增加，无疑也会加大民办学校的投资。如果选择非营利性，则意味着举办者要放弃合理回报，甚至担心还要放弃学校资产所有权，而不再是举办者的私有财产，这又会影响民办学校的举办者的积极性。一些举办者他们甚至可以不要求分红分配，但要求学校的产权归属自己所有。要让民办学校举办者放弃回报，不要产权，相当于让他们捐赠掉自己的财产。

第三，培育捐赠文化，引导非营利性民办高校发展。尽管目前我国多数民办高校是投资办学，但从长远来看，营利性高校是民办高校系列中的平等成员，但不会是主流。如何规划高校发展格局，引导民办高校合理分流，除了优化高等教育政策环境，整个社会捐赠文化的培育也十分重要，两者需相辅相成。当然，民办高校分类管理不能等到政策已经优化、捐赠文化已经发达的时候才去实施，而必须在分类管理的积极探索中促进捐赠文化的形成和优化。

第四，建立和完善质量认证制度。世界上很少有国家的政府尝试出面建立鉴定机构，直接对私立学校进行鉴定。这是由于私立学校作为自我投资的独立法人 政府一般只能通过法律、法规、政策对其进行宏观调控。目前，美国的非政府高等教育鉴定方式，体现了政府放权和强化社会化管理的大趋势。当前，针对营利性高等学校的实践，美国鉴定机构正在逐步调整传统的鉴定标准和程序。这种教育质量保障模式正逐步成为其他国家学习和借鉴的模式。

我国政府对高等教育的鉴定工作开始于 1994 年，主要针对本科教学。建立民间鉴定体制，减少政府干预仍然是当前和今后努力的方向。面对高等教育迅猛发展、民办高等教育势不可当、营利性高等学校已成事实存在的局面，鉴定工作仍然以政府为主体已暴露出许多缺陷。如政府作为高等教育投资主体，根据评估结果进行投资倾斜，造成强弱的两极分化，使得评估与投资恶性循环，不利于高等教育竞争，从而损害对高等教育质量的整体提高。而且，政府组织鉴定，工作繁重，干预过分具体，影响了评估结果的权威性和公正性，且容易滋生腐败。由于接受鉴定是政府强制行为，高校缺乏主动性，疲于应付，很难在较高标准上进行自律，无法达到提高质量的最终目的。

当前，政府应继续倡导并扶持民间鉴定机构的发展，并保持其独立性。在此基础上，政府对民间机构的资质进行认可，并给予政策指导。鉴定机构组织社会各界对鉴定标准、程序等一系列因素进行构建。这一构建必须建立在明确的高等教育分类基础上，针对不同类型的学校设立不同的评估标准，使同类学校具有可比性，也可发挥鉴定的实效性。随着我国高等教育大众化程度的提高、规模的扩张、办学体制的变革，特别是民办高等教育的发展、营利性高等学校的事实存在，对高等教育鉴定的要求也越来越高。建立和完善民间鉴定制度刻不容缓。

实际上，我国民间中介机构已经出现，并在日益有利的制度环境下逐渐发展壮大。1987 年，中国管理科学研究院科学学研究所在《科技日报》上首次公布了对中国大学的排行榜。至今，我国共有 10 多个单位发布了 30 多个不同类型的民间大学评价，而目前知名度比较高的主要包括广东管理科学研究院和网大推出的评价结果。这些民间机构的鉴定权威性、对高校的质量监控力度还不够，与美国高等教育鉴定百年的历史相比，我们仅仅迈出了第一步，民间机构的发展还有相当长的路要走，它昭示着我国高等教育鉴定范式的转变。

美国目前不仅允许营利性高等学校成为高等教育系统中的正式成员，而且允许其中一部分高校拥有授予学位的权力。而在没有学位授予权的高校中，营利性高校在数量上则处于主流地位（有众多是未经过鉴定机构认可的学校）。虽然我国与美国之间存在着许多不同，但在经济全球化的今天，我们面临着许多相同或相似的机遇和挑战，这些机遇和挑战不会因为我们没有准备好就会来得更弱一些。相反，如果我们不积极主动去迎接，还会遭遇更多的困难，进而失掉难得的机遇。对于发展营利性高等学校来说，我们目前已经走到了一个十字路口，在面对“堵”还是“疏”的问题上，我国政府选择了“疏”这一正确方向。面对中国国情，如何合理地“疏”，让民办高校各自找到合适的定位，并且能够各安其位，特色发展，并在逐步建立和完善的民办高等教育质量保障体系下，确保在营利的前提下提供合格的教育服务，目前已经有了一个很好的改革开端。

第三节 小　　结

营利性高等学校是市场经济条件下的一个重要现象，在市场经济比较成熟的美国，完全以企业方式运作的营利性高校，近年来的业绩引起全世界高等教育界的注目，是有其内在原因的。营利性高校的高效经营方式及以消费者为中心的办学宗旨成了传统高校革除弊端的一剂良药。但是，营利性高校由于其自身的局限性以及社会经济发展的阶段性，它不可能取代传统非营利性高等学校，而是与非营利性高校一样成为高等教育系统中的一个子系统长期存在。它的存在和发展丰富了高等教育的功能，它与非营利性高校一起为更充分地完成高等教育的使命作出自己的贡献。

从世界范围来看，由于营利性高等学校正处于破土萌芽、生长的时期，因此对许多问题目前下结论为时尚早。随着营利性高等学校的进一步发展，会有许多新经验等待人们去总结，会有许多新问题等待人们去研究。营利性高等学校也只能在实践过程中不断得到改善和发展。

我国民办高等教育正在日益扩大的教育市场中争取自己的份额。教育作为服务产业被列入 WTO 条款。经济全球化中的中国高等教育失去了“闭关自守”的理由。促进民办高等教育的发展成为我国高等教育的现实选择，允许并规范营利性高等学校的运作不仅可能，而且十分必要。我国市场经济体制的建立和完善为营利性高等学校的发展奠定了基础。关于民办教育的法律法规的出台给了营利性高等学校发展提供了法律保障。不规范的高校营利现实迫使我们不得不正视高校的营利行为和营利性高校的存在。制定和完善民办高等教育的相关政策，处理好营利问题，是当前我国民办高等教育发展的关键。对营利性高校的认可与规范不仅可以促进营利性高校本身的健康发展，彰显高等教育的产业属性，同时，对非营利性高校办学的健康发展也起到了间接的规范和保护作用，使高等教育的公益性得到真正的体现。

即使明确了营利性民办高校的法律地位，但它的发展也必然是有限制的。因为，营利性高等学校具有了在同样的成本约束下取得的教育效果更好，或在同样的教育效果下所用教育成本更低的能力，并在此基础上满足了教育消费者的选择性教育消费的要求，才会实现利润。高等学校可以营利，但不是教育生产最理想的组织方式。当物质极度丰富，教育投入的各种资源不具备任何竞争性时，教育组织可以不顾资源约束而单一地追求教育理想，营利性教育机构也就没有存在的条件了。高等学校可以营利，但营利教育只是教育体系的一部分。面向市场的营利性高等学校的份额是受国家教育体系供给的数量、质量及选择性对人们教育需求满足的程度、非国有慈善教育机构教育供给的数量约束的①。不可忽视的一点是，我国现阶段没有理由拒绝营利性高等教育机构的存在。

美国营利性高等学校的崛起顺应了时代的要求，成为高等教育的一个重要组成部分。不仅在美国如此，营利性高校在世界许多国家已经成为一种不可忽视的高等教育机构。

① 王伟．营利性教育机构：理论逻辑与市场观察．http://wwwdoc88.com/p-709929807526.htm.

参考文献

中文部分

[1] 阿什比．科技发达时代的大学教育 [M]．北京：人民教育出版社，1983.
[2] 埃里克·古尔德．公司文化中的大学 [M]．北京：北京大学出版社，2005.
[3] 贝奇·布查特·阿得勒．美国慈善法指南 [M]．北京：中国社会科学出版社，2002.
[4] 伯顿·克拉克．高等教育系统 [M]．杭州：杭州大学出版社，1994.
[5] 伯顿·克拉克．建立创业性大学 [M]．北京：人民教育出版社，2003.
[6] 伯顿·克拉克．高等教育新论 [M]．杭州：浙江教育出版社，1988.
[7] 陈厚丰．中国高等学校分类定位问题研究 [M]．长沙：湖南大学出版社，2004.
[8] 陈列．市场经济与高等教育 [M]．北京：人民教育出版社，1998.
[9] 陈学飞．高等教育国际化：跨世纪的大趋势 [M]．福州：福建教育出版社，2002.
[10] 陈学飞．美国高等教育发展史 [M]．成都：四川大学出版社，1989.
[11] 陈玉琨，等．高等教育质量保障体系概论 [M]．北京：北京师范大学出版社，2004.
[12] 戴晓霞．高等教育与市场导向：新世纪的挑战与展望 [A]．两岸大学教育学术研讨会论文集 [C]．厦门：厦门大学出版社，1998.
[13] 德里克·博克．美国高等教育 [M]．北京：北京师范学院出版社，1991.
[14] 德瑞克·伯克．大学何价 [M]．杨振富，译．台北：天下远见出版股份有限公司，2004.
[15] 房剑森．中国民办教育发展报告 [M]．北京：中国社会科学出版社，2003.
[16] 弗雷德·赫钦格，格雷斯·赫钦格．美国教育的演进 [M]．香港：美国驻华大使馆文化处，1984.
[17] 顾宝炎．美国大学管理 [M]．武汉：武汉大学出版社，1988.
[18] 黄福涛．外国高等教育史 [M]．上海：上海教育出版社，2003.
[19] 季苹．美国公立学校的发展研究 [M]．北京：高等教育出版社，2002.
[20] 江绍伦．美国高等和中等教育发展过程 [M]．北京：生活·读书·新知三联书

店，1980.
[21] 卡罗尔·卡尔金斯. 美国文化教育史话 [M]. 邓明言，等，译. 北京：人民出版社，1984.
[22] 克拉克·克尔. 大学的功用 [M]. 南昌：江西教育出版社，1993.
[23] 里贾纳·E·赫兹琳杰. 非营利性组织管理 [M]. 北京：中国人民大学出版社，2000.
[24] 林玉体. 美国高等教育之发展 [M]. 台北：高等教育文化事业有限公司，2002.
[25] 吕达，等. 当代外国教育改革著名文献 [R]. 北京：人民教育出版社，2004.
[26] 纳尔逊·曼弗雷德布莱克. 美国社会生活与思想史（上册） [M]. 北京：商务印书馆，1994.
[27] 纽曼. 大学的理想（节本）[M]. 徐辉，等，译. 杭州：浙江教育出版社，2001.
[28] 欧内斯特·博耶. 关于美国教育改革的演讲 [M]. 北京：教育科学出版社，2002.
[29] 欧内斯特·博耶. 美国大学教育 [M]. 上海：复旦大学出版社，1988.
[30] 戚业国. 民间高等教育投资的跨学科研究 [M]. 上海：复旦大学出版社，2001.
[31] 莫家豪，等. 市场化与大学管制模式变迁 [A]. 戴晓霞，等. 高等教育市场化 [C]. 北京：北京大学出版社，2004.
[32] 强连庆. 中美日三国高等教育比较研究 [M]. 上海：复旦大学出版社，1995.
[33] 乔玉全. 21 世纪美国高等教育 [M]. 北京：高等教育出版社，2001.
[34] 邵金荣. 非营利组织与免税：民办教育等社会服务机构的免税问题 [M]. 北京：社会科学文献出版社，2003.
[35] 沈红. 美国研究性大学形成与发展 [M]. 武汉：华中理工大学出版社，1999.
[36] 滕大春. 美国教育史 [M]. 北京：人民教育出版社，2002.
[37] 王逢振. 美国大学批判 [M]. 天津：天津人民出版社，2004.
[38] 王培根. 高等教育经济学 [M]. 北京：经济管理出版社，2004.
[39] 王雪峰. 高等教育资本运营 [M]. 北京：知识产权出版社，中国水利水电出版社，2002.
[40] 王一兵. 高等教育大众化、国际化、网络化和法人化 [M]. 昆明：云南大学出版社，2002.
[41] 王英杰. 美国高等教育的发展与改革 [M]. 北京：人民教育出版社，2002.
[42] 王卓君，赵顺龙，陈同扬，等. 中国大学外部经济关系研究 [M]. 北京：北京大学出版社，2005.
[43] 高晓杰. 美国营利性高等教育机构与资本市场 [M]. 广州：广东高等教育出版社，2008.
[44] 邬大光. 市场化：中国私立高等教育的选择与响应 [A]. 戴晓霞，等. 高等教育市场化 [C]. 北京：北京大学出版社，2004.
[45] 谢安邦，等. 市场化：大学的选择与超越 [A]. 戴晓霞，等. 高等教育市场化 [C].

北京：北京大学出版社，2004.
[46] 谢维和．教育活动的社会学分析 [M]．北京：教育科学出版社，2000.
[47] 徐小洲．当代欧美高教结构改革研究 [M]．包头：内蒙古大学出版社，1997.
[48] 薛涌．谁的大学 [M]．昆明：云南人民出版社，2005.
[49] 邢克超．共性与个性 [M]．北京：人民教育出版社，2004.
[50] 杨东平．二十一世纪的高等教育 [A]．杨东平．大学之道 [C]．上海：文汇出版社，2003.
[51] 杨东平．大学精神 [C]．上海：文汇出版社，2003.
[52] 约翰·范德格拉夫，等．学术权力 [M]．王承绪，等，译．杭州：浙江教育出版社，1989.
[53] 约翰·S·布鲁贝克．高等教育哲学 [M]．王承绪，等，译．杭州：浙江教育出版社，1987.
[54] 詹姆斯·杜德斯达．21世纪的大学 [M]．北京：北京大学出版社，2005.
[55] 阿尔特巴赫．民办高等教育：从比较的角度看主题和差异 [J]．新华文摘，2001 (3).
[56] 长江．美国私立大学与公立大学之比较 [J]．出国与就业，2003 (20).
[57] 程恩富．新自由主义的起源、发展及其影响 [J]．求是，2005 (3).
[58] 程星．当大学搬上华尔街．http://www.enliu.com.cn/articles/sky/20050112-hua.asp?id=4499.
[59] 顾美玲．中国民办高等教育的历史回顾与前景探析 [J]．教育研究，1997 (8).
[60] 侯晋川．关于美国高等教育产业的考察与思考 [J]．教育研究，2000 (12).
[61] 胡卫，谢锡美．完善民办学校法人治理制度的思考 [N]．中国教育报，2003-7-21(4).
[62] 金子元久．营利性大学：背景·现状·可能性 [J]．北京大学教育评论，2005 (4).
[63] 蒋国华．西方教育市场化：理论、政策与实践 [J]．全球教育展望，2001 (9).
[64] 亨利·M·列文．美国营利性高等学校的特征 [J]．北京大学教育评论，2005 (2).
[65] 胡玲琳，刘莉莉．美国高等教育市场化刍议 [J]．教育发展研究，2001.
[66] 李明华．美国营利性高等教育的兴起及对中国的借鉴意义 [J]．高等教育研究，2004 (5).
[67] 李明华．从教育市场大趋势看阿波罗模式在中国的适用性 [J]．高等教育研究，2006 (3).
[68] 厉以宁．关于教育产品的性质和对教育的经营 [J]．教育发展研究，1999 (10).
[69] 刘宝存．大学，"大"在哪里 [N]．中国教育报，2004-3-19.
[70] 刘凡丰．反思美国高校全面质量管理 [J]．清华大学教育研究，2001 (1).
[71] 鲁传一，李子奈．企业家精神与经济增长理论 [J]．清华大学学报（哲学版），2000 (3).
[72] 米尔顿·弗里德曼．资本主义与自由．http://www.ebook007.com.

[73] 潘懋元．对接资本市场 [J]．教育发展研究，2004 (3).
[74] 庞振超．教育产业属性的彰显 [J]．理工高教研究，2004 (6).
[75] 飘渺．资本市场的风险从何而来 [N]．南方周末，2004-2-24.
[76] 孙发利，李军靠．新自由主义对我国教育体制重构的启示 [J]．广西社会科学，2004 (1).
[77] 孙志良．美国高校管理的特点和改革趋势 [J]．求知，2004 (6).
[78] 唐均．慈善事业还是"第二次分配"．http://yaojiaxiang.chinavalue.net/showarticle.aspx?id=11459.
[79] 王建成．美国教育认证机构的行业认可和官方认可 [J]．比较教育研究，2005 (6).
[80] 文东茅．论民办教育公益性与可营利性的非矛盾性 [J]．北京大学教育评论，2004 (1).
[81] 邬大光．对高等教育介入资本市场的反思．http://www.china.org.cn/chinese/zhuanti/tqzggx/659540.htm.
[82] 邬大光．民办高等教育与资本市场的联姻 [J]．中国高等教育，2003 (24).
[83] 吴开俊．高等教育如何走出困境 [J]．教育发展研究，2003 (1).
[84] 许明．当代西方国家教育市场化述评 [J]．民办教育动态，1998 (8-9).
[85] 徐小洲，王晨．西方高等教育认识论的哲学基础 [J]．教育研究，2001 (8).
[86] 杨福玲，查卫平．美国大学学费上涨解析 [J]．中国高等教育，2004 (10).
[87] 杨晓江．国外高等教育评估中介机构发展轨迹试探 [J]．外国教育资料，2000 (4).
[88] 叶军．我国民办高等教育发展现状与分析．http://www.edu.cn,2004.
[89] 张民选．美国大学生资助政策研究 [J]．高等教育研究，1997 (6).
[90] 张旺．慈善捐赠与美国私立高等教育的形成与发展 [J]．比较教育研究，2005 (5).
[91] 张文．美国营利性私立职业技术培训学校的管理 [J]．中国职业技术教育，1994 (8).
[92] 郑银华．人力资本理论的教育反思 [J]．理工高教研究，2005 (4).
[93] 朱新涛．新自由主义经济学的高等教育市场化观点评析 [J]．江苏高教，2004 (3).
[94] 民办教育的"营利"迷局．http://www.beelink.com.cn/2002516/1107884.shtml.
[95] 入世十周年"关键词"：81 国承认中国市场经济地位．http://finance.sina.com.cn/roll/20111110/070710787755.htm.
[96] 完善民办学校法人治理制度的思考．http://www.eduworld.com.cn/mbgx1/next/mbxw5.htm.
[97] 中国民办高教发展战略研究课题组．民办高等教育新发展中面临的问题 [J]．浙江树人大学学报，2002 (5).
[98] http://www.pep.com.cn/200406/ca412761.htm.
[99] http://www.edu.cn.
[100] http://www.moe.edu.cn.

英文部分

[1] A. C. Bolino. Career Education: Contributions to Economic Growth [M]. NewYork: Praeger, 1973.

[2] Barnet, R. Realizing the University [M]. London: Institute of Education, University of London, 1997.

[3] Bowie, N. E. University-Business Partnership: An Assessment [M]. Lanham, MD: Rowman & Littlefield, 1994.

[4] Brint, Steven G. In an Age of Experts: The Changing Role of Professionals in Politics and Public Life [M]. Princeton: Princeton University Press, 1994.

[5] Burton R. Clark. Creating Entrepreneurial Universities: Organizational Pathways of Transformation [M]. International Association of Universities and Elsevier Science LTD., 1998.

[6] C. A. Anderson, M J. Bowman. eds. Education and Economic Development [M]. Chicago: Aldine, 1965.

[7] Colby, et al,. Educating Citizens: Preparing America's Undergraduates for Lives of Moral and Civic Responsibility [M]. San Francisco: Jossey-Bass, 2003.

[8] David Dunkerley, Wai Sum Wong . Global Perspectives on Quality in Higher Education [M]. Cambridge, MA: Athenaeum Press, Ltd., 2001.

[9] Derek Bok . Universities and the Future of America [M]. Durham, NC: Duke University Press, 1990.

[10] Edmund J. James, "Commercial Education," in Monographs on Education in the United States, ed. N. M. Butler [M]. NewYork: Arno Press and New York Times, 1969.

[11] Ehrenberg, R. G . Tuition Rising: Why College Costs so Much [M]. MA: Harvard University Press, 2000.

[12] Eric Gould . The University in a Corporate Culture [M]. NewHaven: Yale University Press, 2003.

[13] Frank Newman, Lara Couturer , Jamie Scurry . The Future of Higher Education: Rhetoric, Reality, and the Risks of the Market [M]. San Francisco: Jossey-Bass, 2004.

[14] Guilbert C. Hentschke, Vicente M. Lechuga, William G. Tierney. For-Profit Colleges and Universities [M]. Virginia: Stylus Publishing. LLC., 2010.

[15] Gary A. Berg. Lessons from the Edge [M]. NewYork: Praeger Publishers, US., 2005.

[16] Harpool, D. Survivor College: Best Practices of Traditional and For-Profit Colleges [M]. Chula Vista, CA: Aventine Press, 2003.

[17] Henkel, M. Academic Identities and Policy Change in Higher Education [M]. London & Philadelphia: Jessica Kingsley Publishers, 2000.

[18] J. Partrick Raines and Charles G Leathers . Economic Institutions of Higher Education: Economic Theories of University Behavior [M]. Northampton, MA: Edward Elgar Publishing Inc. , 2003.

[19] Lee, J. B. , Merisotis, J. P. Proprietary Schools: Programs, Policies, and Prospects [M]. Washington, D. C. : George Washington University Press, 1990.

[20] Richard S Ruch . Higher Ed, Inc. : The Rise of the For-Profit University [M]. Baltimore: The John Hopkins University Press, 2001.

[21] Robert L. Lenington. Managing Higher Education as a Business [M]. Oryx, 1996.

[22] R. M. Hutchins. The University of Utopia [M]. Chicago : The University of Chicago Press. Jossey-Bass Inc. Publishers, 1988.

[23] Sheila Slaughter , Gary Rhoades. Academic Capitalism and the New Economy [M]. Baltimore: The Johns Hopkins University Press, 2004.

[24] Sheila Slaughter , Larry L. Leslie . Academic Capitalism: Politics, Policies, and the Entrepreneurial University [M]. Baltimore: Johns Hopkins University, 1997.

[25] Charles T. Clotfelter . American Universities in a Global Market [M]. Chicago: The Universityof Chicago Press, 2010.

[26] Andrew Hacker , Claudia Dreifus . Higher Education? [M]. NewYork: Times Books Henry Holt and Company, 2010.

[27] Guilbert C. Hentschke, Vicente M. Lechuga, William G. Tierney . For-Profit Colleges and Universities [M]. Virginia: Stylus Publishing. LLC. , 2010.

[28] John Mumford , Simon Roodhouse . Understanding Work-Based Learning [M]. Hampshire: Gower Publishing Limited, 2010.

[29] Chambers, Charles M. Federal Government and Accreditation, Understanding Accreditation [M]. San Francisco: Jossey-Bass Publishers, 1983.

[30] World Bank. Higher Education: The Lessons of Experience [R]. Washington, D. C. : World Bank, 1994.

[31] UNESCO. World Educaion Report [R]. Paris: UNESCO, 1993.

[32] U. S. Department of Education. National Center for Education Statistics. Postsecondary Institutions in the United States: 1997-98. NCES 1999-174 [R]. Washington D. C. : GPO, 1999 (7).

[33] Joseph L. Dionne and Thomas Kean. Breaking the Social Contract: The Fiscal Crisis in Higher Education, Report of the Commission on National Investment in Higher Education [R]. New York: Council for Aid to Education, 1997.

[34] Kelly Field. Spellings Tries to Transform Panel's Ideas into Action [J]. The Chronicle of Higher Education, 2007.
[35] Burton Blog. Spellings Wants to Use Accreditation as a Cudgel: She may push for changes in the process as part of her action plan [J]. The Chronicle of Higher Education, 2006.
[36] Cynthia Davenport. Letters to the Editor: The Federal Role in Accreditation [J]. The Chronicle of Higher Education, 2007.
[37] A. Lee Fritschler. Point of View: Government should stay out of Accreditation [J]. The Chronicle of Higher Education, 2007.
[38] Borrego, A. M. Study Tracks Growth of For-Profit Colleges [J]. Chronicle of Higher Education, 2001 (8): 10.
[39] Christopher C. Morphew . Market Values in American Higher Education: the Pitfalls and Promises [J]. The Journal of Higher Education, 2002, 73 (2).
[40] Ellis, A. D. . Never too Old: Two Universities that Target Adult Learners Expand Their Campuses [J]. Fresno Bee, 2001 (4): 11.
[41] Florence Olson. Phoenix Rises [J]. The Chronicle of Higher Education, 2002 (11): 1.
[42] Gibbons, Michael, et al. The New Production of Knowledge: The Dynamics of Science and Research in Contemporary Societies [J]. Thousand Oaks, Calif. : Sage, 1993.
[43] Goldstein, Michael B. To Be or Not to Be: What is the Question? [J]. Change Magazine, 2000 (9/10).
[44] Henkel, M. . Academic Values and the University as Corporate Enterprise [J]. Higher Education Quarterly, 1997 (51).
[45] L. Spencer. The Perils of Socialized Higher Education [J]. Frobes, 1991 (5): 27.
[46] Robert Birnbaum. The Life Cycle of Academic Management Fads [J]. The Journal of Higher Education, 2000, 71 (1-2).
[47] Robert R. Newton. For-Profit and Traditional Institutions: A Comparison [J]. International Higher Education, Spring 2002.
[48] Kwong, J. Introduction: Marketization and Privatization in Education [J]. International Journal of Educational Development, 2000 (20).
[49] Andreas Ortmann. Capital Romance: Why Wall Street Fell in Love with Higher Education. http://curry.edschool.virginia.edu/forprofit/
[50] David W. Breneman. The University of Phoenix: Poster Child of For-Profit Higher Education. http://www.ncspe.org/publications-files/breneman.pdf.
[51] Kathleen F. Kelly. Meting Needs and Making Profits: The Rise of For-Profit Degree-Granring Institutions. ECS Issue paper. Denver: Economic Commission of the States, 2001. http://www.cqvip.com.

[52] Jeanne McClellan. Higher Education Leadership: Presidents and CEOs in For-Profit, Publicly Traded Colleges and Universities, 2005. http://www. lib. global. umi. com. libecnu. lib. ecnu. edu. cn/dissertations/fullcit/3082898.

[53] Rutherford, Gregory Franklin. The Yin and Yang of For-Profit Higher Education. A Case Study of Phoenix, 2002. http://wwwlib. global. umi. com. libecnu. lib. ecnu. edu. cn/dissertations/fullcit/3082898.

[54] National Center for Education Statistic. Digest of Educational Statistics, 1995. http://nces. ed. gov/index. html

[55] Survey Analysis: State Statutes and Regulations Governing the Operation of Degree-Granting For-Profit Institutions of Higher Education. http://www. ecs. org/

[56] A Test of Leadership: Charting the Future of U. S. Higher Education. http://www. ed. gov/

[57] http://www. phoenix. edu

[58] http://www. apollogrp. edu

[59] http://www. ed. gov

[60] http://www. chea. org

后 记

弹指一挥间，博士毕业已经六年多了，简直不敢相信时间的流逝竟是如此神速。夹杂着紧张、兴奋、惆怅和不舍情绪的 2006 年 5 月已经成为我生命中渐渐远去的过往。丽娃河畔挺拔的水杉无言地见证了我在华东师范大学三年的学习生活。

学术生涯中，能与导师陈玉琨教授相遇是我的幸运。导师严谨的治学态度催我奋进，他独到的学术见解总让我深受启发，他深沉宽厚的处世风格时刻感染着我。这份厚重的师恩已深深融入我的生命中，成为我不断前行的不竭动力。感谢陈永明教授和吴志宏教授，在他们的课堂上，我得到了风格不同的学术熏陶和训练，让我从不同角度吸收到教育研究的独特营养，受益匪浅。感谢上海市教育科学研究院陈国良教授，他的指点和帮助给了我很大鼓舞。

需要感激的人很多，老师和同窗们的智慧和友谊，丰富了我的知识，延展了我的视野，拓宽了我的心胸。而家人的关心、承担和守候，则给了我离家求学的勇气。我无以言表，只有用我加倍的爱恋、关心和付出给予他们回报，并表达我对他们的感激之情。

论文选题时，正值营利性高等学校在全世界范围内兴起，并开始引起人们的关注，我国民办高校的发展也在突飞猛进，《民办教育促进法》及其实施条例的颁布，让“营利”成为日益被关注的问题，研究和借鉴国外营利性高校发展经验成了一件有意义的工作。时隔多年，世事变迁，高等教育发展呈现出新的发展态势，但我们发现，营利性高校并没有淡出人们的视野，而是在不同的国度中沿着自身的逻辑继续发展着。我国民办高校发展也在积极探索中，《国家中长期教育改革和发展规划纲要》提出了“积极探索营利性和非营利性民办学校分类管理”的要求。营利性高校的发展成为迫切需要研究者和实践者关注的重要课题，如何结合中国国境，建立和完善民办高校分类管理体制机制，还有很多工作要做，其中，借鉴别国经验仍然是一项重要工作。于是，我在当年的博士论文基础上进行了修改，形成了如今的书稿，作为我继续关注民办高校发展的另一个研究起点。

杨红霞